KB203473

내안의 불교 찾기

내안의 불교 찾기

혜성 스님

해조음

반야 지혜에 이르는
뗏목이 된다면

그대의 주인을 따로 찾지 말라.
그대가 바로 그대 자신의 주인이다.
자기를 조복(調伏) 받는 자는
참으로 만나기 어려운 주인을 찾은 것이다.

부처님의 지혜가 담긴 『법구경』의 한 구절입니다.
우리는 살아가면서 문제에 부딪힐 때마다 밖에서 그 해답을 찾으려고
합니다. 자신의 주인이 자기 자신임을 망각하고 다른 곳에서 길을 찾아
헤맨 경험은 누구에게나 있을 것입니다. 만나기 어려운 불법과 인연을
맺은 불자들은 자신이 주인공임을 깨닫고 내 안에 있는 부처님의
가르침에서 삶의 바른 길을 찾아야 합니다.

이 책은 그동안 불교방송 신행상담을 진행하면서 써 두었던 글과 법회에서 불자들과 함께 생각해 보았던 불교 이야기를 한 데 묶은 것입니다.

이 책이 현대를 살아가는 사람들에게 바늘 구멍만큼이라도 어리석은 마음을 열어주는 값진 인연이 되었으면 좋겠습니다. 그리고 이 책의 어느 한 구절이라도 반야 지혜에 이르는 뗏목이 되고 자신 안에 있는 부처를 찾는데 작은 등불이 된다면 더없는 기쁨이 될 것입니다. 좋은 책이 되도록 애써준 해조음 이철순 대표님께 감사를 드립니다.

불기 2558년 2월

팔공산 송림사에서 혜성 합장

1부 / 믿음의 열매

2부 / 지혜의 향기

3부 / 향기로운 삶

4부 / 좋은 불자의 조건

5부 / 가르침의 바다

1부

믿음의
열매

믿음의
진정한 의미

:
:
:

　믿음이란 무엇인가. 믿을 '신(信)'은 범어 'sraddha'를 옮겨 쓴 것으로 나의 열과 성을 다해서 어떤 것에 귀의한다는 의미를 지니고 있습니다. 믿음은 두 가지로 나눌 수 있는데. 올바른 믿음과 그릇된 믿음이 그것입니다.

　그릇된 믿음이란 믿어야 할 대상의 체계를 잘못 알고 믿는 믿음입니다. 믿는 대상을 잘못 판단한 것을 그릇된 믿음이라 합니다. 믿어야 할 것을 믿지 않고 믿지 않아야 할 것을 믿는 뒤바뀐 모습을 그릇된 믿음이라 합니다.

　옛 사람들은 자식의 입신출세를 위하여 장독대에 정화수를 올려 새벽별을 보며 두 손을 모아 지극한 마음으로 빌었습니다. 그 어머님의 정성과 사랑에 자식은 더욱 힘을 내어 공부하였고, 게으름이 일어날 때면 낮엔 종일 밭을 일구고 밤엔 길쌈하는 부모님의 노고를 떠올려 정진에 박차를 가하곤 했습니다. 그러나 오늘날 대부분의 불자들은 영험을 찾고 팔랑귀가 팔랑이며 겉멋에 이끌려 신앙인의 자세를 뿌리내리지 못하고 사는 것이 대부분입니다. 어느 곳엔가 뿌리를 내리고 토양을 흡수해야 공덕이나 과보를 기대할 수 있습니다.

올바른 믿음이란 믿어야할 바를 믿는 것입니다. 막대기를 땅에다 세워두고 기도를 해도 진정성과 믿는 마음이 간절했을 때 이루지 못할 일은 없을 것입니다. 청동보다 귀한 금동부처와 보살상을 모셔두어도 진실로 구하는 바가 가벼우면 결코 이루기 어려울 것입니다.

믿음에 대해서 가장 인상적인 가르침을 주는 경전은 역시 『화엄경』입니다. 『화엄경』에 이르기를, "믿음은 도의 으뜸이다"라고 말씀하셨습니다. 우리는 도를 어렵게 생각하는 경향이 있습니다. 그러나 믿음이 우리보다 투철한 상태를 도(道)라 하고, 그러한 사람을 도인이라 부르는 것입니다.

또 "믿음은 모든 공덕의 어머니이다"라고 말씀하셨습니다. 공덕이란 우리가 불교를 믿으면서 발생하는 이득입니다. 어떤 종교이든지 믿어서 생활이 향상되어야 합니다. 믿고 수행함으로써 좋아지고 밝아져서 행복해져야 합니다. 믿어서 나쁘게 타락하는 종교는 종교로서 존재할 수 없습니다. 기복의 경우도 마찬가지입니다.

어떤 종교에서는 기복을 비판하고 하열한 종교라고들 말하는 이도 있습니다. 내 한 몸 잘 되자는 의미로 쓰였다면 마땅히 비판받아야 하겠지만 그 복은 회향되어야 할 복인 것입니다. 내 능력에 의해 얻어진 공덕을 나 이외의 고통 받는 사람들과 어려운 사람들에게 베풀 수 있는 미덕이 강조되어야 합니다. 공덕의 어머니, 그 이익은 믿음에서부터 오고 있다고 부처님은 가르치고 있습니다.

또한 "믿음은 일체의 선을 키우는 양약이다"라고 말씀하셨습니다. 현대사회에서 지성인이라 불리는 많은 이들의 경우, 믿음이 투철하지 못하여 관념적으로 종교를 받아들이는 것을 볼 수 있습니다. 불교를 좋아하지만 신자가 아닌 이가 있습니다. 스님들과 차 마시고 주지 스님과 특별한 관계에 있다며 떠들고 다니기도 합니다. 그러나 법당에 삼배하는 모습은 보기가 어렵습니다.

이런 이들은 정말 고약한 부류입니다. 어떤 수행자가 20~30년을 수행하다가 세속 친구를 또다시 구하겠습니까? 부모와 친인척을 모두 생이별하고 출가한 수행자가 친구하자고 각별히 대하였겠습니까? 험난한 세상에 길 잃고 헤매지 말고 부처님을 공경하고 불법을 익히는 신자가 되라는 의미에서 가깝게 특별히 대하여준 스님들의 속내를 읽지 못하고, 자신의 눈으로 보고 친구 대하듯 언행하고 행동하다가 주위의 빈축과 잡음의 원인 제공자가 되었다가 결국 그 스님과 인연이 다하는 경우가 허다합니다. 안타까울 뿐입니다. 불교를 공부하고 가르침은 들으나 행하지는 않습니다.

이런 유의 사람은 인생사 즐기면서 향락하고자 하는 이들의 전형적인 모습입니다. 자신의 사회적 성공을 은연 중에 자랑하고 홍보하면서 적당히 사찰의 분위기를 흐리는 부류입니다. 온 몸과 온 정신을 다 쏟아 수행하여도 올바른 신앙인이 되기 어려운데 이 절 저 절 다니면서 이름 내고 겉멋에서 헤어나오지 못하는 제 잘난 맛에 사는 이들입니다.

특히 이 절 저 절 다니는 부류들은 이해할 수 없는 사고의 소유자들입니다. 이 스님 잘 안다, 저 절에 영험 있다, 이 절은 친분이 있다고 거들먹거립니다. 도대체 어쩌자는 것일까요? 사찰이 재래 시장인가요? 아침 저녁 찬거리 고르듯 좋은 물건 고르는 아줌마들의 장터인가요? 제발 장난스럽게 사는 이들은 이제 방황을 멈추기 바랍니다.

불자는 분명히 어느 한 곳에 재적을 두고 신행해야 합니다. 그곳에 전심과 전력을 다하여 불공해야 합니다. 지금이라도 양쪽의 절에 나누어 다니는 이가 있으면 한 곳을 떠나서 다른 곳에 전념하라고 권하고 싶습니다. 어느 나라 어느 신자가 종교를 그와 같이 취미 삼아 놀이 삼아 행하는 이가 있을까요? 기본적인 소양에 문제가 다분히 있습니다. 그것은 신자가 아니라 정신 나간 행동이기 때문입니다.

이런 식의 믿음은 결코 믿음이 아닙니다. 믿음은 자신의 신념이어야 합니다. 그 신념은 확고부동한 불변의 신념으로 성장해야 합니다. 광신이 아닌 올바른 믿음이 밑바탕이 되어야 합니다.

『보살영락본업경』에는 "믿음은 삼보라고 하는 바다에 들어서는 근본"이라고 설명하고 있습니다. 불자들은 누구나 삼보에 귀의해야 합니다. 삼귀의의 첫 걸음은 믿음입니다. 불교의 궁극 목표는 해탈하는 데 있습니다. 믿음이 없는 자에게 해탈이란 불가능하기 때문입니다. 온갖 속박과 굴레를 벗어나자는 운동이 바로 해탈입니다. 작게는 나하나의 고통을 벗어나고자하는 운동이며, 크게는 세계를 불국토로 화현하고자 하는 운동입니다. 이것의 첫 디딤돌이 믿음입니다. 우리의 믿음이 얼마나 견고해야 하는지 아무리 강조해도 지나치지 않습니다.

수행인들에게 부처가 되는 다섯 가지의 근본인 신(信), 정진(精進), 염(念), 정(定), 혜(慧)의 오근(五根)이 있습니다. 보리에 도달하기 위한 이 다섯 가지의 근본 밑바탕은 바로 믿음인 것입니다. 좋은 음악도 자주 들어야 좋고 가까운 벗도 곁에 있어야 정이 드는 법입니다.

불자들은 늘 부처님을 가까이에서 모시고 믿음의 신행에 게으르지 말아야 합니다. 진실의 순간을 살아야합니다. 진정, 진실의 세월 위에서 몸부림치고 고뇌하는 이는 반드시 복과 지혜를 양 날개 삼아 이 세상에 우뚝 설 것입니다.

부처님이라는
거울

• • •

『법화경』에 '증상만(增上慢)'이라는 말이 있습니다. 증상만이라고 하는 것은 아직 얻지 못한 경지를 얻었다고 자만하는 것을 일컫는 말입니다. 이 용어는 초기 경전에서부터 나타나고 있는 것으로 일종의 과대망상과 같은 것이라고 할 수 있습니다.

사람들은 대부분 약간의 과대망상적인 심리를 가지고 있으므로 가볍게 생각하면 그저 허풍을 치는 정도로 볼 수도 있습니다. 그렇게 부풀려 표현하는 정도야 타인에게 큰 피해를 주는 경우가 아니면 애교로 봐 줄 수도 있을 것입니다. 스스로도 그러면서 위안을 삼을 수도 있기 때문입니다. 그러나 이것이 점차 심해지면 결국은 많은 문제를 일으킬 수 있는 것입니다.

이 증상만을 심각하게 생각해야 하는 이유는 스스로가 큰 착각을 일으키기 때문입니다. 자신이 바른 가르침을 접하지 못한 상태에서 올바른 수행을 한 것도 아닌데 이상한 말이나 태도로 남들을 지도한다고 나서는 경우도 있습니다. 경에서는 그 위험성에 대해 "장님이 길잡이가 되어 눈 가린 망아지들을 낭떠러지로 이끄는 것과 같다"고 표현합니다.

『법화경』의 〈방편품〉에서는 사리불 존자가 석가모니 부처님께 위대한 『법화경』을 설해 주시기를 세 번 청하고, 부처님께서는 제자들이 아직 준비가 되지 않았다고 거절하는 대목이 있습니다. 이때 5,000명이나 되는 출가자와 재가자가 자리에서 일어나 밖으로 나가는 사건이 벌어집니다. 묵묵히 지켜보시던 부처님께서는 비로소 가르침을 펼 때가 되었다고 허락하십니다. 왜냐하면 밖으로 나간 대중은 스스로 완전한 깨달음을 이뤘다고 생각하고 있는 증상만이기에 가르침을 받아들이지 않을 사람들이었다는 것입니다.

『법화경』에는 몇 가지 중요한 가르침을 담고 있는데 그중에 일불승(一佛乘) 사상이 있습니다. 이는 곧 모두가 부처의 경지에 이르러야만 비로소 완전한 깨달음인 것이며, 그 아래의 갖가지 경지라는 것은 제자들을 격려해서 더욱 높은 경지인 성불에 이르도록 한 방편일 뿐이라는 것입니다.

수행을 하는 과정에는 수많은 경계가 나타납니다. 그 경계라는 것이 정신적인 것들이므로 처음 그것을 경험하게 되면 엄청난 경지인 것으로 착각을 하게 됩니다. 때로는 스승이 제자의 경지가 상승하는 것을 기뻐하여 격려 차원에서 우선 그 경지를 인정하듯 말하는 경우도 있습니다. 계속해서 부정만 하면 지쳐서 포기할 수가 있기 때문입니다.

그렇지만 모든 것을 먼저 경험한 스승이 올바로 지적해주지 않으면 당사자는 부처님의 깨달음과 같다고 착각을 일으킬 수도 있는 것입니다. 그러므로 바른 선지식이라면 제자의 착각을 사정없이 깨뜨려 버립니다.

스님들은 수행 과정에서 졸업장이나 안거증 등을 많이 받게 됩니다. 잘 알다시피 그 낱낱 것들은 자격증이라기보다 과정을 거쳤다는 것에 불과한 것입니다. 하지만 어떤 경우에는 그런 과정을 많이 거치면서 어느 덧 깨달음에 이르렀다는 착각을 할 수도 있다는 것입니다. 이때 가장 좋은 치료법은 부처님이라는 거울을 보는 것입니다.

부처님의 생애를 따라가노라면 현재 자신이 어디쯤 서 있는지 환하게 보입니다. 증상만은 엄격히 말해 스스로를 속이는 행위입니다. 그런 이들이 부처님처럼 행세하는 것은 모두를 위해 불행한 일입니다. 불자들의 삶의 기준은 부처님이 되어야 합니다.

떳떳한
불자가 되는 법

세상에는 서로 다른 여러 종교와 철학이 있고, 서로 다른 여러 계율 규범이나 생활 규범과 서로 다른 여러 관습이 있습니다. 인터넷이나 미디어, 고도로 발달된 교통수단과 통신수단의 영향 하에 살아가야 하는 현대인들은 이러한 다양한 가치 체계를 접할 수밖에 없습니다. 이들 가운데 특정한 것을 자신의 신념이나 철학, 사상으로 받아들이거나 혹은 거부합니다.

그러면 이러한 다양한 가치 체계를 접하여 그것을 받아들이거나 거부하는 가장 중요한 척도는 무엇일까요?

다양한 가치판단 척도에 대해 잘 설명하고 있는 것이 바로 『앙굿따라 니까야』 제 1권의 〈깔라마경(A3:65)〉입니다. 다양한 종교인들이 자기 마을에 와서 서로 극단적으로 다른 가르침을 설하자, 그것을 접하여 혼란스러웠던 깔라마 사람들은 〈깔라마경〉을 통해서 바로 이러한 문제를 세존께 단도직입적으로 제기하고 있습니다. 여기에 대해서 세존께서는 이렇게 분명하게 말씀하셨습니다.

"소문으로 들었다 해서, 대대로 전승되어 온다고 해서, 그렇다 하더라고 해서, (우리의) 성전에 써 있다고 해서, 논리적이라고 해서, 추론에 의해서, 이유가 적절하다고 해서, 우리가 사색하여 얻은 견해와 일치한다고 해서, 유력한 사람이 한 말이라 해서, 혹은 이 사문은 우리의 스승이시다 라는 생각 때문에 그대로 따르지는 말라."

이렇게 말씀하신 뒤 문답을 통해서 어떤 가르침이 나의 탐욕과 성냄과 어리석음을 증장시키는가, 감소시키는가를 가지고 그 가르침을 판단하라고 말씀하셨습니다.

세존께서는 어떤 가르침을 듣고 그대로 행해서 "나의 탐욕이나 성냄이나 어리석음이 증장한다면 그 가르침은 따르지 말고, 반대로 해소가 된다면 그런 가르침은 따르라"는 판단의 기준을 말씀하셨고, 이에 감동한 깔라마 사람들은 부처님의 신도가 되었습니다.

한편 이러한 세존의 가르침은 『앙굿따라 니까야』 제 2권의 〈밧디야경(A4:193)〉에도 그대로 나타나는데 세존의 이러한 말씀을 들은 밧디야는 이런 가르침이야말로 최고의 개종시키는 요술이라고 경탄해 마지 않았습니다.

세존으로부터 판단의 기준을 듣고 크나큰 환희심이 생긴 밧디야는 "세존이시여, 세존의 개종시키는 요술은 축복입니다. 그 개종시키는 요술은 훌륭합니다. 세존이시여, 저의 사랑하는 혈육과 친척들이 이처럼 개종한다면 그들에게 오랜 세월 동안 이익과 행복이 있을 것입니다"라고 감격해마지 않았습니다.

세존께서는 그의 말을 크게 인정하면서 "만일 모든 존재들이 해로운 법들을 버리고 유익한 법들을 두루 갖추기 위해서 개종을 한다면 오랜 세월을 이익과 행복이 있을 것"이라고 결론 지으셨습니다.

우리는 스스로 불자라는 자부심을 가져야 하고, '나는 불교 신자'라고 떳떳하게 말해야 합니다. 그러나 이름만이 불교 신자일 뿐이고 안으로는 탐욕, 성냄, 어리석음, 폭력적 성향이 득시글거린다면 어찌 자신을 불자라 할 수 있겠습니까?

우리는 모두 탐욕 없음, 성냄 없음, 어리석음 없음, 폭력 없음으로 개종해야 합니다. 해로운 심리현상들인 불선법(不善法)을 버리고 유익한 심리현상들인 선법(善法)을 두루 갖추기 위해서 개종해야 합니다. 그래야 그가 진정한 부처님의 제자인 것입니다.

일념으로
정진하는 불자

●
●
●

　정진은 힘써 수행함, 선을 행하려고 노력함이라는 뜻입니다. 정진바라밀이란 완전한 정진, 정진의 완성을 말합니다. 결국 정진이란 나약함이 없는 부동심의 실천이며 불퇴전의 노력입니다.

　부처님께서 입멸 시에 "생겨난 것은 반드시 멸하는 것이니 게으르지 말고 정진하라"는 가르침을 남기셨는데 선법을 증장시키는데 정진은 반드시 필요한 항목이기 때문입니다. 중생의 정진은 본질적으로 자신을 위한 것이지만 보살의 정진은 집착함이 없는 이타의 정신에서 비롯된 것입니다.

　정진은 일차적으로 바른 법을 체득하려고 노력하는 것입니다. 모름지기 보살은 먼저 법을 묻는데 게으르지 말고 정진해야 합니다. 법을 묻는 이에게 지혜가 머물고, 지혜가 있는 사람에게는 번뇌가 소멸되기 때문입니다.

　사람들은 어떤 목적과 꿈을 가슴에 품고 사는 이가 있는가 하면 욕심과 욕망을 가슴에 품고 사는 이가 있습니다. 꿈을 품고 삶에 임하는 이는 비록 그 삶이 고되고 힘들지라도 그 얼굴은 온화하고 그 말씨는 다정합니다. 그 쓰는 마음은 마치 어머니와 같고 그의 언행은 아버지와 같이 엄하나 주위에 두려움을 주지 않습니다.

반대로 마음속에 욕심으로 채워진 사람은 아무리 얼굴에 화장과 치장을 번잡하게 하였더라도 타인에게 보이는 이미지는 불독의 두려움을 완전히 걷어내기 어렵습니다. 입으로 나오는 말은 험담과 비방, 홍보는 말로 대부분의 시간을 소비합니다. 자기의 말을 귀담아 듣지 않는다면 곧바로 비방의 대상자가 되기도 합니다.

부처님의 제자가 되기를 서원하고 서약한 우리 불자는 언제나 공심(公心)으로 수행하며 정심(正心)으로 봉사해야 합니다. 오늘 얼굴 붉히며 부끄러운 일이 있었다면 지금 당장 마땅히 공심과 정심으로 돌아가 본분사를 챙길 일입니다.

행복으로 가는
인욕바라밀 수행

인욕은 자기의 마음에 거슬리는 일에 대하여 노여워하지 않고 참고 견딤을 말합니다. 이를테면 모욕을 참고 노여움을 일으키지 않음을 말합니다. 참고 견디어 마음을 움직이지 않음을 말합니다. 마음을 안정시키고 성내지 않음을 뜻합니다.

인욕바라밀이란 인욕을 완전하게 성취한 인욕의 완성을 말합니다. 다시 말하면 인욕은 참고 용서하는 것입니다. 이 세계는 고해이며 그러한 세계에 사는 한 괴로움을 참고 견디는 수밖에 없습니다. 우리가 욕된 일을 당하여 참지 못하는 것은 진실로 내가 있다는 에고(ego)의식 때문이며 보살에게는 그러한 마음이 없습니다.

인욕은 고뇌에 대한 인내, 법을 이해하기 위한 인내, 타인으로부터 받은 해악에 대한 인내 등으로 구분하기도 합니다. 그중에서도 세 번째의 인내를 특히 강조하는 것은 여기서도 타인에 대한 배려를 무엇보다도 중시한 것이라 이해됩니다. 모름지기 보살은 득과 실, 명예와 불명예, 칭찬과 비방, 즐거움과 괴로움이라는 여덟 가지 세속의 일에

초연해야 합니다.

큰 일을 당하여 이루지 못하는 이유 중에는 능력이 저열하거나 운이 따르지 않았다기 보다 인욕하지 못함으로 성취하지 못하는 경우를 종종 보게 됩니다. 불자는 인욕하고 견디며 수행하는 공부를 아침 저녁 밥 먹듯이 해야 할 것입니다. 그러한 수행이 몸에 배면 운은 자연히 따르는 것입니다.

『법화경』〈안락행품〉에 다음과 같은 말씀이 있습니다.

"문수 사리야, 무엇을 보살 마하살의 행할 바라 하느냐. 만일 보살 마하살이 인욕지에 머물러 부드러이 화하고 선에 순종해서 거칠지 아니하고 마음에 놀라지 말 것이며 또다시 법에 행하는 바가 없이 하여 모든 법을 실상과 같이하여 관하고, 또한 행하지도 말 것이니 이것을 보살 마하살의 행할 바라 하느니라."

보살의 수행을 쌓는 사람은 매순간 인욕의 마음으로 살아야 합니다. 인욕의 마음은 성내지 않는 것이니 성내지 않으려면 반드시 교만하지 않는 마음이 바탕에 깔려 있어야 합니다.

어떤 일이 있어도 성내지 않는 사람은 교만하지 않습니다. 남이 나쁘게 말하거나, 업신여기거나, 박해를 가해도 성내지 않는 사람은 절대 교만하지 않습니다. 또한 남이 칭찬하거나 존경해도 조금도 교만하지 않습니다.

마음가짐의 근본은 하나입니다. 남을 업신여기며 성내는 사람은 남이 칭찬하면 우쭐거립니다. 돈이 없다고 아무 일도 못하는 사람은 돈이 생기면 사치하는 사람입니다. 배가 고프다고 아무 일도 하지 않는 사람은 배가 불러지면 졸기나 하는 사람입니다. 어떤 환경이나 어떤 경우에 제약 당하지 않는 사람, 그런 사람이 진정한 인욕을 행하는 사람입니다.

우리의 인생에는 순경과 역경이 있습니다. 역경에 능히 견딜 수 있는 사람은 순경에 처해도 함부로 행동하지 않습니다. 환경에 지지 않는 사람이 참으로 좋은 일을 할 수 있는 사람입니다.

　이런 덕행을 쌓고 행동하는 것이 바로 인욕입니다. 인욕은 말로는 쉽지만 실행하기는 정말 어렵습니다. 겉으로 그럴듯하게 꾸밀 수는 있어도 마음속으로 성내지 않고 교만하지 않기는 정말 어렵습니다.

　『능엄경』에 다음과 같은 구절이 있습니다.

　"도산지옥(刀山地獄)이 있다는데 그 지옥은 어떻게 해서 생겨납니까?"

　"모든 것이 나에게 맞지 않고 제 마음대로 되지 않으면 성을 내게 된다. 바로 성을 확 내는 순간 칼끝 같은 성질이 삐죽 솟아나게 되고 성내는 일이 많아지게 되면 무수히 많은 칼로 만들어진 칼산지옥이 생겨나느니라."

　실로 우리가 성을 내게 되면 바로 그 순간에 칼끝 같은 날카로운 것이 튀어나와 남을 찌르고 나 자신도 찌르게 됩니다. 바로 이것이 칼산지옥이 생겨나는 원인이 되는 것이고 죽고 나면 그곳에 떨어져 큰 고통을 당하게 된다는 것입니다.

　그래서 우리는 그 누구를 위해서가 아니라 나 자신의 행복을 위해서 인욕해야 합니다. 실패는 때때로 우리의 마음을 낙엽처럼 만듭니다. 땅에 떨어져 바람 따라 구르고 뭇 발길에 짓밟히는 낙엽이지만 낙엽도 비바람을 타고 벽공을 활기 있게 날 때가 있습니다. 낙엽도 벽공을 훨훨 나는데 만물 중에 가장 슬기로운 사람이 역경 속에 빠지고 실패를 하였다고 해서 근심 걱정 속에 빠져서야 되겠습니까?

　역경의 불이 사납고 흉악한 것이기는 하지만 결코 두려워할 일만은 아닙니다. 인욕의 갑옷을 입고 넘어서면 오히려 역경의 불이 작용하여 참으로 훌륭한 삶을 이룩해냅니다.

　하는 일이 힘에 부치고 벅찰 때는 기도를 통하여 불보살님께 그 벅찬 마음을 바쳐 보는 것도 좋은 방법입니다. 마음이 평화로워지면서 쉽게 일이 풀립니다. 뜻대로 되지 않는 일이 찾아들 때마다 인욕바라밀의 갑옷을 입고 근심 걱정을 떨치고 분연히 일어서는 힘을 길러야 합니다.

참회는
긍정의 지름길

·
·
·

　당나라 반규 스님의 회상에서 있었던 일입니다.

　어느 때부터인지 그 절에 머물러 있던 스님들의 물건과 돈이 자꾸만 없어지는 것이었습니다. 처음에는 누구의 짓인지 몰랐습니다. 하지만 꼬리가 길면 잡힌다고 한 승려가 물건을 훔치는 순간 잡혔습니다. 대중들은 조실 스님인 반규 스님께 불투도계(不偸盜戒)를 어긴 그 승려를 벌할 것을 요구했습니다.

　"용서해 주어라."

　조실 스님의 말씀인지라 대중들은 거절하지 못하고 그의 참회만 받은 다음 함께 생활했습니다.

　그러나 얼마 지나지 않아 그 승려는 또 도둑질을 했습니다. 이번에도 조실 스님은 대중들을 말렸습니다.

　"한번 더 용서해 주어라"

　대중 스님네는 불만이 많았지만 조실 스님의 체면을 보아 참았습니다. 하지만 그 도둑 승려의 버릇은 역시 고쳐지지 않았습니다. 또 다시 도둑질을 한 것입니다.

세 번째로 그를 잡은 대중 스님들은 크게 격분하여 조실인 반규 스님께 몰려갔습니다.

"조실 스님, 이 놈의 도심(盜心)은 구제불능입니다. 더 이상 용서해 주면 못된 버릇만 키워줄 뿐입니다. 계율대로 승복을 벗기고 산문 밖으로 내쫓아야 합니다."

"아니다. 다시 한 번 용서해 주도록 하자."

"안 됩니다, 스님. 벌써 몇 번째입니까? 스님께서 이 놈을 쫓아내지 않으신다면 저희가 모두 나가겠습니다. 더럽고 깜깜한 마음을 지닌 자와는 함께 수행할 수 없습니다."

"하는 수 없구나. 그렇다면 너희들이 모두 나가도록 하여라."

뜻하지 않은 스님의 말씀에 대중들이 어리둥절해 하자 반규 스님은 조용히 말씀하셨습니다.

"너희들은 하나 같이 옳고 그른 줄을 아는 지혜로운 사람들이다. 지혜롭기 때문에 어디를 가든지 어느 곳에 있든지 잘 정진할 수 있을 것이다. 그런데 이 승려는 어떠하냐? 이 승려는 무엇이 옳은지 무엇이 그른지조차 분별하지 못한다. 도둑질하는 것이 나쁘다는 것조차도 모른다. 생각을 해보아라. 내가 만약 이 승려를 가르치지 않는다면 누가 가르치겠느냐? 누구도 이 승려를 가르치지 않으려고 할 것이다. 너희들 모두가 이곳을 떠난다 해도 하는 수 없구나. 나는 이 승려와 이곳에 머물면서 살아갈 것이다."

도둑질을 일삼던 그 승려는 반규 스님의 말씀을 듣고 바닥에 엎드려 눈물을 펑펑 쏟았습니다. 그 순간 지겹도록 따라다니던 그의 도둑의 심보도 눈물과 함께 자취를 감추었습니다.

우리 주변을 돌아보면 잘못을 저지르고 참회하는 사람과 잘못을 저지르고도 참회하지 않는 사람의 두 종류가 있습니다. 살다보면 다소간 실수나 허물이 있을 수 있지만 그 허물을 반성하고 뉘우치거나 왜 그러한 잘못이 생겨났는지 관조해서 삶의 교훈으로 삼는다면 얼마든지 긍정적으로 바뀔 수 있습니다. 발전의 밑거름이 될 수 있습니다. 변화의 전기가 될 수가 있습니다.

그러나 자기의 허물을 부정하고 변명하는 이는 부처님의 가르침에 도달하기 어렵습니다. 어떠한 고난과 어려움에 봉착한다 하더라도 잘못이나 허물을 스스로 참회하고 진심으로 참회한다면 한 찰나 불국토에 태어날 것입니다.

허물을 인정하는 그 순간이 진실의 땅이 됩니다. 진실한 땅에서의 출발만이 도약이 가능하기 때문입니다. 진심으로 참회하는 순간, 불보살이 그 품으로 강림할 수 있습니다. 매일매일을 새로운 마음으로 살아가는 불자가 되도록 노력해야 합니다.

과녁을 맞추는
마음가짐

　입추는 24절기 중에 13번째로 가을이 시작되는 날입니다. 찌는 듯한 불볕 더위 속에서도 가을에 들어섰음을 알리는 것이 입추입니다. 입추라 해도 더위는 여전하여 잔서가 계속됩니다.

　이때쯤이면 김장용 무 배추를 심기 시작합니다. 이때부터 겨울 채비를 시작해야 합니다. 김매기도 끝나가고 농촌도 한가해지기 시작하니 '어정 7월, 건들 8월'이라는 말이 전국적으로 전해지는 때입니다. 이 말은 5월 달이 모내기와 보리 수확으로 매우 바쁜 달임을 표현하는 '발등에 오줌 싼다'는 말과 좋은 대조를 이루는 말입니다.

　'입추(立推)의 여지(餘地)'라는 말이 있습니다. 부유한 자는 수십만 평의 땅을 가지고 있지만 가난한 자는 송곳을 꽂을 만한 땅조차도 없다는 말입니다. 그들은 빈민이 되어 마소와 같은 옷을 입고 개 돼지의 먹이를 먹고 있습니다. 한나라 무제 때 귀족은 권력으로, 부호는 세력으로 땅을 소유하게 되니 자작농은 소작농으로, 소작농은 머슴으로 전락하여 마침내 사회적 문제가 되자 동중서(董仲舒)라는 선비가 개탄 했습니다. '송곳을 세울만한 땅도 없다(입추의 여지도 없다)'는 말은 이때 생겼다고 합니다. 우리나라 사람들은 땅에 대한 집착이 유달리 강합니다. 농경시대 이후 땅이 곧 생산력의 원천이며 부의 상징이 됐습니다. 수만 평의 땅을 가진 부자가 있는가 하면 한 평의 땅도 갖지 못한 서민도 많습니다.

몇 년 전 1%에 대한 99%의 분노가 미국 월가를 점령한 때가 있었습니다. 시위대는 미국 최고 부자 1%가 부(富)의 50%를 가지고 있다며 금융권의 탐욕에 분노했습니다. 자산 순위 1% 부자는 평균 32억 3,000만원 어치 부동산을 보유하고 있다고 합니다. 나머지 99% 계층이 보유한 평균 부동산(1억 7,000만원)에 비해 18배가 많습니다. 그동안 부를 키워주는 주된 코스가 주택과 땅이었음을 말해주고 있습니다. 그러니 입추의 여지를 넓히는 일이 양극화 해결의 한 방법이기도 할 것입니다.

고대 첫 올림픽은 250명의 선수로 시작하여 오늘날과 같은 세계인의 축제가 되었습니다. 올림픽 경기에서 우리나라 선수들이 선전하는 가운데 양궁이라는 경기를 본 적이 있습니다. 김수녕 해설가가 해설 도중 하는 말이 활의 시위를 당겨 과녁을 겨냥할 때 마음이 과녁에 먼저 도달하면 화살은 과녁에 도달하기가 어렵다고 합니다. 활의 시위를 훈련 때의 감각을 되살려 기억해내어 최대한 연습 때의 감각을 살려내야 되는 순간이 발사 순간이라는 것입니다. 이 순간 온 몸과 마음을 다하여 집중할 때 과녁에 적중할 수 있습니다.

이런 점은 〈금강경〉의 대의와 너무나 일치하는 부분입니다.

"어떻게 이 세상을 살아야 되며, 어떻게 그 마음을 항복 받아야 합니까?"라는 물음에 대하여, "① 일체중생[十二類衆生]을 모두 제도하겠다는 광대한 마음의 발원을 세워야 하며, ② 광대한 마음으로 중생을 제도하되 여기서 끝나는 것이 아니라 모두가 무여열반에 들게 하겠다는 다짐의 으뜸가는 마음이어야 하며, ③ 일체중생을 구제하여도 했다고 하는 생각도 말아야 하며, 만약 중생을 제도했다고 하면 벌써 너와 나의 차별에 걸려 그 사람의 수행은 멈춰지고 말기 때문이며, ④ 아상, 인상, 중생상, 수자상을 모두 버려야 한다는 뒤바뀌지 않는 마음이어야 한다"고 대답합니다.

우리 마음은 부처님의 국토입니다. 불국토는 우리 중생의 마음에 있습니다. 결국 복을 구하고 내세를 구하고 부귀를 구하는 행위는 어리석음으로 인한 원죄이며, 반야의 지혜를 얻기는커녕 금생의 모든 공덕을 속절없이 무너뜨리는 제일 원인이 된다는 것입니다.

그저 열심히 진심을 다하는 그것이 결과에 대한 해답이라는 것입니다. 과녁은 거리를 계산하느라 보는 정도의 시선만 주라는 것입니다. 혹시라도 메달이나 상금으로 보면서 쏘는 선수가 있다면 자폭에 다름 아닙니다.

허황된 아만을 경계하는 교훈인 것입니다. 그리고 즐기면서 몰입하라는 말을 여러 번 들었습니다. 어리석은 아만도 장애지만 지나친 근심과 두려움도 자신을 몰락시키는 원인이라는 해설은 명 해설이었습니다. 욕심이 앞서면 결코 원하는 과녁을 맞추기 어렵습니다.

마음은 차분히 하여 날씨와 바람을 읽어내고 활과 자신의 신체를 제어할지언정 과녁에 헛되이 도달하면 점수를 내기 어렵다는 해설을 들으면서 수행자와 다를 바 없는 선수들이며, 저 같은 혜안을 구비한 지도자가 사회 곳곳에 포진되어 대한민국이 발전하는 것이라 생각했습니다. 그리고 그와 같은 안목을 가진 해설가들이 진짜 회장감이라는 생각이 들었습니다. 저들과 보조를 맞추고 흥을 섞으면 하지 못할 일은 없을 것입니다.

감응(感應)하는
마음의 도리

마음이 풍요로운 사람은 항상 베풀려고 하고, 마음이 가난한 사람은 항상 얻어가려고만 합니다. 베풀려고 하면 베풀 수 있는 처지에 있게 되고, 얻어먹으려고 하면 얻어먹는 처지에 있게 되는 것은 아주 정확한 인과법칙입니다.

마음에 여유를 가지고 베푸는 순간 자기는 이미 풍요로워지는 것입니다. 남에게 베풀어서 그것이 나에게로 오는 것이 아니라 베푸는 순간 이미 풍요로워지는 것입니다. 그 베풀 수 있는 위치가 바로 근본 성품자리가 되는 것입니다.

위함이 없이 행하고 바라는 것 없이 베풀면, 얻는 사이 없이 모든 게 다 얻어지는 것이 바로 부처님 법의 미묘한 도리인 것입니다. 이런 도리를 알고 마음을 항상 이렇게 쓰면 항상 모든 것을 성취하게 될 것입니다.

사람은 태어날 때부터 은혜로움을 입으며 자라고 주위의 은덕으로 영위해 가기 마련입니다.

입을 열어 말을 하면 시빗거리 아닌 것이 없고 몸을 움직이면 업을 짓지 않음이 없으며 생각은 이리저리 분별하여 분주하지 않음이 없습니다. 지은 죄가 구름과 같다면 자성은 태양과 같고 참회하는 것은 바람과 같습니다. 바람을 일으켜 구름을 쓸고 나면 밝은 태양이 하늘에 밝게 빛납니다. 아무리 때 묻은 옷이라 해도 맑은 물에 씻으면 깨끗해지기 마련입니다.

감응은 감응도교(感應道交)의 줄인 말로서 중생의 '감(感)'과 부처님의 '응(應)'이 서로 통하여 융합하는 것입니다. 곧 불심이 중생의 마음 가운데에 들어가서 중생이 이를 느껴 서로 사귄다는 것입니다. 마치 그림자와 메아리가 서로 따르는 것과 같아서 반드시 좋은 결과를 가져옵니다.

우리 중생들은 자신의 죄 업장이 산과 바다와 같음을 보지 못하는 아견에 사로잡혀 있습니다. 법계성을 깨닫는 것이 생멸 변화하는 모든 형상을 초월하는 것임을 알고 정진한다면 반드시 무위진락(無爲眞樂)을 이룰 수 있을 것입니다.

올바른
기도의 자세

．
．
．

소 중에서도 특이하게 우황을 지닌 소가 있듯이 사람 중에서도 인황을 지닌 사람이 있습니다. 인황은 우황보다 더 약효가 뛰어나서 불치병을 치료하는 데 효과가 있다고 합니다.

수백 년 전 남쪽 나라 월남국의 왕은 인황을 먹어야만 살 수 있는 불치병에 걸리고 말았습니다. 왕은 오지에까지 사람을 보내어 인황을 찾고자 하였지만 인황을 가진 사람은 발견되지 않았습니다.

마침내 왕은 곡마단을 조직하여 인황이 있는 자를 찾아 잡아오도록 하였습니다. 중국, 일본 등을 별 성과 없이 유람한 월남의 곡마단들이 우리나라 남해안에 이르렀을 때 동래부사의 몸속에 그토록 귀하다던 인황이 들어 있다는 것을 소문으로 알게 되었습니다.

곡마단원들은 얼마간 동래에서 놀라운 묘기를 부리다가 어느 날 동래부사를 초청하였습니다. 아무것도 모르는 동래부사는 기쁘게 초대에 응하여 맛있는 음식을 먹으며 멋진 묘기를 감상하였습니다. 그리고 예쁜 여인들이 권하는 술을 넙죽넙죽 받아먹다가 많이 취하여 곯아 떨어졌습니다. 문득 속이 뒤틀리고 머리가 아파 눈을 뜨고 보니 밖은 망경창파라 배가 육지를 떠난 지도 이미 오래였습니다.

"도대체 어디로 가는 것이요?"

그제서야 월남인들은 그를 납치한 까닭을 일러주었습니다. 뒤늦게 수만리 이국땅으로 납치되어 가고 있다는 사실을 안 동래부사는 눈앞이 캄캄하였습니다.

'타국의 왕을 위해 산 채로 배가 갈리어야 하다니 절대로 안 된다.'

평소 관세음보살상을 모셔놓고 즐겨 예배를 올렸던 동래부사는 이렇게 생각하며 순간적으로 관세음보살의 모습이 떠올랐습니다.

"관세음보살님, 이렇게 억울한 일이 어디 있습니까? 제발 목숨을 구해주시고 고향으로 돌아갈 수 있도록 도와주십시오."

동래부사는 밤낮없이 관세음보살을 불렀습니다. 오직 살아야한다는 일념으로 시간이 흐르는 줄도 잊은 채 열심히 부르다가 문득 바다로 눈길을 돌리니 큰 연꽃 한 송이가 떠 있는 것이었습니다.

그는 이것저것 따질 것도 없이 바다로 뛰어내려 그 위에 올라탔습니다. 그리고 계속 관세음보살을 부르다가 정신을 차렸습니다. 그런데 이것이 어찌된 일입니까? 그는 어느새 자신의 방에 와 있었고 자신의 방에 모셔 두었던 관세음보살님의 몸은 바닷물에 흠뻑 젖어 있었습니다.

우리는 기도를 하면서 망설이거나 의심부터 하는 경우가 있습니다. 그러나 기도하는 자세는 간절하게 기원하는 것입니다. 의심이 드는 만큼 더욱더 열심히 진심으로 기도해야 합니다. 사바의 거친 풍랑과 풍파를 이겨내는 현재의 삶 앞에 온 몸 온 정성을 다해서 관세음보살을 불러야 합니다. 관세음보살의 가피가 기도자의 삼세업장을 모두 녹여줄 것이며 지혜 광명이 발현될 것입니다.

속박에서 벗어나는
보시의 참뜻

●
●
●

옛날 어느 시골농부가 밭을 갈다가 나한상 하나를 발견하였습니다. 감정 결과 순금으로 만든 것이어서 농부와 그의 가족들은 매우 기뻐하였습니다.

'아, 이것 하나면 우리 가족은 평생을 잘 먹고 잘 살 수 있겠구나. 하늘이 우리 가족에게 복을 주셨구나.'

농부는 이렇게 생각하고 이날부터 무엇인가를 골똘히 상념에 사로잡혔습니다. 밥도 잘 먹지 않고 잠도 제대로 자지 못했습니다. 며칠이 지나도록 얼굴이 펴지지 않는 농부를 보고 주위 사람들은 물었습니다.

"이제 큰 부자가 되었는데 무슨 걱정이 있어 그렇게 얼굴을 찌푸리고 있습니까?"

'참으로 알 수가 없어. 나머지 순금 나한 15개는 어디에 묻혀 있는 것일까? 나한을 모실 때는 16나한을 한꺼번에 모시는데 하나를 찾았으니 아직 묻혀 있는 15분의 나한을 어디 가서 찾을까?'

농부가 고민 했던 것은 바로 이것이었습니다.

사람들의 마음속에는 이 농부와 같은 욕심과 번뇌 망상이 도사리고 있기 마련입니다. 하지만 이러한 그릇된 생각에 사로잡히면 인간은 자유롭지 못하게 됩니다. 속박된 삶, 괴로운 삶, 무상한 삶속으로 깊이 빠져듭니다.

우리가 이 세상에 태어난 것은 근심하고 슬퍼하고 고통 받기 위해서가 아닙니다. 누구나 자유롭고 멋있고 행복하게 살기를 원합니다.

불교의 목표인 해탈은 결박을 풀어버리는 것입니다. 번뇌 망상이라는 결박, 그 속에서 잘못 맺은 업의 결박을 풀어버리는 것이 해탈입니다. 해탈을 하려면 업의 결박을 풀어버려야 하고 업의 결박을 풀어버리기 위해서는 욕심, 교만, 사랑, 고집, 편견 등을 버려야 합니다. 나를 비울 때 온 우주에 가득 차 있는 영원한 생명력과 행복의 기운이 나와 하나가 되어 행복하게 살 수 있습니다.

우리가 잘 알고 있는 육바라밀의 첫 번째가 바로 보시입니다. 그런데 왜 하필이면 보시를 가장 앞에 둔 것일까요? 결박을 풀어버리는 가장 좋은 방법이 바로 보시이기 때문입니다. 또 우리 속에 도사리고 있는 나의 욕심, 교만, 사랑, 고집, 편견을 버리는 가장 쉬운 방법이 보시행입니다. 참된 보시를 행할 때 우리 속의 불성이 움직여 나로 인해 매듭지어진 결박이 가장 빨리 풀리게 되는 것입니다.

보시, 그것은 버리는 것입니다. 괴로운 망상의 근원이 되는 나를 버리는 것입니다. 나를 버리고 나를 비워서 참된 해탈을 이루는 것, 이것이 보시의 참뜻입니다.

불자의
기본 의무

:
:

"사람은 배우지 않으면 뜻을 이루기 어렵고, 옥은 다듬지 않으면 그릇을 이루기 어렵다."

옛 고사에 나오는 말입니다.

사람은 태어날 때에는 부모에게 몸을 받아서 이 세상에 탄생합니다. 성장 과정에서 교육이나 환경, 사회적 배경에 의하여 변화와 성장을 끝없이 반복하면서 참된 사람으로 성숙되어 갑니다. 그러나 모두가 성장과 교육에 매진하는 것은 아닙니다.

자신의 목표나 꿈을 설정하여 놓고 그 꿈을 이루기 위하여 쉼 없는 노력과 정진을 이어가는 사람이 있는가 하면, 현재 자신의 삶에 빠져서 게으르고 얄팍한 자신의 직위 직책에 매몰되어서 복을 소진시키면서 사는 성장이 멈춘 양철북 형태의 사람도 있습니다.

대한민국은 오래 전부터 강대국의 간섭과 강국들의 지리적 정치적 희생의 단골이었습니다. 몽고침입, 일제침략, 남북전쟁 같은 갖가지의 온갖 전란과 외침 속에서 기침을 반복하면서 민족의 기상과 전통을 이어오고 있습니다. 격변하는 역사의 소용돌이 속에서 부처님의 가르침도 시대의 변화를 피해갈 수는 없었습니다.

불자가 되었다면 이제라도 차근차근 부처님의 가르침을 하나하나 배우고 익혀서 나와 제일 가까운 인연들에게 포교하고 전도하는 마음의 자세를 가다듬어야 하겠습니다.

불자라면 배우고 익힌 내용들을 하나하나 기도하고 실천하면서 나 자신의 삶이 안정되고 행복해질 수 있도록 발심해야 합니다. 늘 초심을 잃지 말고 언제나 부처님을 공경하고 부처님 정신으로 살아가야 합니다.

타인을 배려하고 이해하는 넉넉한 불자가 되기 위해서는 법회 참석의 의무를 잊지 말아야 합니다. 부처님 탄생일, 출가일, 성도일, 열반일의 4대 법회일을 준수해야 합니다. 정초기도, 초파일, 백중재일 동참에도 게을리하지 말고, 매월이나 매주 일정 날짜나 일정 시간을 정하여 정기적으로 기도하는 습관을 익혀야 합니다. 또한 부처님의 가르침을 많은 이들이 듣고 배우도록 포교에 게으르지 말 것이며, 자신의 행복과 가정의 평화를 위하여 정진하고 수행해야 합니다.

불자란 무엇일까요? 불자란 부처님의 제자를 의미하는데 세 가지 단계로 분류해 볼 수 있습니다.

첫째 단계는 부처님은 누구인가, 어떤 분인가, 어디서 태어나고 누구를 부모로 출생했으며 어떠한 성장 과정을 겪어서 출가 하였고 이후에는 무엇을 찾아서 수행과 전법을 펼치셨는가, 그리고 그 분이 이 땅 위에 이루고 성취하고 싶었던 구경의 목표와 꿈은 어떤 것이 있었고, 흔적은 어디에 남아 있는가 하는 발자취의 공부가 최우선입니다.

두 번째로는 실제로 부처님처럼 되고자 하면 어떠한 노력과 교육, 기도나 수행을 해야 하는지에 대한 정확한 이해와 숙련된 기도법의 이해입니다.

　세 번째는 그 분이 평생 일의일발(一衣一鉢)로서 가가호호 방문하여 민초들의 삶을 직접 보고 듣고 함께 하면서 감로와 같은 법문을 설법하신 것을 생각하며, 우리의 삶이 곧바로 부처님을 닮아가는 과정을 행주좌와(行住坐臥) 어묵동정(語黙動靜)에서 잊지 말아야 하겠습니다.

　이와 같은 세 가지 단계를 언제나 잊지 않고 이행하고 실천하는 사람을 우리는 불자라고 생각하고 불자라고 부릅니다.

작은 에너지의
파장

·
·
·

축원은 삼보에 귀의하고 지금까지 닦아온 공덕을 보리와 중생과 실제에 회향하여 부처님의 본원과 공양자의 소원이 속히 성취되기를 염원하는 의식입니다. 그러므로 무조건적인 기복이 아니라 예불과 예참을 통해 자신의 마음과 몸을 청정히 하고 난 후에 불보살님의 가피를 기원하는 것입니다.

세상에는 높은 건물과 넓은 토지에 반듯하게 우뚝 솟아있는 셀 수 없이 많은 거대 구조물들이 있습니다. 미국의 유명 대학 중에 하버드 대학교(Harvard University)가 있습니다.

이 학교는 1636년에 설립 되었습니다. 학부생은 6,715명이며, 대학원은 12,424명에 이릅니다. 교수는 2,401명이며, 미국 메사추세츠 주 케임브리지 시에 있는 사립 종합대학교입니다. 미국 동부 8개 명문사립대학인 아이비리그에 속합니다.

하버드는 오랜 역사와 큰 영향력 있는 많은 재산가들의 기부금으로 세계 일류 대학 중 하나가 되었습니다. 1636년에 메사추세츠 식민지 일반 의회에 따라 설립되었으며, 미국에서 가장 오래된 대학교입니다. 처음에는 새로운 대학(New College) 또는 새 도시 대학(The College at new town)으로 불렸으나 1636년 3월 13일에 하버드 칼리지(Harvard College)라는 이름을 새로 지었습니다.

젊은 청교도 성직자 존 하버드의 성을 따서 지은 이름입니다. 그는 유언을 남겨서 400여 권의 책과 재산의 절반인 779파운드를 학교에 기부하였습니다. 훗날 여러 과와 대학원들이 통합되면서 하버드 대학교(Harvard University)가 되었습니다. 지금도 학부는 하버드 칼리지라고 부릅니다.

동문으로는 프랭클린 루즈벨트와 존 에프 케네디, 조지 부시를 비롯해 버락 오바마에 이르기까지 총 6명의 미국 대통령과 41명의 노벨수상자 등을 배출했습니다.

하버드 대학의 학부는 4년제 학사 과정입니다. 학부 학생들은 자연 분야 자연과학 인문과학 사회과학 그리고 특화된 학문 분야를 공부합니다. 하버드 대학교 대학원 과정에 로스쿨과 메디컬 스쿨을 두고 있습니다.

아이비리그 대학 중의 하나인 하버드 대학교는 기독교인은 지식이 부족하면 안 된다는 신념을 실천하기 위하여 책과 현금을 기증한 청교도 목사 존 하버드(John Harvard)의 이름을 딴 미국 교육 역사에서 처음의 대학교입니다. 영국 식민지 시대에 시작된 최초의 학생은 신학을 가르치는 9명의 학생과 강사 1명을 두고 목사 양성을 목적으로 출발했다고 전해집니다.

1650년에 하버드 칼리지의 헌장이 수립 되었습니다. 초기 하버드는 많은 목사를 양성했습니다. 세계 최고의 학교라는 명성에 걸맞게 도서관 규모도 세계 최고입니다. 1,500만 권의 장서와 각종 자료가

90여 개 도서관에 비치되어 있다고 합니다. 대한민국의 서울에 소재한 대학의 도서관을 모두 합친 것보다도 많다고 합니다.

이렇게 하버드 대학교의 대략을 나열하는 이유는 사람들의 원이 담긴 작은 선의의 행위에 의하여 끊임없이 발전하여 오늘날 세계 제일 사학의 중심이 되었다는 점이 부러워서입니다.

우리 불교계의 사정은 어떠합니까?

전국의 본사 급에는 요즈음의 종합대학에 해당하는 불교전문대학인 강원이 수십 여 개소가 수백 년 전부터 존재했습니다. 그러나 세월의 흐름에 변화하지 못하고 국가 방침에 등을 지고 외골수로 퇴락하여 오늘날에는 애물교육의 문화재 정도로만 전락했다는 사실입니다. 발전은 커녕 다른 교육기관에 오히려 교육 환경이 뒤떨어지고 이것이 어떤 결과를 가져올지도 예측하지 못하는 종단의 현실이 부끄럽기만 합니다.

반대로 세계 열강의 선지식들은 400권의 책과 779파운드의 재산이 끊이지 않아 자라고 자라서 오늘의 세계 제일의 대학, 교육의 1번지로 발전되는 씨앗이 되었다는 것입니다.

결국 조그마한 작은 행위 하나가 엄청난 긍정적인 결과를 가져올 수도 있는가 하면 어떤 어리석은 행위 하나는 융성하고 발전된 가치의 공든 탑을 무너뜨려 몰락시킨다는 것입니다.

작은 한 파도가 일어나면 일만의 파도가 따라서 일어난다는 옛 사람들의 글귀를 읽으면서 스치듯 무심하게 흘러가는 세월이 원망스러울 뿐입니다.

좋은 인연과의
만남

●
●
●

『계초심학인문』 제일 처음에 "대저 처음에 마음을 내어 배우려는
사람은 모름지기 나쁜 벗을 멀리하고 어질고 착한 사람만을 가까이
친해야 한다"고 보조국사는 말씀하셨습니다. 옳지 않은 짓거리를 하
는 친구들은 사귀지 말라는 것입니다. 어질고 착한 동지들을 받들어
모시고 가까이 친하라는 말입니다. 이 교훈이 지니는 심오한 의미를
우리는 여러 가지로 마음 깊이 아로새기지 않으면 안 됩니다.

대체로 사람의 마음에는 무한히 많은 본능들이 잠재적으로 도사리
고 있습니다. 그 잠재한 본능 가운데는 착한 성질의 것도 많고 나쁜
내용의 것도 수없이 많습니다. 많은 잠재 본능들은 환경의 자극이나
교육적인 성격에 따라 연령적인 성장을 관련하면서 그에 해당하는
본능이 자라나서 우리의 습관, 성격, 인격을 형성하게 마련입니다.

'맹모삼천지교'라는 고사가 있습니다. 맹자의 어머니는 홀몸으로
어린 맹자를 기르게 됐습니다. 처음에는 집안이 가난하여 백정 고
기 장사들이 사는 빈촌에 살게 됐는데 어린 맹자는 매양 소 잡고 돼

지 잡는 놀이만 했고, 소 돼지의 비명소리만을 흉내 내면서 나쁜 버릇 거친 성격으로 커가고 있었습니다. 어머니는 크게 놀라서 무리해서 겨우 행상하는 장사치들이 모여 사는 시장 근처로 이사를 하였습니다. 맹자는 이제는 부르고 흥정하고 사고 파는 놀이만 했습니다.

어머니는 세 번째로 서당 근처로 집을 옮겼습니다. 맹자는 비로소 공부하는 학생들을 보고 공부하기를 흉내내기 시작했고, 드디어 세상에 이름을 남긴 훌륭한 인물이 되었습니다. 세속 일에도 이러하거니와 절집에서 기도하고 마음 닦는 데는 오죽하겠습니까?

『자경문』에는 '벗을 바로 사귀라'는 항목이 있습니다.

"새가 장차 쉬려함에 그 숲을 가리며 사람이 배움을 구함에 스승과 벗을 가리나니 숲을 잘 가리면 그 휴식이 편안하고 스승과 벗을 잘 가리면 그 학문이 드높으니라. 그러므로 착한 벗 섬기기를 부모 받들듯 하고, 악한 벗은 원수처럼 멀리 여월지니라. 소나무 틈 속에 자란 칡은 천 길을 곧게 솟아오르고 잡초 가운데 있는 소나무는 석 자를 넘지 못하나니 어질지 못한 소인배는 빨리빨리 베어버리고 뜻있고 고상한 나무는 자주자주 친해야 하느니라."

이와 같이 수행을 하는 사람들은 스스로 발심과 수행 정진이 필요한 것과 아울러 좋은 스승과 친구를 만나느냐 못 만나느냐 하는 것은 실제에 있어서 가장 큰 과제가 됩니다.

종교는 가장 높고 가장 거룩한 성인의 가르침입니다. 부처님의 가르침은 패거리나 당파를 지어 친소를 따로 만들어서 서로 상대를 비방하고 자기 욕심대로 뜻이 이루어지지 않았을 경우 빈정거림으로 소속 사암을 비방하라고 가르친 적이 없습니다. 진정으로 부처님 섬기는 마음으로 살지 못하였음을 참회하고, 내 가족처럼 세상 모든 이를 사랑하고 존중하며 살아가야 할 것입니다.

언제나 시작하는
삶

- •
- •
- •

　부처님께서는 "오로지 그 사람의 현재 행위에 의하여 신분이 천하고 귀하게 구분된다"고 하시며 사람의 출생 시에 그 부모로부터 받은 신분을 부정했습니다. 덧붙여 설혹 지금 천하다고 하여도 참회하고 뉘우치면 그 허물이 용서된다는 자비심의 여담도 덧붙여 놓았습니다.

　우리는 살다가 위험한 고비를 구비구비 만나곤 합니다. 그 고비에는 병들어 병고로부터 생명의 위험을 겪는가 하면, 주위 사람으로부터 사기나 위증 거짓말로 인하여 상처도 받습니다. 또는 경제적인 궁핍이나 실직으로 인하여 가정의 해체를 맞닥뜨리기도 합니다. 부모님과의 사별, 친구나 사랑하는 사람 또는 자식을 먼저 저승으로 보내고는 피눈물로 세월을 보내는 사람도 있습니다.

　그러나 무엇보다도 제일 위험하고 큰 문제는 본인이 삶의 의욕을 상실하고 사람의 마음을 벗어나는 자신의 변질입니다. 지금껏 살아보니 별 볼일 없다거나, 돈이 최고구나 하며 욕심을 내어서 사람의 도리를 잊어버리고 막가파식의 삶을 지향하는 사람이야말로 어떻게 해볼 도리가 없는 막장의 인간입니다.

세상의 어떤 풍파나 고난도 자기 자신이 윤리와 도덕, 준법의 정신을 잃지 않고 유지한다면, 그 사람은 어려움 속에서 성공의 길을 보고 배울 것입니다. 어려움 속에서 배울 것이 있기 때문입니다.

그러나 막장 인생은 그 험한 곳에서 마구니와 손잡고 속이고 거짓말로 양심을 등지며 세상을 볼 때 욕심으로 뒤덮여서 바로 보지 못합니다. 그곳에서 무너져 버리는 하근기입니다.

자기 고유 성품을 지키고 유지하려는 자존의 심성이 있어야 할 것인데 그러지 못한 이는 오래가지 못합니다. 얼마 가지 않아서 패망할 것입니다.

우리는 파도가 치고 폭풍이 이는 때에도 평정이 올 것을 믿어야 하며 꽃피는 봄날도 반드시 비바람이 몰아치는 태풍의 계절이 있다는 사실을 잊지 말아야 하겠습니다.

조금 나아졌다고 좋아하지 말고 조금 어려워졌다고 상심 말라는 가르침입니다. 언제나 오늘이 마지막이 아니라 시작하는 삶이라는 걸 기억해야 합니다. 그러한 생각의 곧추세움이야말로 길을 잃지 않고 완주할 수 있는 지도가 되어주는 것입니다.

언제나
지금 이 순간으로

:

"남을 따르는 법을 알지 못하는 사람은 좋은 리더가 될 수 없다."
아리스토텔레스가 한 말입니다.

기러기가 날아가는 모습을 본 적이 있을 것입니다. 제각기 특정한 역할을 하면서 날아가는데 앞에서 날아가는 새가 리더이고 뒤에서 쫓아가는 새가 팔로워입니다.

인간 사회도 마찬가지로 방향을 제시하는 역할은 리더십, 수행하는 역할은 팔로워십이라고 합니다. 조직 내 모든 사람은 리더이기도 하고 팔로워이기도 합니다. 좋은 리더는 좋은 팔로워이기도 하고, 좋은 팔로워는 좋은 리더이기도 합니다.

리더십과 팔로워십은 동전의 양면과 같은 것이어서 인간 관계 영역에서 함께 연구되어야 할 연구 과제이기도 합니다. 리더가 아무리 중요하다고 해도 리더십만으로는 부족하고 창조적인 리더십과 그에 걸맞는 팔로워십이 맞장구를 쳐주어야 성공적인 조직이 완성될 수 있습니다.

좋은 일이 생겨나려면 이와 같은 상조와 상부의 인과법을 잘 알아야 합니다. 잘 아는 것만으로는 성공하기 어려워서 잘 실천할 때 비로소 작은 일도 성취할 수 있습니다.

'조고각하(照顧脚下)'라는 말이 있습니다. 자신의 발 아래를 잘 살피라는 말입니다. 보통의 사람들은 자신의 허물은 보려고 하지 않으나 타인의 허물은 너무나 명료하게 보는 습관이 있습니다. 남의 허물을 보듯 자신의 허물을 보고, 남의 허물은 무한한 관대의 마음으로 대하는 것이 자비정신의 발로입니다.

자신의 일이 풀리지 않을 때에 타인의 무능을 위안 삼아 허송 세월을 보내는 이가 있습니다. 그러나 우리 불자들은 남의 허물에 대하여 기도와 축원으로 기원하고 남의 경사(慶事)에 대하여는 수희동참의 마음으로 해야 할 것입니다.

자신의 허물에 대하여는 즉시 참회하고 정진하여야 할 것입니다. 나의 게으름, 나의 무지, 나의 허물은 엄격히 다스려 주변인들의 욕을 듣지 말아야 할 것입니다.

이러한 가르침은 타인에게 자비를 베풀라는 말이 아닙니다. 그것이 자신에게 이롭기 때문에 그렇게 하라는 것입니다. 고치거나 개선하지 않으면 서서히 부패 되다가 언젠가 인연이 다하면 그때에 비로소 무너져 버리기 때문입니다.

그러한 실행의 시기는 내일도 아니요, 내달도, 내년도 아닌 바로 지금 이 순간이라는 사실을 명심하고 불자들은 매순간 대중 화합 정신을 잊지 말아야 할 것입니다.

초심을 점검하는
마음

·
·
·

　부처님께서는 인간을 오온(五蘊)으로 규정하고 있습니다. 반야심경에서 관자재보살은 이 오온이 공함을 관하고 일체의 고(苦)를 건넜다고 합니다. 오온은 정신과 육체가 서로 결합되어진 상태를 말합니다.

　색은 육체를 이르는 말로서 반드시 무너진다는 뜻을 내포하고 있습니다. 우리의 몸은 만들어지는 순간부터 소멸될 것을 예견한 단어가 바로 색(色)이라는 말입니다. 색은 다시 생로병사라든지, 지수화풍이라든지, 오장육부라는 세부적인 철학적 의학적 명칭을 받으며 세세한 기능과 작동의 특성, 의무가 주어집니다. 수상행식(受想行識)은 정신을 의미합니다. 마음의 작동과 움직임을 설명한 내용이 수상행식입니다.

　그런데 여기서 신체의 수많은 기관에 세포들이 생멸변화를 시시각각으로 진행하고 되풀이하는데 하루에도 수십 수천 번, 수만 개의 세포들이 죽고 생성되기를 반복하여 나의 육신과 정신을 살아있는 인간으로 유지하며 보존시키고 있습니다.

이 수많은 장기와 신체에 이상이 올 수가 있는데 정신과 몸의 면역체계가 붕괴되는 시점에서 특정 부위에서 세포의 변이가 온다는 것입니다. 그것은 슈퍼세포라는 것인데, 이것이 바로 암세포라고 합니다. 예를 들면 평균 시간에 삼 정도의 성장이어야 한다면 평균 시간대에 칠이나 팔을 성장해서 거대한 세포로 속성해서 소속된 장기의 기능과 소속된 신체를 무위로 만들어 버립니다.

문제는 이 세포들은 약을 써도 듣지를 않고 멈추지를 않는다는 것입니다. 결국 신체 전부를 사망시키는 무서운 병이라는 것입니다. 부족한 병보다 넘치는 병이 무섭다는 것입니다.

이러한 현상을 정신에 대입하면 광자(狂者)를 생산하는 것입니다. 미치게 만드는 것입니다. 우리는 일상에서 수많은 사건과 일들을 맞닥뜨리며 처리하고 고민하고 해결하면서 생활하고 있습니다. 그러한 과정 속에서 폭력과 폭언, 심지어 더 큰 범죄에 해당하는 범죄에의 유혹도 생길 때가 있을 수 있습니다.

그러나 정수기나 에어컨의 필터처럼 맑은 물, 맑은 공기를 제공하기도 합니다. 이성과 교육과 오계와 기도수행의 힘으로 하나하나 극복하고 오히려 자비심과 연민, 사랑과 같은 긍정적인 힘으로 더욱 많은 사람들이 세상을 살아가고 있습니다. 그래서 세상은 밝은 태양이 지배하고 있는 것입니다. 부처님의 자비정신이 주 동력이 되어 살아가면 진정한 불자입니다.

우리는 자칫 초심을 잃어버리고 아만과 자만에 혼재되어 살지는 않는지 수시로 살펴야합니다. 가정에서는 가장의 입장에서 처세해야 하고, 직장에서는 직장 입장에서 볼 수 있는 안목이 구비되었을 때 비로소 다중에 이익 되고 무난한 언행과 정진이 될 수 있습니다. 살다보면 힘에 부치고 시야가 흐려져 어리석어지기 십상입니다. 대기업 같은 곳엔 이런 경우를 대비하여 정년과 징계, 포상과 연봉 등 여러 가지 대안을 갖추고 있기도 합니다.

자기 단체나 자기 체면의 존중이 지나치다 보면 전체 숲을 보지 못하는 우를 범할 수 있습니다. 평상과 비상의 경계선은 종이 한 장의 차이에 불과합니다. 초심의 반듯함에서 자칫하면 전도되어 삼독에 중독된 채 치유의 대상이 되어 있을 수도 있음을 살피고 또 살펴야 하겠습니다.

제행은
무상하다

:

옛날 성 안에 연화라는 아름다운 여인이 살고 있었는데 매춘부였습니다. 얼마나 자태가 고운지 그 나라에 살고 있는 내노라 하는 집안의 자제들은 모두가 그녀와 하루를 보내는 것을 최고의 영예로 삼을 정도였습니다. 그런데 어느 날 문득 연화에게 착하게 살고 싶은 욕망이 솟구쳤습니다.

'출가하여 스님이 되면 여생을 착하게 살 수 있을거야.'

이렇게 생각한 연화는 부처님 계신 곳을 향하여 길을 나섰습니다. 그런데 도중에 샘물을 만났고 자신도 모르게 허리를 굽혔습니다. 그러자 샘물에 여전히 빼어나게 아름다운 자신의 모습이 비쳤습니다. 순간 연화는 아차 싶었습니다.

'대체 내가 무슨 생각을 했던 것일까? 이 세상에 태어나서 이렇게 빼어나게 예쁘기도 쉽지 않은데 왜 이런 미모를 버리고 사문이 되려 하였지? 한 살이라도 젊었을 때 마음껏 즐기고 출가 같은 것은 뒤에 다시 생각해보자.'

이렇게 생각을 바꾸고 발길을 돌렸을 때 부처님께서 연화를 교화하려고 그녀보다 더욱더 아름다운 여인을 변신시켜 만들어냈습니다. 그리고 두 여인을 우물가에서 마주치게 하였습니다.

두 여인은 이내 벗이 되었고 연화는 눈부시게 아름다운 여인에게 이런저런 속 마음을 털어 놓았습니다. 귀를 기울이며 듣고 있던 이 여인은 몹시 졸린 듯 연화의 무릎을 베고 누웠습니다. 그리고 이내 아름다운 눈을 감고 잠이 드는 순간 갑자기 이 여인은 숨이 끊어지고 말았습니다.

그러자 그토록 아름답던 여인의 모습은 달라지기 시작했습니다. 백옥 같던 얼굴은 부풀어 올랐다가 썩어 문드러져 구역질이 날 정도의 악취를 풍기기 시작했고, 그 곱고 팽팽하던 배는 부풀었다 터지더니 벌레가 기어 나왔습니다. 이빨은 빠지고 머리털이 떨어지고 사지는 고스란히 허물어져 흩어지고 말았습니다. 연화는 자신의 무릎을 베고 누운 이 여인의 주검을 보자 말 할 수 없는 공포를 느끼고 말았습니다.

'이것이 진짜 조금 전의 그 아름답던 여인의 모습인가? 어쩌면 이렇게도 덧없게 되었는가? 그토록 곱던 여인도 이런 모습을 보이고 말았으니 내가 어찌 영원한 아름다움을 보장 받을 수 있겠는가? 이제 다시 부처님에게로 나아가 부지런히 가르침을 청하고 수행하자.'

연화가 다시 마음을 고쳐먹은 것을 확인한 부처님은 사람이 믿지 못 할 네 가지에 대해 말씀하셨는데 그 내용은 다음과 같습니다.

첫째, 젊은이도 결국은 노인이 된다는 사실입니다.

둘째, 건강한 이도 결국은 죽음으로 돌아간다는 사실입니다.

셋째, 일가친척이 모여 즐겁게 살다가도 결국은 헤어질 수밖에 없다는 사실입니다.

넷째, 아무리 태산처럼 재산을 쌓아둔다 해도 결국은 다 흩어지고 만다는 사실입니다.

　이렇듯 인생은 덧없습니다. 믿고 의지하던 친구나 부모님, 사랑하는 자식까지도 어쩌면 모두 내 곁을 떠나는 것이 세상사입니다. 그래서 이런 도리를 이미 부처님께서는 아시고 출가를 결행했는지 모릅니다. 물질만능의 요즈음 현대를 살아가는 우리들은 부처님 가르침을 가슴속에 언제나 잊지 말고 수행해야 합니다.

향기나는
보시 기도

•
•
•

　사찰을 찾아오는 사람들을 보노라면 처음에는 좋은 마음으로 왔으나 이내 세속의 직함으로 명함을 돌리고 세상살이의 양지에 사는 이를 중심으로 무리를 만들어 초심을 잃곤 합니다. 무어라고 야단이라도 하면 망어(妄語)와 기어(綺語), 악구(惡口)를 총동원하여 수행하는 스님께 맞대응하기도 합니다.

　이런 모습을 보면 무엇 때문에 절을 찾았는지 중심을 잃어버리는 모양새입니다. 사찰을 찾는 사람들은 기도나 수행에 전념할지언정 망녕되이 움직이지 말고 이미 망동(妄動)을 했다면 부처님께 진심으로 참회하고 뉘우칠 일입니다.

　『주역』에 "착함이 축적되지 않으면 명예를 이루기 어렵고, 악도 축적되지 않으면 몸을 멸망시킬 수 없다"는 말이 있습니다. 부지런히 쌓으면 차고, 게을러 쌓지 않으면 차지 않는다는 뜻입니다.

　옛날에 어떤 여자가 절에 들어가 보시를 하고 싶었는데 보시할 재물이 없고 단지 두 푼밖에 없었습니다. 그것을 툴툴 털어 다 보시하자 주지 스님이 친히 그녀를 위해 참회기도를 해 주었습니다. 나중에 이 여자가 후궁으로 궁궐에 들어가서 부귀영화를 누리게 되자 수천 냥의 황금을 마차에 싣고 그 절에 가서 희사했습니다.

그런데 이번에는 주지 스님이 단지 문하의 제자를 시켜 불공 좀 드려주라고 분부하는데 그쳤습니다. 이에 그 여인이 물었습니다.

"내가 이전에 두 푼을 보시할 적에는 법사께서 친히 참회기도를 해 주셨습니다. 그런데 지금은 수천 금을 보시했는 데도 법사께서 친히 회향해 주지 않으시니 무슨 까닭입니까?"

그러자 법사가 대답했습니다.

"예전에는 비록 재물이 아주 적었지만 보시하는 마음은 몹시 진실하였습니다. 그래서 만약 이 노승이 친히 참회기도를 해 주지 않는다면 그 진심의 덕에 보답할 방법이 없었습니다. 그런데 지금은 비록 재물은 몹시 많지만 보시하는 마음은 옛날처럼 그렇게 간절하지 못하니 남을 대신 시켜 참회해 드려도 충분합니다."

여기에서 천금을 베푼 공덕은 절반짜리 선행이고, 두 푼을 가지고 쌓은 선행은 꽉 찬 선행입니다. 오늘을 사는 우리는 한 말 두 냥의 보시로도 무한한 복록의 씨를 뿌릴 수가 있고, 한 푼 가지고도 천 겁의 죄를 다 소멸시킬 수가 있는 것입니다. 그러나 보시한다는 마음을 잊지 않고 집착한다면 비록 황금 수십만 냥이라도 복이 꽉 차지 않는 것입니다.

여기서 가섭존자와 아난존자의 탁발 이야기를 살펴 보겠습니다.

가섭존자는 두타제일입니다. 부처님의 열반 후에 그 법을 이어 불법이 세상에 유통될 수 있는 바탕을 마련한 제자입니다. 아난존자는 다문제일로 부처님 열반 후 경전이 결집될 수 있도록 한 제자입니다.

남방불교에서는 지금도 사원에 식당이 없습니다. 탁발을 해서 공양을 하고 있는데 이것은 부처님 당시부터 전해지는 생활입니다. 아난은 부잣집만 다니면서 탁발 했습니다. 전생에 복을 지어 현재에 부유하게 살지만, 부자는 인색하고 베풀 줄 모르기 때문에 내생에는 빈궁보를 받게 되는 경우가 많아 부잣집을 다니며 탁발했습니다.

가섭은 전생에 복을 짓지 못해 현생에 가난하게 되었으므로 내생에는 이로부터 벗어나게 하기 위해 가난한 집만 골라 다녔다고 합니다. 또 아난은 부처님 제자 가운데 여난(女難)이 가장 많았는데 귀티가 날 정도로 출중한 미모를 지녔다고 합니다. 가섭은 출가 시 부처님과 바꿔 입은 가사를 깁고 또 기워서 본 바탕을 알 수 없을 정도로 초라해 수행자 규범을 벗어난 적이 없는 제자였습니다.

보시 기도를 하면 몸과 마음이 편안해집니다. 저절로 계가 지켜집니다. 마음이 편안해집니다. 불안과 걱정이 사라져 안정이 됩니다. 내가 하고자 하는 일에 올바른 생각을 내게 됩니다. 이런 과정을 통해 심신을 바르게 하면 향기가 느껴지고 넉넉해집니다.

도를 이루는
불퇴전의 정진

　•
　•
　•

　"깨끗한 물도 더러움이 끼어들면 탁해지거니와 뒤에 가서 다시 깨
끗해지는 것은 그 더러움이 제거 되었기 때문이다. 이로써 볼 때 그
깨끗함은 밖으로부터 온 것이 아니며, 본성이 깨끗했던 것임을 알 수
있다. 심성은 본래 청정하되 번뇌 탓으로 더러워지는 것이며, 뒤에
가서 마음이 청정해지는 것은 번뇌를 제거했기 때문이다. 그러므로
마땅히 두려워하지 말 일이다."

　이것은 『대승장엄경론』의 말씀입니다.

　겨울은 춥고 힘들지만 언젠가 봄이 우리 곁으로 올 것입니다. 봄이
머물다 가면 여름이 와서 꽃이 피고 새들도 지저귈 것입니다. 작열하
는 태양의 여름이 가고 나면 어느새 제 빛깔로 우리를 반기며, 그 가
을을 뒤로 하고 혹한의 겨울은 어김없이 찾아옵니다.

　이 같은 흐름을 아는 이는 길고 추운 겨울을 원망하지 않을 것이
며, 무더운 여름 또한 잘 견딜 수 있을 것입니다. 얼음 밑에 물이 흐

르듯, 중생들의 껍질 속에 감춰진 부처님을 찾는 불퇴전의 정진이 있어야 할 것입니다.

불퇴전이란 뒤로 물러서지 않는 마음입니다. 그 마음은 곧 믿음과 연결될 것입니다. 우리의 본래 마음 자리는 청정하고 누구나 불성을 간직하고 있습니다. 불퇴전의 믿음으로 정진한다면 우리의 본래 성품 대로 살아가는 일이 결코 어렵지만은 않을 것이며, 이루지 못 할 일도 없을 것입니다.

욕심 내는 마음과 화 내는 마음 그리고 어리석은 마음이 마치 먹구름이 햇빛을 가리듯 우리의 본래 면목을 더럽히고 있음을 명심해야 할 것입니다. 본래 청정한 본성을 드러내는데 불퇴전의 믿음으로 정진하는 불자의 길을 가야 할 것입니다.

우리의 본래 마음은 그 어떤 때도 묻지 않은 청정한 그대로입니다. 다시 말해서 맑은 진여(眞如)의 마음인 것입니다. 우리가 간직해야 할 마음은 그런 본래의 마음입니다. 세상을 살아가면서 묻은 온갖 번뇌의 때가 비록 묻었다 하더라도 처음의 청정한 마음을 되찾으려는 보살행으로 정진한다면 그런 사람에게는 저절로 향기가 납니다.

마음은 아무런 형체가 없이 깨끗하지만 우리가 어떤 것을 받아들이느냐에 따라 본래 청정함을 그대로 유지할 수도 있고 무명과 번뇌로 뒤덮일 수도 있는 것입니다. 그것은 곧 우리의 삶을 어떻게 살 것인가 하는 문제와도 관계가 있습니다. 본래의 청정한 성품 자리를 지키면서 살아가는 삶이 바로 보살이 나아가야 할 길이며 모습입니다.

옛날 어떤 장자의 아들이 있었습니다. 그는 바다에 들어가 침향을 건져냈는데 여러 해가 지나자 한 대의 수레에 가득 차게 되었습니다. 그는 그것을 싣고 집으로 돌아와 시장에 나가 팔려고 하였습니다. 그러나 그것은 귀한 것이었기 때문에 좀처럼 사려고 하는 이가 없었습니다. 이렇게 여러 날이 지났으나 팔지 못하여 마음만 피로하고 괴로웠습니다. 어떤 사람이 숯을 팔아 당장 그 값을 받는 것을 보고 가만히 생각하였습니다.

'차라리 이것을 태워 숯을 만들면 빨리 그 값을 받을 수 있겠구나.' 그렇게 생각하고는 힘들여 싣고 온 침향을 태워 숯을 만들어 시장에 내다 팔았습니다. 그러나 반 수레의 숯 값밖에 되지 않았습니다.

세상의 어리석은 사람도 그와 같아서 한량없는 방편으로 부지런히 정진하여 불과(佛果)를 우러러 구하다가 그것을 얻기 어렵다 하여 곧 후퇴하는 마음이 생겨 차라리 마음을 내어 성문과(聖聞果)를 구하여 빨리 생사를 끊고 아라한이 되는 것만 못하다고 생각하는 것과 같습니다.

정진하고 기도하는 일이 실제로 해보면 쉽지가 않습니다. 불뚝 신심이 나서 시작은 많이들 하지만 끝까지 마무리를 하는 이는 많지 않습니다. 그리고 마무리를 하더라도 스님이 시키는 대로 하지 않고 자기 하고 싶은 만큼만 하는 이도 적지 않습니다.

그런 사람들을 보노라면 아쉬움과 안타까움이 교차합니다. 사람 몸 받기가 힘든데 다시 어느 생에 사람 몸 받아 수행하고 정진해서 윤회를 끊을까 하는 노파심이 큽니다.

날마다 부처님 전에 기도드리고 마음을 다잡아 탐심과 성냄과 어리석음의 삼독을 쫓아내고 지혜와 자비의 화신으로 탄생하겠다는 의지를 굳혀야 합니다. 그래서 백천만겁 난조우를 금생에 조우하겠다는 불퇴전의 원력으로 정진해야 할 것입니다.

기도의
다섯 가지 자세

•
•
•

    우리나라 불교 역사상 기도로 인해 어려움을 해결한 위인은 참으로 많습니다. 대표적으로 의상 대사는 동해안 낙산사에서 기도하여 관음보살 진신을 친견하였습니다. 조선시대 이성계는 안변 석왕사에서 오백나한 기도를 하고 태조가 되었습니다. 태종도 배불정책을 썼지만 상왕의 치병을 위하여 약사기도를 했습니다. 세종도 소헌왕후의 병을 치료하고자 흥천사, 승가사에 관원을 보내기도 했습니다.

    또 세조는 왕위를 찬탈한 뒤 참회하는 뜻에서 전국 명산 대찰에서 기도하였고, 자신은 금강산 표훈사, 유점사, 오대산 상원사에서 직접 백일 기도를 하여 대풍창을 치료하였습니다. 사람의 생리는 3, 7일을 중심으로 세포 분열이 이루어지고 있습니다. 49일이면 인체의 체질이 반쯤 정돈되고, 백일이면 체질 습관이 고쳐지며, 천일이면 피가 맑아지고, 만일이면 골통이 바뀐다고 합니다.

    기도는 혁명입니다. 용광로에 들어가 제련되는 금처럼 기도를 통하여 변혁을 가져올 수 있습니다. 백일 기도를 하여 아기를 낳는다고 하는 것은 체질이 알칼리성이 산성이 되고, 산성이 알칼리성으로 되는 것입니다. 생각이 바뀌면 생활이 바뀌고, 생활이 바뀌면 헌 사람이 새 사람이 되고, 범부가 성현이 되는 것입니다.

기도를 하기 전에 다섯 가지 자세를 갖추어야 합니다.

첫째는 오연(五緣)을 갖추어야 합니다. 오연은 계율 지키는 일이 철저해야 하고, 의식이 갖추어져야 하고, 고요한 곳에 한적하게 살아야 되고, 주위 환경의 일들을 끊어야 하고, 선지식을 얻어야 합니다.

둘째, 오욕(五慾)을 가책해야 합니다. 오욕은 색·성·향·미·촉·법입니다. 〈십주비바사론〉에 "육정(六情)을 금하는 일이 개와 사슴과 물고기와 뱀과 원숭이, 새를 잡아 묶는 것과 같다"고 했습니다. 개는 부락을 좋아하고, 사슴은 산의 연못을 바라고, 물고기는 늪이나 못을 좋아하고, 뱀은 구멍에서 살 것을 바라고, 원숭이는 깊은 숲을 좋아하고, 새는 하늘에 의지하기를 원합니다. 지혜와 굳은 정념이 있으면 능히 모든 것을 항복시킬 수 있습니다.

셋째, 오개(五蓋)를 버리는 것입니다. 오개는 다섯 가지가 덮어 씌워져 얽혀 떨어지지 않아 마음이 캄캄하여 선정 지혜가 일어나지 않음을 뜻합니다. 다섯 가지는 탐욕, 진에, 수면, 도회(掉悔), 의심을 말합니다.

넷째, 오사(五事)를 고르게 해야 합니다. 오사는 음식을 고르게 하고, 수면을 고르게 하고, 몸을 고르게 하고, 호흡을 고르게 하고, 마음을 고르게 하는 것입니다.

다섯째, 오법(五法)을 행하는 일입니다. 오법은 욕(欲), 정진(正眞), 염(念), 교혜(巧慧), 일심(一心)입니다. 닭이 알을 품듯 오매일여로 해야 합니다. 게으름 없이 순간순간 이어져 훌륭히 그 뜻을 깨달아서 한 마음과 다름없이 행한다면 온갖 일들이 성취될 것입니다.

기적으로 이끄는
기도의 힘

:

〈마음을 열어주는 101가지 이야기〉에 실린 기적적인 내용 한 가지를 소개합니다. 카운셀러겸 세미나 강사 마크 빅터 한센의 경험 실화입니다.

어느 날 마크가 강연을 위해 워싱턴에서 콜로라도주 덴버로 갔습니다. '소원을 들어주는 단체'라는 곳에서 온 프레드 벅트 박사가 찾아와 부탁했습니다. 박사는 에이미라는 18살된 소녀를 한번 만나 달라고 부탁했습니다. 에이미는 백혈병 말기 환자로 살아날 가망이 없는 환자였습니다. 에이미는 죽기 전에 마크의 강연에 참석하고 싶다는 소원을 가지고 있었습니다.

마크는 미국 뿐만 아니라 전 세계적으로 유명하고, 자신이 지은 책들을 통해 불굴의 의지와 희망, 따뜻한 사랑을 일으키는 분이기에 에이미가 만나 보고 싶어했습니다. 마크가 만난 에이미는 금방이라도 쓰러질 것 같은 허약한 몸에 말할 수 없을 만큼 기운이 없었습니다. 머리에는 터번을 두르고 있었습니다. 머리가 다 빠져 버렸기 때문입니다.

에이미는 두 가지 소원이 있었는데 첫 번째가 고등학교를 졸업하는 것이고, 두 번째가 마크 강연에 참석하는 것이었습니다. 에이미의 눈물로 인사를 나눈 마크는 에이미가 지켜보는 가운데 강연을 시작했습니다. 마크는 1천 명이 넘는 청중을 향해 영적 치료를 시도해 보는 게 어떻겠느냐고 제의했습니다.

참석자들이 그에 동의하자 영적으로 '생명의 기'를 느끼는 법을 가르쳤습니다. 방법은 두 손바닥을 힘껏 비벼서 5cm 정도 떨어지게 한 다음, 생명의 기를 스스로 느끼게 하는 것이었습니다.

방법을 가르쳐준 뒤 에이미를 연단에 나와 서게 한 다음, 청중에게 소개했습니다. 마크는 청중에게 에이미가 백혈병에 걸려 살 날이 며칠 밖에 남지 않았다는 걸 이야기하고는 에이미를 향해 '생명의 기'를 보낼 것을 부탁했습니다. 청중은 순수한 마음으로 기를 보냈습니다. 에이미는 단상에 선 채로 감사와 감동의 눈물을 흘렸습니다.

그로부터 2주 후 전화 한 통을 받았습니다. 에이미가 퇴원하게 되었다고 하는 것이었습니다. 기적처럼 치료가 되고 있기 때문에 의사가 퇴원을 권유했다고 했습니다. 다시 2년 뒤 에이미가 결혼을 한다는 전화를 받았습니다. 백혈병이 낫게 된 이유는 1천 명의 간절한 기도 덕분이었습니다.

기도는 죽어가는 생명까지도 살아나게 하는 힘이 있습니다. 기도는 우리를 괴로움에서 건져 줍니다. 기도는 우리를 괴로움에 빠지지 않게 해줍니다. 기도는 우리가 원하는 모든 걸 이루어지게 합니다. 기도의 힘은 과학으로도 증명되고 있습니다. 똑같이 두 개의 꽃을 심고, 하나는 너를 사랑한다고 축원하고, 다른 하나는 너 같은 건 필요 없다고 축원하자 한쪽은 생기가 나는데 한쪽은 시들어버리고 마는 것이었습니다.

뉴욕 타임즈에 실린 불임치료에 관한 다른 사례를 인용해 보겠습니다. 차병원 차광렬 원장과 로저리오 로보 콜롬비아 의대 산부인과 과장은 생식의학 전문지 〈저널 오브 리프로덕티브 헬스〉에 1998년부터 1999년까지 서울 차병원에서 불임치료를 받은 환자 199명의 사진을 미국과 캐나다 그리고 호주의 기독교도들에게 보냈습니다. 환자가 임신에 성공하도록 기도해 달라는 부탁을 한 뒤 기도해 주는 이 없는 환자 그룹과 임신 성공률을 비교했습니다. 기도 환자의 성공률이 2배가 높게 나타났습니다.

불자들 가운데는 법당에 기도를 붙여 놓고 반신반의하는 이가 있습니다. 스님들이 법당에서 기도하는데 축원 올려 놓고 영험 여부를 의심하는 불자들도 있습니다. 우리는 육신을 갖기에 앞서 본래부터 부처님 생명이기에 실로 구하여 성취할 깨달음이 따로 없다고 말할 수 있습니다. 자신의 참 생명이 부처님 생명임을 깨닫고 믿음으로 살아가려는 마음 자세가 바로 보리심입니다.

2부

지혜의
향기

불자의
마음가짐

‘초파일신도’라는 말이 있습니다. 일년 중에 초파일만 절에 가는 신도를 가리키는 말입니다. 스님 입장에서 보면 신도가 아닌 것은 아니지만 참다운 불자라고 말하기는 어렵습니다.

불교 신자들의 종교 활동 횟수를 분석한 자료에 의하면 주 일회 정도 법회나 행사에 참석하는 불자는 2.2%, 한 달에 1~2회 법회나 행사에 참석하는 불자는 12.9%, 연 1~2회 법회나 행사에 참석하는 불자는 34.4%, 일년에 법회나 행사에 불참하는 불자는 21.9%인 것으로 나타났습니다.

반면 기독교나 천주교 신자들이 종교 집회에 참여하는 횟수는 주 1회 개신교 40.1% 천주교 39.9%, 월 1~2회 개신교 9.2% 천주교 10.2%, 일년 내내 불참하는 숫자는 개신교 10.4% 천주교 21.6%인 것으로 나타났습니다.

자료를 살펴볼 때 불교 신도들의 종교 집회에 참석하는 숫자는 다른 종교에 비해 열세인 것으로 보입니다. 법회에 참여하는 것은 불자의 기본 자세입니다.

불·법·승 삼보 가운데 승단은 출가승을 지칭하기도 하지만 비구, 비구니, 우바새, 우바이의 사부대중으로 이루어진 승단을 의미하기도 합니다. 출가 스님들이 삭발 염의하고 전문적으로 수행의 길로 나선 분이라면, 재가 불자는 세속에서 생활을 영위하면서 부처님 법을 수행한다는 측면이 강합니다.

출가승은 재가자를 지도하고 수행하며, 재가자는 경제적인 측면에서 출가승을 지원하고 수행에 전념할 수 있도록 외호하면서 수행하는 단체입니다. 재가자는 다음의 몇 가지를 지켜야 합니다.

첫째, 재가자는 삼보를 외호해야 합니다.

삼보를 신앙하는 불자는 삼보가 영원히 이 세상에 존재하고 후대까지 지속적으로 전해질 수 있도록 모든 정성을 다하여 외호하는 자세가 필요합니다. 또 재정적 보시를 해야 합니다. 사찰 운영과 수행을 위한 재원을 마련해야 합니다.

부처님의 가르침을 이웃에 전하는 복지 기금과 다양한 불사 기금, 사찰에서 봉행하는 기도 동참은 물론 능력 범위 내에서 당연히 해야될 종교적 실천이자 의무입니다. 또한 불교를 비방하는 외부 세력으로부터 적극적으로 옹호하려는 노력이 필요합니다.

요즘은 이름과 성격이 다양한 종교들이 주위에 산재해 있습니다. 불교 입장에서는 각자 영역 속에서 평화롭게 공존하고 싶지만 간혹 일부 종교에서는 상대 종교 자체를 부정하고 말살하고자 합니다. 불자는 이러한 부정한 세력으로부터 삼보를 지켜야 하는 것입니다.

둘째, 재가자는 오계를 지켜야 합니다.

누구나 신도 오계를 수지하고 불명을 받아야 합니다. 계율은 강제적 규제 성격의 도덕이 아닙니다. 삼보에 귀의한 불자 스스로가 부처님 가르침만이 우리들의 삶을 바르게 이끌어주고, 행복의 길로 이끌어주는 최고의 진리 가치요, 이념임을 명심해야 합니다. 인간과 자연 만물이 모두가 평화롭게 화합하고 공존하여 살 수 있게 하는 것이 계율의 참 정신이자 가치인 것입니다.

살생, 도적질, 음행은 절대 금계 사항입니다. 또 불망어는 화합 공존에 필요한 계율입니다. 계율을 이해하고 실천함에 있어 '하지 말라'는 조목에 얽매이기 보다는 조목이 담고 있는 근본 정신과 불교 이념을 이해하고 실천하려는 노력이 필요합니다.

셋째, 재가자는 경전을 공부해야 합니다.

경전은 진리의 보고입니다. 교통수단, 비용, 기후, 물가 등 여행에는 안내서가 있는 것처럼 경전이라는 진리의 안내서를 꼭 의지해야 합니다. 경전은 무량한 보배의 금광과 같은 것입니다.

넷째, 재가자는 자비심을 가져야 합니다.

불교는 자비의 종교입니다. 불교의 궁극 목표는 중생 구원의 자비 실천에 있습니다. 유명한 유마거사는 중생이 아픔으로 자신도 아프다고 고백했습니다. 나와 남이 하나라는 관점에서 일으키는 마음이 바로 부처님 마음, 진리의 마음입니다.

나를 소중히 여기고 아끼듯이 나와 한 몸인 여타의 존재를 자신처럼 여기고 사랑하는 마음이 자비심입니다. 아무리 배우고 익혀도 자비심이 없으면 향기 없는 조화와 같은 사람입니다. 자비의 실천은 타 존재에 대한 관심과 이해로부터 비롯됩니다. 관심을 갖고 살피면 그들의 아픔, 고통, 부족함, 상처 등이 눈에 보이게 되고, 고단한 삶의 모습을 이해하게 됩니다.

다섯째, 재가자는 기본적 신행(信行)을 지켜야 합니다.

불자는 예불, 기도, 참회, 주력, 독경, 사경, 참선 등 기본적인 예절을 실천해야 합니다. 예불은 조석으로 올리는 예경을 말합니다. 기도는 시간을 정하여 매일하는 습관을 들여야 합니다. 참회는 새벽녘이나 잠들기 전 10분이나 30분 정도면 충분합니다. 또 주력이나 신묘장구대다라니, 능엄신주 등 명호를 반복해서 외우고 독경, 사경에도 게을리하지 말아야 합니다. 관경은 눈으로 보면서 그 뜻을 새기는 것을 말하며, 사경은 경전을 베껴 쓰는 것을 말합니다. 집을 짓는데 기초가 튼튼해야 하듯이 공부도 기초가 튼튼해야 합니다.

이상으로 불자의 기본 마음가짐에 대해 알아보았습니다. 우리가 불자라고 말할 수 있으려면 적어도 불자다운 마음과 행동을 해야 할 것입니다. 불자의 기본 의무와 책임은 다하지 않고 권리만 부여받고 행사하려는 것은 불자로서 가져야 할 올바른 태도가 아닙니다.

좋은 불자가 되기 위한
조건

:
:
•

    불자는 불자다운 마음을 지녀야합니다. 그러면 좋은 불자가 되기 위해서는 어떻게 해야 할까요?

    첫째, 좋은 불자가 되기 위해서는 지혜의 눈, 자비의 가슴을 가져야합니다.

    태양과 같은 지혜, 대지와 같은 자비심을 가진다면 이 세상에 두려울 게 아무것도 없을 것입니다. 타 종교에 비하여 불교는 특별히 개인적 수행을 강조합니다. 진리의 깨침과 구원이 외부의 절대적 존재나 전지전능의 신에 의하여 이루어지기보다 우리의 마음이 절대자요, 무량복덕을 갖춘 부처님이요, 진리의 보배창고라는 말을 따르고 있습니다.

    이러한 마음에 대한 공부와 깨침이야말로 모든 번뇌와 고통으로부터 자기를 해방시키는 일이요, 행복과 즐거움을 얻는 일이요, 궁극적으로 생사윤회의 굴레로부터 벗어나는 해탈과 구원의 길임을 믿는 것입니다.

내 마음이 어두우면 이 세상 모두가 어둡고 내 마음이 밝고 기쁘면 이 세상 모두가 밝고 기쁘게 느껴집니다. 많은 것을 소유했어도 만족함이 없으면 늘 부족하고 불행하며 조금 소유했어도 지족함이 있으면 넉넉함을 느낄 수가 있습니다.

고래등 같이 넓은 집에 살며 값비싼 자동차에 기름진 음식을 먹고 고급 옷을 걸치더라도 족함이 없으면 그 사람은 늘 부족하여 또 다른 행복을 찾아 탐욕의 마음을 일으킵니다. 반대로 발 하나 뻗기에도 부족한 초막에 살고 남루한 옷을 걸쳐도 족함을 얻으면 그는 언제나 넉넉한 행복을 느끼며 삽니다. 인간의 희로애락을 비롯한 모든 것이 마음에서 창조되고 마음에서 비롯됨을 잘 알 수 있습니다. 수행은 바로 이러한 마음에 대한 공부입니다.

둘째, 좋은 불자가 되기 위해서는 자신을 바른 길로 인도하고, 가르침을 줄 수 있는 훌륭한 스승을 모셔야 합니다.

불자에게 가장 훌륭한 근본 스승은 부처님입니다. 불자는 부처님을 스승으로 모시고 가르침을 배워야하고 그 가르침에 따라 삶을 살아야하고 또한 그 가르침을 이웃에게 전하여 중생을 구원하는데 앞장 서야 합니다.

그러나 부처님은 이미 열반하시어 무불시대인 현세에 있어서는 무형의 법신불로만 존재하시기 때문에 직접 친견하여 그 분의 말씀을 듣는 인연은 갖지 못했습니다. 그러나 부처님의 가르침을 좇아 수행 길에 나선 스님들은 만날 수가 있습니다. 수행의 길에 있어서 자신을 깨달음으로 이끌어줄 훌륭한 스승을 갖는 일이야말로 가장 중요한 일입니다.

중국 선종의 2대조인 혜가 선사는 출가 후 여러 곳을 다니다가 인도의 보리달마를 만남으로써 마음의 깨침을 얻었습니다. 또 신라의 원효 대사는 무명의 대안 대사를 만남으로써 불교의 새로운 시각을 얻고 시정 중생들과 동고동락하면서 무애행을 실천할 수 있었습니다. 사명 대사는 서산 대사를 만남으로써 나라를 구하는 동량이 되었듯이 한 개인이 훌륭한 스승을 만남으로써 얼마만큼 변화할 수 있는가는 역사 속에서 찾을 수 있습니다.

스승에 대한 호칭은 여러 가지가 있습니다. 그중 부처님에 대한 호칭은 여래, 응공, 정변지, 명행족, 선서, 세간해, 무상사, 조어장부, 천인사, 불, 세존입니다.

처음 출가하여 개인적인 스승으로 모시어 제자의 인연을 맺은 스승을 은사라고 부릅니다. 또 법사는 비구계를 받고 당호와 함께 받는 인정 절차를 이끌어주는 스승을 지칭합니다. 그밖에도 방장은 강원, 선원, 율원을 갖춘 곳의 최고 어른을 말하며, 조실은 선방 최고 어른으로서 참선을 지도하는 큰 스님을 뜻하며, 율사는 지계행을 통해 계율을 지도하는 스님을 호칭합니다. 또 강사는 경학을 가르치는 스님에 대한 호칭이고, 선사는 법력이 높은 선승을 가리킵니다.

셋째, 좋은 불자가 되기 위해서는 좋은 인연 만나기를 발원해야 합니다.

지혜와 복덕을 갖춘 훌륭한 스승이나 바른 법으로 인도하고 올바른 수행과 신행을 실천할 수 있도록 인도할 수 있는 그런 분을 만나는 것은 인연이요, 복이라 할 수 있습니다. 제자가 스승을 공경한다는 의미는 예의로써 공경하고 공양함이요, 존경하여 우러러봄이요, 스승의 가르침을 따라 어긋나지 않음이요, 스승을 따라 법을 물어서 잘 지니고 잊지 않음을 뜻합니다.

인연 가운데 소중한 인연은 탁마하여 수행의 길을 함께 할 수 있는 훌륭한 도반을 만나는 일입니다. '친구 따라 강남 간다'는 말이 있듯이 도반은 참으로 소중한 인연입니다. 불교에서 동료를 도반, 선우, 법우라고 말합니다. 수행의 길에 있어 함께 논하고 실천하며 수행의 험한 노정에서 힘들고 어려워할 때 도와줄 사람이 바로 도반이기 때문입니다. 이름만 불자이지 개인의 이익과 안일만을 꾀하는 사람은 참 불자라 할 수 없습니다.

〈초발심 자경문〉에 "처음 발심하여 출가한 사람은 반드시 악한 벗을 멀리 여의고, 착한 벗을 가까이 해야만 한다. 또한 어질고 착한 이를 가까이 모셔야만 한다"고 했습니다.

부처님께서도 도반의 중요성에 대해 아난존자에게 다음과 같은 대화를 하신 적이 있습니다.

"대덕이시여, 곰곰이 헤아려 보건대 착한 벗이 있고 착한 동료와 함께 있다는 것은 이 성스러운 길의 절반에 해당된다고 생각합니다. 이런 저의 생각은 어떠합니까?"

"아난다여, 그것은 잘못이다. 그렇게 말해서는 안 된다. 착한 벗이 있고 착한 동료와 있다는 것은 이 성스러운 길의 전부이니라."

이것이 부처님께서 정의하신 도반에 대한 생각이셨습니다. 중요한 것은 훌륭한 도반을 얻기 위해서는 자신 또한 상대에게 선량한 도반이 될 수 있도록 노력해야 합니다. 좋은 도반이 된다는 것은 같은 계율을 같이 지킴이요, 의견을 같이 맞춰야 함이요, 받은 공양을 똑같이 수용함이요, 한 장소에 모여 함께 살아가야 함이요, 남의 뜻을 존중해야 함을 뜻합니다.

넷째, 좋은 불자가 되기 위해서는 정법을 배우고 실천할 수 있는 좋은 공부의 도량을 갖는 일입니다.

'맹모삼천지교'라는 말이 있듯이 공부하는 장소는 참으로 중요합니다. 향을 싼 종이에는 향기가 나고 생선을 싼 종이에는 생선 냄새가 나듯이 우리가 처한 환경은 참으로 중요합니다. 물론 처처불상이요, 사사불공이라는 말도 있지만 신심이 깊지 못하고 근기가 둔한 사람이 신심을 키우고 바른 가르침을 배울 수 있기 위해서는 훌륭한 도량이 필수적입니다.

훌륭한 도량이란 선지식이 계신 곳이요, 선량한 도반이 모여 있는 곳이요, 부처님의 정법을 가르치고 실천하는 곳입니다. 세계 제일의 이름이 붙은 거대한 불상과 국보급 보물이 있는 도량이라 하더라도 이러한 요소들을 갖추고 있지 않다면 그곳은 단지 박물관이나 전시관 같이 스쳐 지나가는 생명없는 공간일뿐 진리가 살아 숨 쉬는 훌륭한 도량은 될 수 없습니다.

훌륭한 도량에 몸담아 수행과 신행을 이끌어갈 때 향기가 몸에 배듯 자연스럽게 바른 불자의 모습과 자세를 갖추고 익히게 될 것입니다. 우리 스스로가 그러한 조건의 당사자일 수 있습니다. 부처님의 가르침을 받들어 수행해 나가는 스승이 될 수 있도록 노력해야 할 것입니다. 또 여러 사람들에게 믿음 있는 도반이 될 수 있도록 하며, 무량한 지혜와 공덕을 갖춘 넉넉한 자비도량이 될 수 있도록 노력해야 합니다.

세 부류의 사람에게
배우는 교훈

세상에는 세 부류의 사람이 있습니다.

첫째 부류의 어리석은 사람은 남을 책망하는 데는 밝습니다. 아무리 무능하고 졸렬한 사람이라도 그 나름의 변명과 이유가 항상 있게 마련입니다. 자신이 수임한 직분이나 임무에 실적이나 공적을 드러내지 못하면서 오히려 그 사소한 직분이나 명예를 사용하여 자신과 자신의 주변에 사조직을 구축하는 경우가 많습니다. 만남과 언행 시에 공적 임무에 중심하여 시설하기보다는 적당히 자신의 입지와 자신의 인기를 관리하기에 급급합니다. 공적 업무를 부여받으면 이 핑계 저 핑계로 한 발짝도 진척시키지 못하면서도 사사로이 친분을 쌓고 코드 교류를 합니다.

교류와 친분은 결국 부처님 성전을 관리하고 유지하면서 발전책과 구상안을 연구하도록 창안하는 것 때문에 직책이 부여됐음에도 불구하고 본분은 망각해버리고 세월을 허송하는 모양새를 나타냅니다. 명예나 부를 쌓기 위한 직책이 아닌 데도 불구하고 잘못 살았기에 떠난 자리가 시끄럽고 번거롭습니다.

둘째 부류의 총명한 이도 자신을 용서하는 데는 어둡습니다.

이와 반대되는 부류의 사람은 소속 집단에서 시간도 잊고 보수도 잊고 가정도 잊은 채, 소속 단체의 발전을 위하여 묵묵히 일하며 곁들여서 도덕적으로도 신망과 믿음을 보여주는 전형적인 의인의 타입입니다.

이들은 열심히 일하여 공적을 쌓아 놓고는 낙성이나 준공식 시상식에는 대부분 첫째 부류에게 빼앗기고도 침묵하며 불만을 드러내지 않는 형입니다. 주변에 사조직이나 개인 모임이 없어서 잔칫날에는 외롭지만 부처님께는 사랑받는 진정으로 본질을 헤아릴 줄 아는 지혜가 앞선 사람을 말합니다.

그러나 이런 사람들은 혹여 일을 진행하다가 허물이라도 하나 생겨나면 그 직책과 소임에 가혹한 책임을 집니다. 그리고 직을 넘기거나 사직하더라도 재임 중 더욱 잘하지 못했던 점을 부끄럽게 생각하여 물러난 자리가 아침 청소 후의 거실처럼 정갈하고 조용합니다. 즐거이 책임지는 모습을 이른 말입니다.

셋째 부류의 사람은 희생이 필요한 때 비로소 본색이 드러납니다.

세상사 사노라면 왜 흠허물이 없겠습니까? 모두가 성인 군자가 아닌 다음에야 허물을 지을 수 있습니다. 공자도 며칠을 굶고서는 제자를 의심했고, 부처님도 당신의 조국이 패망할 때에 속수무책이었습니다. 우리 모두가 사람인 데야 허물은 어쩌면 당연한 것인지도 모르겠습니다.

세계적인 독일의 M사나 B사의 자동차도 출고되면 결함이 있을 수 있습니다. 그러나 소비자의 결함 지적에 대하여 솔직히 시인하고 신속하고도 정확하게 고객의 불만을 받아들여 기계적 결함도 치유하고 심리적 불안도 가라앉혀 주면서 역시 세계 일류 기업임을 대내외에 자랑하는 모습을 심심찮게 봅니다. 인류 사회가 추구하는 행복한 세상을 꿈꾸는데 진심으로 공조할 때에 진정한 일류 기업인 것입니다.

우리 사회에서 잘못이 없다든지 누구 때문이라든지 불가능한 일이라며 핑계로 일관하는 기업은 가차 없이 도태되고 소멸되는 것을 수없이 목도하고 있습니다.

세 부류의 사람들에서 진정한 사람의 인격과 됨됨이는 결국 평화로운 시기에는 보이지 않다가도 풍파가 지나간 후에 제대로 볼 수밖에 없다는 깨우침의 일갈이 아닐까 생각합니다.

이러한 때를 격고 난 후에라야 큰 일을 논할 수 있는 진정한 도반이 얻어질 수 있습니다.

일상에서 만나는
지혜로운 삶

세상을 살아가면서 누구나 어려움을 당할 때가 있습니다. 어려움에 처했을 때 이를 잘 극복할 수 있어야 지혜로운 사람이라 할 수 있습니다. 어려움을 극복해야 보다 나은 삶을 영위할 수 있습니다. 어려움에 봉착했을 때 지혜로운 삶을 살아가기 위한 〈보왕삼매론〉의 가르침을 살펴보도록 하겠습니다.

첫째, 근심과 곤란으로써 세상을 살아가는 지혜를 배워야 합니다.

〈보왕삼매론〉에 "몸에 병 없기를 바라지 마라. 몸에 병이 없으면 탐욕이 생기기 쉬우나니 부처님께서 말씀하시되 병고로써 양약을 삼으라 하셨느니라"는 가르침이 있습니다.

사람들은 누구나 건강하기를 바라고 병을 싫어합니다. 부처님께서는 사람이 겪는 고통을 풀어야 할 숙제로 자각하셨습니다. 부처님께서는 병을 싫어하지 않으시고, 오히려 좋은 약으로 삼으라고 가르치셨습니다.

사람들은 자기 몸이 건강하다고 온갖 욕심을 다 부리고 나쁜 짓도

하게 되는 게 현실입니다. 사실 어떤 쪽이 진정으로 나쁜 것인지 분간하기조차 쉽지 않은 게 현실입니다.

계속해서 〈보왕삼매론〉에는 "세상살이에 곤란 없기를 바라지 말라. 세상살이에 곤란이 없으면 교만한 마음과 사치한 마음이 일어나기 쉬우니 부처님께서 근심과 곤란으로써 세상을 살아가라고 하셨느니라"는 가르침이 있습니다.

사람들은 자기가 바라는 대로 모든 일이 다 이루어지고 마음까지 편안하기를 바랍니다. 그러나 대부분은 곤란과 근심으로 살아가기 마련입니다. 곤란과 근심을 털어내려고 하면 할수록 더욱더 어려움에 부딪히게 마련입니다. 그래서 오히려 곤란과 근심으로 살아가고 말씀 하셨습니다.

어려움에 부딪혔을 때 그것을 피하려고 하면 오히려 더욱 어렵게 되고 때로는 죽고 싶어질 때도 있습니다. 어려움을 극복하리라 각오하고 그 어려움을 그대로 안으면 오히려 마음이 한결 가벼워집니다.

인동초는 봄이 되면 겨울을 지낸 성품을 읽을 수 있습니다. 부처님의 말씀은 이런 원리를 바탕에 두고 있습니다. 병을 걱정하기보다 약으로 삼는 것이 오히려 문제 해결의 지름길입니다. 곤란한 경우를 피하기보다 적극적으로 맞설 때 어려움을 극복하는 지혜를 얻을 수 있을 것입니다.

둘째, 많은 세월을 두고 일을 성취하는 지혜를 배워야 합니다.

〈보왕삼매론〉에 "일을 계획하되 쉽게 되기를 바라지 마라. 일이 쉽게 되면 뜻이 경솔해지기 쉬우니 부처님께서 많은 세월을 두고 일을 성취하라 하셨느니라"는 가르침이 있습니다.

'급할수록 여유를 가져라'는 말이 있습니다. 우리는 쉽고 빠르게 하려다가 낭패를 당하는 경우를 종종 보게 됩니다. 자동차는 우리에게 생활의 편리함과 신속함을 가져다 주었지만 여러 가지 부작용도 많이 생기게 했습니다. 네 발 동물은 장기 계통의 질병이 없다고 합니다. 우리는 자동차를 몰고 다니면서부터 아랫배가 나오게 되고 여러 가지 질병도 아울러 생기게 되었습니다.

우리는 무엇을 빨리 하려다가 소중한 것을 놓치지는 않았는지 성찰해봐야 합니다. 성수대교가 붕괴되는 사고를 당했을 때 만약 내 자식과 부모가 다니는 길이라는 양심에서 기준을 지켰더라면 그처럼 참혹한 사고는 면할 수 있었을 것입니다. 또 삼풍백화점 붕괴 사고도 마찬가지입니다.

이런 사례는 우리 주변에서 흔히 발견할 수 있습니다. 평상시에 스스로를 돌아보고 문제가 발견되면 즉시 고쳐나가는 습관을 가진다면 빨리빨리의 그릇된 습관으로 인한 사고를 조금이라도 막을 수 있을 것입니다. 빨리 성적을 올리기 위해 각성제를 복용하고 잠을 줄여가면서 공부하는 것은 건강도 해치고 능률도 오르지 않는 것과 마찬가지입니다.

우리는 기다릴 줄 아는 지혜가 필요합니다. 충분한 시간과 여유를 가지면서 일하면 인내심이 생기고 성격도 좋아집니다. 조급해지면 몸은 숨이 가쁘고 얼굴이 달아 오릅니다. 몸이 비상사태가 되어 독과 싸우느라 많은 산소를 필요로 하게 됩니다. 반대로 느긋하면 몸과 마음이 편안하고 건강해집니다.

조급해지는 것은 인과를 무시하는 것입니다. 농산물은 봄에 파종하면 여름 내내 햇빛을 받고 공기를 마시고 땅 속의 무기질과 수분을 흡수하고 성장하여 가을에 결실을 맺습니다.

이런 충분한 시간을 들여 수확한 농산물은 인간에게 이로움을 줍니다. 반면 비닐 하우스에서 속성으로 재배한 것이나 유전자를 조작한 축산물은 광우병 등을 발병시켜 재앙을 부르게 됩니다.

셋째, 뜻에 맞지 않는 이들을 친구로 삼는 지혜를 배워야 합니다.

〈보왕삼매론〉에 "남이 내 뜻대로 순종해 주기를 바라지 마라. 남이 내 뜻대로 순종해 주면, 마음이 스스로 교만해지기 쉬우니, 부처님께서 내 뜻에 맞지 않는 사람들로 자기 무리를 삼으라 하셨느니라"는 가르침이 있습니다.

사람들은 저마다 생각하는 게 다릅니다. 나와 뜻이 맞는 사람이 있는가 하면 서로 불편한 사람도 있습니다. 우리는 뜻이 맞으면 좋아하고 맞지 않으면 싫어하는 경향이 있습니다. 부처님께서는 내 뜻에 맞지 않은 이와 친하게 지내라고 말씀하셨습니다.

옛말에도 '미운 사람에게 떡 하나 더 주라'는 말이 있듯이 미운 사람에게 먼저 보고하고 미운 사람과 먼저 상의하라는 것입니다. 마음이 맞지 않는 사람과 일하면 불편하겠지만 부처님께서는 그렇게 하라고 가르치셨습니다. 남이 내 뜻에 잘 따라 주면 마음이 스스로 교만해집니다. 마음이 맞는 사람과 함께 하면 기분은 좋아질 것입니다. 그러나 그것이 습관이 되면 자신이 잘났다고 생각하기 쉽습니다.

마음이 부풀려지면 뻥하고 터집니다. 계속해서 자신이 한 일이 틀리지 않았다고 생각하게 됩니다. 그래서 뜻에 따라줘도 결코 기쁘지 않습니다. 이젠 당연한 일로 받아들여집니다. 그러다가 마침내 자신의 뜻에 따라주지 않으면 괘씸한 생각이 듭니다. 결국 자신의 뜻과 맞지 않고 부합하지 않으면 화가 나고 교만심이 커지는 것입니다.

부처님께서 마음에 맞지 않는 사람과 먼저 무리를 삼으라고 하신 말씀은 잘 새겨 들어야 할 대목입니다. 마음에 맞지 않는 이와 상대하려면 우선 남의 이야기를 잘 들어야 하고, 자기 생각도 가다듬어야 하기 때문에 마음을 낮추는 환경에 놓이게 되어 자연히 마음 공부가 되는 것입니다.

넷째, 억울함을 당해서 밝히려 하지 않는 것에서 지혜를 배워야 합니다.

〈보왕삼매론〉에 "억울함을 당해서 밝히려고 하지 마라. 억울함을 밝히면, 원망하는 마음을 돕게 되나니 부처님께서 억울함을 당하는 것으로 수행하는 문을 삼으라 하셨느니라"는 가르침이 있습니다.

부처님께서는 억울한 일을 당했을 때 억울함을 당하는 것으로 수행을 삼으라고 가르쳤습니다. 억울함을 당하지 않고 당당한 자신을 드러내고 싶은 게 우리들의 마음입니다. 그러나 억울함을 당했을 때 그것을 통해서 마음 공부를 하라는 것입니다.

억울함 중에는 여러 가지가 있을 것입니다. 자신이 옳은데 상대가 몰라준다거나 자신이 칭찬 받지 못하고 부당한 대접을 받는다고 생각할 때 억울한 생각이 들 것입니다. 이처럼 대접 받으려는 마음, 뻐기려는 마음이 한 부분을 차지하고 있습니다.

그런데 억울함을 느끼는 순간 눈을 안으로 돌리라는 것입니다. 다시 말해서 왜 이런 일이 생겼을까, 자신의 행동에 무슨 문제는 없었을까, 자신의 행동이 상대방으로 하여금 기분 상하게 할 수 있겠다는 식으로 생각을 고쳐 먹으라는 것입니다.

이렇게 할 때 우리는 순간적으로 전생의 업장이라는 것이 있음을 이해할 수 있습니다. 살아가면서 우리는 얼굴도, 이름도, 성격도 모르는 사람과의 충돌로 교통사고를 일으킵니다. 신호를 무시하고, 속도를 무시하고, 운전 예의를 무시하며 수년간 운전한 업력으로 사고는 이미 예정에 있었던 재앙인 것입니다. 그 순간 자신의 마음을 어떻게 쓰느냐에 따라 더욱더 어려워질 수도 있고 어려움에서 벗어날 수도 있는 것입니다.

〈보왕삼매론〉의 가르침은 현실에 비추어 볼 때 오히려 반대의 마음을 가짐으로써 삶의 지혜를 얻을 수 있는 좋은 표현인 것입니다.

인생이 순탄한 순경계만 있다면 별다른 어려움 없이 살아가겠지만 예기치 않은 온갖 어려움이 곳곳에 도사리고 있습니다. 역경계에 대비하는 마음가짐으로 살 때 진정 지혜로운 삶이 될 것입니다.

직책을 수행하는
태도

:
:
:

　우리는 살면서 뜻하지 않게 어떤 역할을 맡거나 어쩔 수 없이 주위의 권유나 인연에 따라서 임무를 이행해야 할 때가 있습니다.

　첫 번째 타입은 그 역할에 부족하고 모자라지만 임무에 충실하며 겸손하고 하심(下心)하여 업무 도중에 본분을 잃지 않고 공심(公心)을 중심으로 하여 일합니다. 일하면서 느끼는 자신의 서운함도 소속 단체의 성공적 회향을 위하여 아상을 내지 않기에 주변인들에게 기대 이상의 능력을 발휘하여 능력 표시를 일로써 충분히 표현해서 인정 받고 주변을 웃음 짓게 합니다.

　두 번째 타입은 눈에 보이는 조건과 이력이 모든 일을 충분히 소화하고 남을 만한 사람인 데도 주변에 좋은 평가를 받기는커녕 오히려 걱정과 잡음만 키우고 사라지는 사람입니다. 이런 부류는 일하는 도중에 주변인이 알아주지 않음에 서운하고 억울하여 밝히고 드러내고 싶은 속물 근성이 발동하여 실패하는 타입의 무능한 사람입니다. 박복한 사람의 전형적인 모습입니다.

세 번째 타입은 처음엔 잘하다가 나중엔 차츰 변하여 처음에 못한 사람보다 더 미치지 못한 부류의 사람도 있습니다. 그래서 가만히 들여다보면 일을 하는 능력이 부족하고 모자라서라기 보다 업무 외의 시간에 일어나는 말실수나 사소한 부주의 때문에 일어나는 경우가 대부분입니다.

네 번째 타입은 뭐가 어떻게 되었는지도 모르고 자신의 실수나 허물을 재빨리 덮거나 잊어버리고 타인의 말꼬리나 허물을 찾아 호시탐탐 따지려드는 영구 구제불능의 사람도 있습니다.

『금강경』에는 "응당히 머무르는 바 없이 그 마음을 내라"는 구절이 있습니다. 이 말을 응용하여 해석해보면 어떤 직책이나 대소사를 막론하고 직책을 맡을 경우에 어느 한쪽에 치우쳐서 일을 보게 되면 패가와 망신을 면할 길이 없다는 가르침입니다.

공무원은 국민을 위하고 입법 취지를 최대한 살려서 치우침 없이 공무를 집행해야 하며, 사찰의 직책에 있는 자도 아무리 작은 직책이라도 공적 본분에 충실하여 이탈하지 않고 소명의식을 망각하지 말아야 합니다. 그리고 공과는 자신의 입이 아닌 타인들의 입으로 평가받아야 합니다.

보통 무슨 장(長)이라고 하면 그 단체의 우두머리를 가리킵니다. 그러나 책임을 맡고 나면 혹은 얼마간 시간이 지나고 나면 장의 탄생 원리나 생겨난 과정을 쉽게 망각하곤 합니다. 현대사회에서는 국민의 대표인 국회의원이나 통수권자인 대통령 이외에도 국민의 선택으로 탄생하는 국민을 대표하는 많은 자리가 있습니다. 이 분들도 조성 과정을 외면하고 장의 권리만 행사하는 이들이 더러 있습니다. 그와 같이 절집도 초발심의 마음을 잊으면 안 됩니다.

탄생 과정과 권리를 함께 잊지 말고 직책을 수행해야 합니다. 잘났

다고 상도 내지 말 것이며 못났다고 비굴하지도 말아야 합니다. 최선
을 다하여 봉사하고 살겠다는 각오가 있어야 합니다. 본인의 역할이
끝난 뒤 다시 고쳐서 살기 어렵기 때문입니다.

이렇듯 가볍게 처신하는 이는 다시 사람들 곁으로 부르지 않을 것
입니다. 자중하고 하심할 일입니다. 만약 이미 엎질러졌다면 조용히
참회해야 합니다. 지금 이 자리 이 직책에서 살얼음 위를 걷듯이 겸
손하고 진실 되게 살아가다보면 어느 듯 개선된 사람으로 변하여 있
을 것입니다.

과일이 영글어 먹을 수 있으려면 봄 여름 가을의 시간과 햇빛 바람
수분이라는 영양분과 과수원 주인의 부지런한 사랑을 받아야 맛을
낼 수 있는 것과 같습니다.

직책을 수행하는 바람직한 태도는 사심을 버리고 공심으로 해야 하
며, 다른 사심을 버리고 그 직책에 맞는 역할에 충실하는 것입니다.

행복을 위한
마음 바꾸기

:
:
:

큰 나라를 다스리는 왕이 있었습니다. 오랫동안 전쟁을 해서 땅을 많이 차지했기 때문에 수많은 재물과 권력을 가지고 있었습니다. 그러나 한편으로 원수진 일도 많아서 늘 누군가 자기를 해치지 않을까 걱정이 많았습니다. 성의 담을 쌓고 군사들에게 철통같이 지키도록 했지만 마음이 편치 않았습니다.

어느 날 왕은 신하들을 모아 놓고 행복을 느낄 수 있는 좋은 방법을 물었습니다. 그러나 누구도 자신있게 말하는 이가 없었습니다. 모든 것을 다 가진 왕도 행복하지 못한데 그 왕의 명령을 들어야 하는 신하가 행복하다고 자신있게 말할 수 없었습니다. 그중에 한 신하가 말했습니다.

"임금님, 임금님께서는 모든 것을 다 갖추고 계시지만 마음이 편치 않으십니다. 겉은 다 갖추었으나 속은 부족한 셈이지요. 세상 사람 가운데 걱정 없는 사람을 찾아 그 사람의 속옷을 입으면 어떨까요?"

이 말이 그럴듯하다고 생각한 왕은 그 신하에게 걱정 없이 사는 사람을 만나서 그 속옷을 얻어오라고 하였습니다. 속옷을 입는다고 해서 속이 채워지지는 않겠지만 어떻게 해도 마음이 편해지지 않던 왕은 어떤 일이라도 해보기로 했습니다. 신하는 길을 떠나서 걱정 없이 마음 편하게 사는 사람을 찾아 다녔습니다.

하지만 막상 만나보면 듣던 바와는 다르게 다들 걱정이 있었습니다. 자식이 많아 다복하다고 소문난 집엔 자식이 혹여 잘못될까 늘 걱정 속에 살고, 돈이 많은 사람은 그 돈을 빼앗기거나 재산이 축날까봐 늘 신경을 쓰고 있었고, 학식이 많은 사람은 누군가 자기보다 많이 알고 있지 않을까 하는 생각에 마음이 편하지 않았습니다.

아무리 찾아다녀도 걱정 없이 편하게 사는 사람을 찾지 못한 신하는 거의 포기하는 심정이 되어 더운 여름날에 땀을 흘리며 길을 가고 있었습니다. 갑자기 소나기가 내려 급히 어느 집 처마 밑에서 비를 피하게 되었습니다.

그런데 집안에서 어떤 소리가 들렸습니다. 안을 들여다보니 그 더운 여름에 한 사람이 웃통을 벗고 땀을 뻘뻘 흘리면서 벌겋게 달구어진 쇠를 망치로 내려치고 있었습니다. 그 집은 대장간이었습니다. 가만히 있어도 땀이 줄줄 흐르는 더운 여름날에 불가에서 힘든 일을 하는 이를 보고 참 안 됐다는 생각이 들었습니다.

그런데 조금 후에 부인인 듯한 이가 밥을 가져오는데 꽁보리밥에 고추와 된장만 있었습니다. 정말 가난하게 사는구나 싶었는데 그 사람들은 일손을 놓고 아주 맛있게 밥을 먹기 시작했습니다. 그 모습이 너무 편하고 행복해 보였습니다. 신하는 말을 걸었습니다.

"이 더운 여름에 쉬지도 못하고 이 어려운 일을 하느라 얼마나 고생이 많습니까? 더구나 먹는 것도 부실하니 건강을 해칠까 걱정이 되는군요."

그러자 대장장이는 신하의 말이 이해가 안 된다는 표정으로 이렇게 말했습니다.

"쇠를 내려치다 보면 아무 걱정이 없어요. 얼마나 시원한지 모릅니다. 나는 아직도 입맛을 잃거나 감기 한번 앓아본 적이 없습니다. 꽁보리밥에 고추 하나 있어도 무엇 하나 부러울 것이 없습니다."

이렇게 말하는 대장장이의 얼굴은 정말로 걱정 하나 없는 편안하고 행복한 얼굴이었습니다.

신하는 뜻밖의 곳에서 걱정 없이 사는 행복한 사람을 찾은 것입니다. 반가운 마음에 신하는 사정을 말하고 속옷을 달라고 했습니다. 신하는 왕에게 대장장이의 이야기를 그대로 전했습니다. 그 후로 왕은 백성을 생각하는 선정을 많이 베풀었다고 합니다.

『화엄경』에 이런 구절이 있습니다.

"불자여, 보살은 큰 시주가 되어 온갖 것을 다 보시하되 그 마음은 평등해 뉘우치거나 인색함이 없으며 과보를 바라지 않으며 명성을 구하지 않으며 이들을 탐하지 않는다. 그는 오직 온갖 중생을 구호하고 온갖 중생을 이롭게 하기만을 위할 뿐이다."

우리는 왜 부자가 되지 못 할까요? 미국의 경제학자 넉시는 '빈곤의 악순환'이라는 말을 남긴 사람입니다. 그는 "가난한 나라는 돈이 없어 투자를 못해서 돈을 벌 수 없고 그래서 계속 가난 속에서 살 수밖에 없다"고 했습니다.

어떤 이가 돈이 있어 그 돈으로 좋은 길목에 땅을 사서 건물을 지어 커다란 갈비집을 만들었습니다. 어떤 이가 돈이 없어 집세가 싼 외진 곳에 가게를 냈습니다. 시설 투자도 빈약해서 안팎이 허술했습니다. 그러니까 계속 가난함을 면치 못했습니다.

또 형편이 나은 이가 자식을 낳아 비싼 학비를 지불하면서 과외를
시켰습니다. 좋은 대학을 졸업하고 돈을 잘 벌게 되어 형편이 더욱
나아졌습니다. 형편이 어려운 이가 자식을 낳았지만 학비가 없어 제
대로 공부를 시키지 못해 대학도 못 가고 결과적으로 형편이 더욱 어
렵게 꼬입니다.

빈곤의 악순환을 단절하기 위해 로젠슈타인 로단이라는 사람은 '빅
푸시(big push)' 이론을 말했습니다. 그는 "빈곤의 악순환을 단절하
기 위하여 발전의 시발국면에서 노력을 해야한다"고 했습니다. 빈곤
이 악순환 되는 그 윤회의 고리를 끊기 위해서는 한 시점에서 과감한
결단과 투자가 필요합니다.

가난하기 때문에 투자할 수 없고, 투자할 수 없기 때문에 돈을 벌
수 없고, 가난이 지속된다면 그럴 때 한 시점에서 허리띠를 졸라매고
과감하게 장사나 교육에 투자해야 합니다. 그렇지 않으면 그 빈곤의
쳇바퀴에서 영원히 벗어나지 못합니다. 그 이유는 복이 없어서 그렇
고, 복이 없다는 것은 결국 복을 짓지 않았기 때문입니다. 행복하기
위해서는 자기 마음을 바꾸는 일이 급선무입니다.

공덕을 이루는
선행 목록

．
．
．

　자비심이 자라면 공덕의 숲을 이룰 수 있습니다. 공덕의 숲은 시원하고 평화로우며 넉넉한 생명수와 같아 우리를 해탈의 문으로 이끌어 줍니다. 공덕의 숲을 이루기 위해 우리는 저마다의 선행 목록을 만들어야 할 것입니다.

　다음에 열거하는 '선행 목록'은 불자로서 가져야 할 소중한 덕목이기에 생활 가운데 실천하여 선업을 쌓으면 좋을 것입니다.

1. 선행을 보고 칭찬하는 것.
2. 허물을 덮어주는 것.
3. 싸움을 말리는 것.
4. 악한 일을 못하도록 저지하는 것.
5. 배고픈 이를 구제해주는 것.
6. 갈 곳 없는 이를 재워주는 것.
7. 추위를 막아주는 것.

8. 병자에게 약을 지어주는 것.

9. 불법을 포교하려 홍보하는 것.

10. 매일 경전을 독송하는 것.

11. 매일 백팔 반성 참회를 하는 것.

12. 선법을 강연하는 것.

13. 좋은 일로 주변에 이익을 미치는 것.

14. 대중에게 공양 올리는 것.

15. 스님을 잘 보호하고 지켜주는 것.

16. 구걸하는 사람을 피하지 않는 것.

17. 사람이나 가축의 피곤함을 쉬게 하는 것.

18. 근심하는 자에게 잘 들어주고 위로하여 공포를 여의게 하는 것.

19. 육식하는 이가 하루 동안 금식하며 제계(制戒)하는 것.

20. 짐승 잡는 것을 보거나 비명소리를 들으면 차마 그 고기를 먹지 않는 것.

21. 자기를 위해 죽인 고기를 먹지 않는 것.

22. 저절로 죽은 짐승을 잘 묻어주는 것.

23. 생명을 방생하는 것.

24. 공덕을 쌓아 지옥 영혼을 구제하는 것.

25. 재물을 베풀어 사람을 구제하는 것.

26. 부채를 용서하는 것.

27. 잃어버린 물건을 돌려주는 것.

28. 의롭지 못한 재물을 취하지 않는 것.

29. 재산을 양보하는 것.

30. 남에게 공덕을 쌓으라고 권유하는 것.

이상은 우리가 살아가면서 흔하게 맞닥뜨리는 문제들을 서민의 눈으로 읽고 바라본 잣대로 제시한 것들입니다. 작은 선행을 말합니다. 어떤 이는 크면 부담되어 어렵다 하고, 작으면 그까짓 것 하고 얕보거나 함부로 생각하거나 아예 하지 않을 개연성이 많습니다.

작은 물방울이 바위를 뚫고, 작은 불씨가 천하를 불태우는 법입니다. 작은 선이라도 마음속에 진정성을 가지고 꿋꿋이 이행하는 버릇을 들이면 어느 듯 그 사람은 아라한 등의 과위에 진입하여 성인에 이르게 되는 법입니다.

자신의 정신과 언행, 사고 전체가 선으로 물들어 있으면 선이 가까이 있는 것입니다. 천하 사람이 살기 어렵다 말하면서 다니기는 쉽지만 천하 사람이 죽도록 목숨 바쳐 부처님께 귀의하는 일은 실행하기 어렵습니다.

선행 목록을 가슴에 새기면서 작은 선의 중요함을 다시 한번 마음속 깊이 생각해야 할 것입니다. '나는 불자로서 이렇게 살겠습니다' 하고 서원을 세워보는 것도 좋은 방법입니다.

자비 종자를 끊는
죄과 목록

•
•
•

우리는 살아가면서 많은 잘못을 저지릅니다. 알고도 악을 행하는 일이 있는가 하면 모르고도 악행을 범하는 경우도 있습니다. 악행을 저지르면 자비의 종자가 끊어진다고 합니다. 자비심을 기르고 공덕을 이루려면 악행은 저지르지 않는 것이 상책입니다.

불자로서 다음에 열거하는 '죄과 목록'을 살펴보고 악으로부터 벗어나 선행의 마음을 일으키는 계기로 삼으면 좋을 것입니다.

1. 한 사람의 선을 못하게 방해하는 것.
2. 투쟁을 교사하는 것.
3. 마음속에 악의를 품는 것.
4. 남이 나쁜 일을 하도록 돕는 것.
5. 훔치는 것을 보고도 저지하지 않는 것.
6. 근심하고 놀라는 것을 보고도 위로하지 않는 것.
7. 주인에게 말하지 않고 바늘 하나 볏짚 하나라도 취하는 것.

8. 약속을 어기는 것.

9. 술 취해서 사람을 침범하는 것.

10. 굶주림과 추위를 보고도 구제하지 않는 것.

11. 술, 고기, 오신채를 먹고 도량에 들어오는 것.

12. 대중의 공익을 위배해서 사리(私利)를 취하는 것.

13. 빌린 돈을 돌려주지 않는 것.

14. 삼보의 형상이나 법당 기물을 파괴하는 것.

15. 저울이나 되로서 내어줄 때는 적게, 들어올 때는 크게 구분하여 속여 이익을 취하는 것.

『주역』에 이르기를, "하늘의 도는 가득 찬 것을 일그러뜨려 겸손한 자를 보태주고, 땅의 도는 찬 것을 변화시켜 겸손으로 흐르게 하며, 귀신은 찬 것을 해치고 겸손한 자를 복주며, 사람은 찬 것을 싫어하고 겸손한 자를 좋아한다"고 하였습니다. 또 『서경』에는, "꽉 차면 들어냄을 초래하고 겸허하면 보탬을 받는다"고 하였습니다.

복에는 반드시 복됨의 실마리가 있고, 재화에는 반드시 화의 전조가 있습니다. 작은 죄과가 모여 습(習)이 되면 사람의 마음을 변질시킵니다. 사람의 마음이 변질되면 이후엔 큰 죄과를 죄책감 없이 저지르게 됩니다. 1점짜리 죄과가 어느새 100점짜리 죄과가 됩니다.

불자는 작은 죄과 피하기를 호랑이 보듯 해야 하며, 해우소 변 보듯 해야 할 것입니다. 모든 세상의 공과가 작은 데서 비롯됩니다. 어린아이가 자라서 어른이 되어 어릴 때의 익힌 습관을 평생 동안 버리지 못함과 같은 이치입니다.

조화로움의
가르침

.
.
.

　부처님의 상호를 들여다보고 있노라면 여러 가지 생각에 빠집니다. 웃으시는 듯, 화내시는 듯, 아는 듯, 모르는 듯, 정지한 듯, 움직이는 듯, 현세에서 만난 듯, 전생에서 만난 듯 별별 생각이 들 때가 있습니다. 그 형상만 우러러 보아도 신기롭고 거룩하기 이를 데 없습니다.

　불교에서 가리키는 성인 중에는 부처님과 함께 수많은 보살님이 출현합니다. 무수히 많은 불보살님 중에서 큰 지혜의 문수보살님, 큰 실천과 행동으로 이 세상에 나투신 보현보살님, 대자대비로 모든 중생을 두루 살피시는 관세음보살님, 중생 제도의 큰 원력을 세우신 지장보살님을 사대 보살이라고 합니다.

　문수, 보현, 관음, 지장의 네 분 보살님을 특별히 강조하는 데에는 그만한 이유가 있습니다. 문수, 보현보살님이 짝을 이루고, 관음, 지장보살님이 짝을 이뤄 우리에게 조화된 삶을 보여주고 있기 때문입니다.

　문수보살님은 지혜가 출중한 보살로서 부처님의 지혜를 대신한다고 할 수 있습니다. 그 반면에 보현보살님은 실천이 수승한 보살로서 이름 끝에는 항상 행(行)자가 붙습니다. 문수보살님과 보현보살님은 지혜와 실천으로 대별됩니다.

결국 지혜는 실천으로 이어져야 하고, 실천은 지혜를 동반한 것이라야 함을 가르쳐 주고 있습니다. 지혜의 밑바탕 위에 실천이 이루어지면 완벽한 자비행이 될 수 있습니다.

다음으로 관세음보살님과 지장보살님이 짝을 이뤄 조화로운 삶을 보여주고 있습니다. 관세음보살님은 현세의 문제를, 지장보살님은 내세의 문제를 각각 해결해 주고 있습니다.

관세음보살님은 자비로서 현실적인 자질구레한 일들을 수행하고 있는 것입니다. 그 반면에 지장보살님은 지옥에 떨어진 중생까지도 구원하겠다는 대원력을 세운 분으로 사후(死後)의 유명세계(幽冥世界)에 대한 모든 문제를 담당하고 있습니다. 관세음, 지장 두 보살님도 각각 현세와 내세의 문제를 담당하여 자비와 원력으로 구제하여 문제를 해결해 주시는 분입니다.

우리는 불교에서 등장하는 이 네 보살을 통해 이 세상을 구성하는 모든 조화로움을 배울 수 있습니다. 결국 조화를 이룬 이상적인 삶은 각자가 자기 자리에서 맡은 바 역할을 충분히 하는 것입니다. 우리는 중생의 근기따라 천변만화(千變萬化)의 방편으로 나투신 불보살님을 통하여 조화로움에 대한 가르침을 배워 실천해야 할 것입니다.

진실된 삶은
부처님을 닮는 삶

·
·
·

　어디에 가서 누구를 만나면 "나이가 몇 입니까?"라는 질문을 자주 듣게 됩니다. 대단히 긴 삶을 살지는 못했지만 이런 질문을 받을 때마다 자신을 뒤돌아 보게 됩니다.

　우리는 삶 속에서 많은 사람을 만나고 헤어지면서 인연을 만들어 갑니다. 인연 중에는 기억에 오래 남아 잊혀지지 않는 사람이 있는가 하면, 기억에서 빨리 지워버리고 싶은 사람도 있습니다. 그런데 다시는 만나고 싶지 않은 인연들의 대부분은 인간으로서 지켜야할 신의를 저버린 행동을 아무렇지도 않게 일삼는 사람입니다.

　마하트마 간디는 평생 동안 세계와 진리의 맹세, 불살생의 맹세, 독신의 맹세, 미각 억제의 맹세, 불투도의 맹세, 무소유의 맹세를 지키면서 살았다고 합니다.

　그는 "거짓말을 하지 않는 것만으로는 충분하지가 않다. 설령 국가에 이익이 된다 하여도 기만은 용납될 수 없다"는 신념을 버리지 않은 위대한 성인입니다. 어떤 이익이 보장된다 하여도 거짓은 받아들일 수 없다는 간디의 단호한 선언에서 우리는 많은 것을 음미해 볼 수 있습니다.

세상에는 배신이라는 말이 있습니다. 사랑을 위하여, 출세를 위하여, 재물을 얻기 위하여, 생존을 위하여 사람들은 무수히 많은 배신을 하는 것을 보게 됩니다. 배신의 핑계도 다양해서 이루 다 열거할 수가 없을 정도입니다. 배신이란 결국 남을 기만하는 행위입니다.

간디의 훔치지 않겠다는 불투도의 맹세는 남의 물건을 훔치지 않는다는 의미라기보다 정말로 필요하지 않는 물건은 사용하지 않겠다는 맹세인 것입니다. 말하자면 쓸데없이 물건을 사용하는 것도 바로 도둑질에 해당한다는 의미인 것입니다. 요즘같이 물질이 풍요로운 시대에 간디의 이 여섯 가지 맹세는 정말 새겨 들어야 할 대목이 아닐까 생각합니다.

이 시대는 많은 것들이 있을 곳에 있지 않고, 없어도 되는 곳에 존재하는 혼돈의 시대입니다. 거리를 나서면 국가에 대한 원망, 욕설, 불친절, 몰인정한 행동들이 난무하고 이기적인 아만이 판을 치고 있습니다. 이러한 때 우리는 무엇을 정신적 지주로 삼아야 할까요?

가치관의 부재와 혼란 속에서도 한 송이 연꽃처럼 도도히 삶을 살아가는 길이 있습니다. 그것은 바로 부처님을 닮아가는 삶입니다. 진실만이 시간과 공간을 영원히 초월할 수 있다는 부처님의 가르침을 마음의 등불로 삼아 하루하루 부처님을 닮아가는 삶이 그 어느 때보다 절실해집니다.

마음의
그릇 비우기

『42장경』에 "물은 사물의 그림자를 잘 나타낸다. 그러나 이것을 솥에 넣고 불을 많이 때어 솥 속의 물을 들끓게 만든다든가, 다시 헝겊으로 그 위를 덮는다든가 한다면 사람들이 그 곁에 가 서서 비추어 보려 한다고 해도 자기의 그림자를 비추어 볼 수 있는 사람은 아무도 없게 된다"는 가르침이 있습니다.

우리 마음속에도 삼독이 진작부터 있어서 안으로부터 날뛰는 탐욕, 진에, 수면, 의심, 도거 따위의 오개(五蓋)가 밖을 덮고 있기 때문에 진실을 보지 못하는 것입니다.

『천수경』에는 "아약향축생(我若向畜生) 자득대지혜(自得大智慧)"라는 경구가 나옵니다. 이것을 풀이하면 '내가 만약 축생의 세계를 향해 나아간다면 축생이 스스로 큰 지혜를 얻게 된다'는 뜻이 됩니다. 축생이 큰 지혜를 얻으면 이미 축생이라고 할 수 없는 것입니다. 여기서 축생이라고 하는 것은 축생보다도 못한 짓을 하는 것을 가리킵니다. 어리석은 인간은 축생보다 못한 경우도 많습니다.

위의 말씀을 인간 생활과 관련지어 생각해 볼 수 있습니다. 이것은 곧 훌륭한 인격자가 되겠다는 지극한 서원의 다른 표현인 것입니다. 불교는 깨달은 성인이 만든 것이므로 보통 사람의 상식을 초월하는 표현을 많이 씁니다. 우리는 이러한 표현들을 아는 것만으로 끝나서는 안 됩니다. 믿음과 지식을 조심스럽게 보강하면서 서로 조화롭게 해야만 올바른 신행이 될 수 있습니다.

결국 올바른 신행이란 맹목적으로 부처님만 믿는 것이 아니라 지혜로써 진정한 문제를 해결할 수 있는 열쇠를 쥐는 것입니다.

우리의 마음은 물과 같습니다. 만약 물이 출렁이고 움직인다면 물에 비친 삼라만상은 또렷이 볼 수 없습니다. 그와 마찬가지로 진실된 자기의 얼굴은 파도와 물결이 가라앉았을 때 보이는 것처럼 우리 속의 탐심, 진심, 치심의 삼독이 제거되어야만 비로소 진리의 모습을 볼 수 있습니다. 우리가 기도나 법회를 시작하기 전에 반드시 입정에 들 듯이 희망과 소원과 발원을 담을 수 있는 마음의 그릇을 언제나 비워놓고 고요히 해야 합니다.

우리들 삶에서 성불은 '이고득락(離苦得樂)'으로 표현되기도 합니다. 곧 괴로움을 멀리하고 행복을 찾는 것이 바로 불교인 것입니다. 우리가 부처님의 가르침을 찾고 기도하고 실천하고, 수행을 하는 것도 결국 성불하여 행복해지려는 목적을 달성하기 위한 것입니다.

불법을 만난 소중한 인연을 수행과 정진으로 펼쳐 나간다면 우리가 추구하는 궁극 목표인 성불에 가 닿을 수 있을 것입니다. 아무리 불법이 가까이 있다고 해도 자신이 찾지 않고 수행하지 않는다면 아무 소용이 없는 것입니다.

탐욕의
마음 다스리기

인도의 아육왕(아쇼카왕)은 모든 나라를 덕으로 다스려 이에 예속되지 않은 나라가 없었습니다. 대왕은 총명하고 지혜가 무량했습니다. 어느 날 대왕은 신하에게 물었습니다.

"대저 천하가 내게 속하지 않은 자가 있는가?"

"천하가 다 왕에게 속하지 않은 자가 없습니다."

그중 한 신하가 말했습니다.

"왕의 경계 안에서 왕에게 따르지 않는 자로는 바다의 용왕이 있으니 시험해 보시지요?"

이에 황금 용왕상과 왕상을 만들어 저울에 달아보았습니다. 황금 용왕의 무게가 무거웠습니다. 이로써 용왕은 복덕이 많고 왕은 복덕이 적음을 알았습니다. 그래서 왕은 곧 외로운 노인을 봉양하고, 궁핍한 이를 구제하고, 부처님의 정사를 세우며 사리를 봉안하고 스님을 공양했다고 합니다.

인간에게는 탐하고 욕심 부리는 마음이 있습니다. 이와 같은 탐욕의 마음을 다스리는데 어떻게 조절하며 잘 다스려야 복덕이 될 수 있는가를 생각해 볼 필요가 있습니다.

부처님께서는 보시로서 탐욕의 마음을 다스리라고 하셨습니다.

보시를 행할 때는 다섯 가지 마음으로 해야 합니다.

첫째, 불쌍하고 가엾은 마음을 내어 보시해야 합니다.

둘째, 번뇌를 버리기 위하여 보시해야 합니다.

셋째, 공덕을 이루기 위하여 보시해야 합니다.

넷째, 일체의 즐거움을 증장시키기 위하여 보시해야 합니다.

다섯째, 일체 고통의 인연을 버리기 위하여 보시해야 합니다.

또한 친애하는 이에게 보시하는 것은 은혜를 갚기 위함이요, 원수에게 보시하는 것은 악을 없애기 위함이라고 합니다.

보시의 결과로는 크게 여섯 가지가 있습니다.

첫째, 먹을 것은 힘을 주는 것입니다.

둘째, 입을 것은 고운 얼굴을 주는 것입니다.

셋째, 탈 것은 편안함과 즐거움을 주는 것입니다.

넷째, 등불은 광명의 지혜 눈을 주는 것입니다.

다섯째, 법을 가르침은 영생을 주는 것입니다.

여섯째, 청정한 마음으로 먹을 것을 주면 현세나 내세에 언제 어디서나 먹을 것을 주는 것입니다.

이와 같은 보시의 목적과 그 근원은 탐하는 욕심을 일으키는 마음을 조복하는데 있습니다. 삼독으로 가득한 마음을 비우고 보시로서 나눔의 마음 그릇을 채울 때 자신은 물론 세상이 밝아질 것입니다.

심은 대로 거두는
불변의 법칙

•
•
•

　사밧티의 파세나디왕이 낮잠을 자다가 우연히 두 내관의 대화를 듣게 되었습니다.

　"나는 그저 임금님만을 의지해서 살고 있다네."

　"나는 의지하는 데가 없어. 내 스스로가 지은 업력으로 살아가는 거지."

　왕은 이 말을 듣고 자신을 의지해서 살아간다는 쪽이 기특하고 정이 쏠려 그에게 상을 주려고 왕비에게 편지를 썼습니다.

　"지금 이 편지를 갖고 간 내관에게 돈과 패물을 두둑히 주어 보내시오."

　이윽고 왕은 임금만을 의지해서 살아간다는 내관을 불러 왕비에게 편지를 갖다 드리라며 서찰 심부름을 시켰습니다.

　그가 서찰을 가지고 대궐문을 나서는데 갑자기 코피가 주루룩 쏟아졌습니다. 그는 동료 내관에게 심부름을 대신 해달라고 부탁하였고 왕비는 서찰을 가져온 내관에게 두둑히 상을 주어 보냈습니다.

이 이야기처럼 선악의 보상은 스스로 지은 바 행업에 의한 것이지 하늘이나 왕이 내리는 것이 아닙니다.

이 세상 모든 것은 반드시 원인에 의해서 결과가 나타나는 것입니다. 그 어떤 일도 원인 없는 결과를 기대할 수 없습니다. 나의 행위가 원인이 되어 나의 삶이 있는 것입니다.

오늘 내가 받고 있는 이 결과는 어제의 행위가 원인이 되었고 오늘 내가 짓는 행위는 내일의 결과를 낳게 됩니다. 그래서 불교의 핵심 원리도 연기법에 두고 있는 것입니다.

부처님께서는 연기 사상을 설명하면서 선인선과(善因善果), 악인악과(惡因惡果)를 강조하셨습니다. 선의 씨앗을 심으면 선의 공덕을 열매 맺고, 악의 씨앗을 심으면 악의 과보를 받는 것입니다.

누군가에 의지하여 내 삶의 모습이 결정되는 것이 아니라 심은 대로 거두고 지은 대로 받는 것이 사바 세계 불변의 법칙입니다. 세상을 살아가면서 어떤 씨앗을 심고 가꾸었느냐는 스스로 자신을 돌아보면 분명히 드러날 것입니다.

우리는 날마다 어떤 선근의 씨앗을 심었는지 뒤돌아볼 줄 아는 사람이 되어야 합니다. 그렇게 할 때 자신의 삶은 물론 이웃에게도 이로움을 주는 사람이 될 것입니다.

불교에서 말하는 자리이타(自利利他) 정신은 곧 연기법에 그 바탕을 두고 있습니다. 자신이 지은 바 업보는 그 어떤 것도 피할 수 없는 불변의 법칙임을 상기해 날마다 좋은 날이 될 수 있도록 선업을 쌓는 불자가 되어야겠습니다.

경전을 거울 삼아
정진하는 삶

●
●
●

"수보리야, 만약 여기 선남자 선여인이 있어 아침 나절에 갠지스강의 모래 수 만큼의 몸을 바쳐 보시하고, 또 점심 때 갠지스강의 모래 수만큼의 몸을 바쳐 보시한다고 하자. 그리고 또 이와 같이 매일매일 헤아릴 수 없는 백천 만억 겁의 시간 동안을 몸 바쳐 보시한다고 하더라도 만약 또 어떤 사람이 있어 이 경전을 듣고 믿는 마음이 우러나와 거슬리지 않는다면, 바로 이 사람의 복이 저 사람의 복을 이기리니. 하물며 이 경을 베껴 쓰고, 받아지니고, 읽고 외워 남에게 해설해 주는 사람에게 있어서랴!"

이것은 『금강경』 15권 〈지경공덕분〉의 말씀입니다.

불교 교단에는 사부대중이 있습니다. 비구, 비구니의 출가자와 우바이, 우바새의 재가 불자가 있습니다.

이 글은 특히 재가 불자로서 포교의 일선에서 혹은 전법의 소임에 전력하는 많은 분들에게 자긍심을 갖게 하는 말씀입니다. 하루 온종

일 쉼없이 부처님의 말씀을 수지, 독송, 서사하며 가슴에 새기는 일을 하는 공덕은 보시 중에서도 가장 큰 보시임을 강조하는 가르침입니다.

우리 불자는 부처님의 가르침을 담은 경전 말씀에 의지해 수행하고 실천해 가야 합니다. 경전 말씀은 불교 수행의 길잡이가 되며, 삶을 바른 길로 이끄는 큰 스승이 되기 때문입니다. 경전 말씀을 사경하고 남을 위해 해설해 주는 일이야말로 최상의 공덕이 됩니다.

부처님께서는 보시의 공덕을 설하실 때도 법보시를 제일로 말씀하셨습니다. 이것은 곧 경전의 중요성을 강조하신 뜻이 담겨 있다고 할 수 있습니다. 여러 가지 재물을 보시하고 남의 마음을 헤아려 살피는 것도 중요하지만 법을 지키고 가르쳐 주는 보시야말로 최상의 보시이며 공덕인 것입니다.

불자들은 경전의 말씀에 의지하고 경전을 거울 삼아 정진하는 삶을 살아야 합니다. 경전을 무시하고 방편적인 것에 너무 집착하면 부처님의 가르침에서 점점 멀어져 외도의 길을 가게 될 위험이 있습니다. 그렇기 때문에 경전은 바로 불자가 반드시 지니고 익혀야 할 삶의 지표이며, 경전을 소중히 여기는 마음이 깊을수록 부처님께 보다 가까이 다가가는 삶인 것입니다.

게으름은
죽음에 이르는 병

부처님께서 말씀하셨습니다.

"게으름은 온갖 활동의 재앙이니 재가하여 게으름을 피우면 의식을 공급 못하고 생업을 세우지 못하며, 출가하여 게으름을 피우면 윤회의 괴로움에서 벗어날 수가 없다. 온갖 일은 다 정진하는 데서 일어나는 것이니 재가하여 정진하면 의식이 풍족하고 생업도 잘 되어 멀고 가까운 사람들로부터 칭찬을 들으며, 출가하여 정진하면 〈삼십칠도품〉을 성취하여 윤회의 흐름을 끊고 열반의 안락한 기슭에 이르게 된다."

우리는 살아가면서 일상에서 성취를 경험합니다. 성취는 작은 것에서부터 큰 것에 이르기까지 종류도 다양할 뿐만 아니라 그 만족도가 다릅니다. 작은 성취에서 만족을 얻는가 하면 큰 성취에도 만족하지 못하는 경우도 많습니다. 또한 어떤 일에 대한 성취감은 때때로 자기 도취에 빠지기 쉽습니다. 그래서 성취감으로 인해 자칫 게으름에 빠질 위험도 있는 것입니다.

우리는 성취감으로 인한 게으름과 태만을 경계해야 합니다. 게으름은 우리 삶의 큰 독입니다. 이 세상에서 게으름으로 이룰 수 있는 것이란 아무것도 없습니다. 그래서 부처님께서도 게으름은 곧 죽음에 이른다고 말씀하셨습니다.

우리가 무엇을 이루었다고 생각할 때 더욱더 정진하는 정신이 필요합니다. 정진의 힘으로 쌓아올린 탑은 결코 무너지지 않습니다. 정진은 곧 끝없는 부지런함을 의미합니다. 우리가 계속 부지런히 힘쓰면 그 사이에 다른 나쁜 것이 들어올 틈이 없는 것입니다.

깨달음을 성취하기 위해서는 많은 것을 버려야 합니다. 출가자는 우선 가정의 포기에서 시작하여 자기가 세속에서 얻은 모든 가치관을 버려야 하고, 사람으로서 지녀오던 온갖 욕망을 포기해야 합니다. 그리고 기도와 정진의 생활을 해야 합니다.

누구나 가정을 버리고 전문적으로 출가의 길을 걸을 수는 없습니다. 세속에서도 열심히 보살행을 실천한다면 깨달음에 도달할 수 있습니다. 그러나 세속에서의 삶을 유지하면서 깨달음에 이르기는 결코 쉬운 일이 아닙니다. 그 이유는 여러 가지가 있겠지만 그중 하나는 게으름을 극복하기가 쉽지 않기 때문일 것입니다.

같은 일이라도 그것을 어떻게 받아들이느냐에 따라 모든 상황이 달라진다는 화엄경의 가르침은 게으른 마음이 생길 때마다 마음속 깊이 되새겨야 할 내용입니다. 같은 물이라도 그것을 받아들이는 대상에 따라 독이 될 수도 있고, 젖이 될 수도 있습니다.

게으르지 말고 정진에 힘써야만 바른 깨달음을 이룰 수 있다는 부처님의 말씀은 이 시대를 살아가는 사람들이 삶의 지표로 삼아야 할 것입니다.

전륜왕 같은
지도자

옛날 가시국에 악한 임금이 있어서 갖은 잘못을 저질러 백성을 괴롭혔습니다.

이때에 한 성선이 있었는데 그는 왕에게 간청하기 위해 앵무새를 시켜 말하게 했습니다.

"대왕께서는 여섯 가지 잘못에 빠져들어 나라와 백성을 위태롭게 하고 있습니다. 첫째는 여색에 빠져들어 진실하고 바른 것을 공경하지 않음이요, 둘째는 술을 즐겨 백성을 가엾게 여기지 않음이요, 셋째는 바둑 장기를 탐하여 예경을 닦지 않음이요, 넷째는 악한 말을 하기 좋아하고 착한 말을 하지 않음이요, 다섯째는 부역을 무겁게 하고 벌이 과도함이요, 여섯째는 도리에 어긋나게 백성의 재물을 강탈함입니다.

또 대왕에게는 세 가지 잘못이 있으십니다. 첫째는 간사하여 아첨 잘하는 사람을 가까이 함이요, 둘째는 훌륭한 사람의 말을 믿지 않음이요, 셋째는 남의 나라를 공격하기 좋아하여 백성들을 잘 살아가도록 하지 않음입니다. 대왕께서 이런 잘못을 고치지 않으신다면 파탄이 불원간에 밀어닥칠 것입니다.

무릇 임금이란 온 천하가 우러러 받드는 자리이니 다리와 같이 백성을 건너게 해 주시며, 저울과 같이 먼 자나 가까운 자를 똑같이 대하시며, 해와 같이 어둠을 잘 비추시며, 부모와 같이 은혜로 길러 사랑하고 가엾이 여기시며, 전륜왕과 같이 십선(十善)으로써 백성을 가르치옵소서."

이상의 내용은 『잡보장경』의 말씀입니다.

요즘 언론을 보고 있노라면 나라의 지도자들이 정말 한심할 때가 많습니다. 정치인들은 한결같이 자기의 잘못은 하나도 없고 남의 잘못만 꼬집고 들추어내어 서로 할퀴고 헐뜯고 있습니다.

경전에서는 한 치의 오차도 없는 지도자, 해와 같이 어둠을 몰아내고 골고루 온 세상을 비추는 지도자, 부모와 같은 마음으로 사랑과 자비로 백성을 길러내는 지도자상을 자세하게 설명하고 있습니다.

지도자가 되려면 모름지기 위의 덕목에서 한 치의 어긋남도 없어야 할 것입니다. 소위 모범을 보이고 신중한 행동을 해야 할 지도자들이 오히려 실망스러운 말과 행동을 일삼을 때마다 전륜왕과 같은 지도자는 언제 나올까 하고 간절히 기다려집니다.

진정한 실체를
찾는 안목

•
•
•

옛날에 낡은 집이 한 채 있었습니다. 거기에는 악귀가 있다는 소문이 나돌아 모두 무서워해서 감히 그 집에 들어가 자려고 엄두를 못 냈습니다.

어느 날 대담함을 자처하는 사람이 나타나 하룻밤을 자고 가겠다고 큰소리 치면서 그 집에 들어갔습니다. 그런데 이 사람보다도 더 대담하다고 자처하는 사람이 나타났습니다.

그는 남으로부터 이 집에 귀신이 있다는 말을 듣고 그 집에 들어가려고 문을 밀고 나아가려 했습니다. 그런데 먼저 들어가 있던 자는 귀신이 들어오는 줄만 알고 자기도 문을 밀고 길을 막아 못 들어오게 했습니다. 뒤에 들어오던 자도 먼저 와 있던 사람을 귀신으로 착각하고 힘껏 문을 밀었습니다.

두 사람은 정신없이 엎치락 뒤치락 싸웠습니다. 날이 밝아서야 서로 바라보고 상대가 귀신이 아니라는 것을 알았습니다.

이것은 『백유경』에 나오는 이야기입니다.

우리 중생들이 옳다고 생각하고, 절대라고 믿는 것들에 대한 성찰을 가르치는 말씀입니다. 하나하나 잘 고찰해 볼 때 진정한 자신의 실체는 무엇일까요?

엄밀히 따지고 보면 실체란 어디에도 없습니다. 중생들은 그저 사물을 그릇되이 헤아려 시비와 분쟁을 일삼으며 살아갑니다. 또한 그릇된 편견과 맹목으로 굽힐 줄 모르는 엉뚱한 신념으로 똘똘 뭉쳐 있는 경우가 많습니다.

그래서 때로는 억지 주장을 부리고 한번 토라지면 영원히 다시 돌아올 줄 모르는 옹졸한 행동을 하게 됩니다. 한번 굳어진 잘못된 견해를 고치기란 결코 쉽지 않습니다.

흔히 말하는 고정관념이나 선입견을 가지고 행동하는 것은 위의 두 어리석은 사람들이 서로 오해하여 싸우는 것과 다르지 않습니다. 비단 종교에서 뿐만 아니라 어떤 학설이나 말에 대해서도 자신이 절대적으로 옳다고 믿는 것에 대해서 그것이 잘못된 것은 아닌지 한 발짝 물러서서 성찰해 볼 필요가 있는 것입니다.

온갖 거짓 이론과 주장이 난무하는 때일수록 백유경에 나오는 어리석은 사람이 되지 않기 위해서는 진정 무엇이 옳고 그릇된 것인지 바른 판단을 해야 할 것입니다.

보살행을 실천하는
열 가지 보리심

:
:

"불자야, 보살에게는 열 가지 보리심을 일으키는 인연이 있느니라."

"무엇이 열 가지입니까?"

"첫째, 온갖 중생을 교화, 조복하기 위해 보리심을 일으킨다.

둘째, 온갖 중생의 고통을 없애주기 위해 보리심을 일으킨다.

셋째, 온갖 중생으로 하여금 안락함을 갖추게 하기 위해 보리심을 일으킨다.

넷째, 온갖 중생의 어리석음을 끊어주기 위해 보리심을 일으킨다.

다섯째, 온갖 중생에게 부처님의 지혜를 주기 위해 보리심을 일으킨다.

여섯째, 온갖 부처님을 공경, 공양하기 위해 보리심을 일으킨다.

일곱째, 여래의 가르침을 따름으로써 부처님을 기쁘게 해 드리기 위해 보리심을 일으킨다.

여덟째, 온갖 부처님 색신의 상호를 뵙기 위해 보리심을 일으킨다.

아홉째, 여러 부처님의 역무소외(力無所畏)를 나타내기 위해 보리심을 일으킨다.

열째, 궁극의 부처가 되기 위해 보리심을 일으킨다.

이것이 보살이 일으켜야 할 열이니라."

이상은 『화엄경』의 가르침입니다.

열 가지 보리심은 우리 자신의 느슨해진 공부를 점검하여 개인 성불과 불국 정토의 원력을 다짐하는데 필요한 가르침입니다. 열 가지 보리심은 곧 보살행을 실천하는 지침이 됩니다.

이와 같은 맥락에서 보살이 걸어가야 할 열 가지 실천 방법으로 보현보살의 십대원력이 있습니다.

그것은 부처님의 말씀과 뜻에 따라 살아가는 것이며, 이웃의 좋은 점을 칭찬해 주고 찬탄해 주며, 물질적으로나 정신적으로 이웃과 함께 나누는 생활을 하며, 자신의 잘못이나 허물을 반성하며, 이웃의 선행을 함께 기뻐하며, 바른 가르침을 널리 전하며, 훌륭한 스승이 오래 계시도록 잘 섬기며, 바른 가르침을 부지런히 배우고 익히며, 이웃을 잘 이해하고 연민히 여겨 거두어주며 정신적으로나 물질적으로 사회와 이웃을 위해 모두 돌려주는 것입니다.

진정한 보살이 되기 위해서는 항상 바른 견해를 갖고 적극적인 보살행을 실천해야 합니다. 그렇게 할 때 이 사회와 이웃이 함께 밝아지는 상생의 길로 나아갈 수 있을 것입니다.

금을 조련하듯
마음을 깨끗이

금을 다루는 사람이 모래흙을 함박에 담고 물을 부어 흔들면 굵은 티는 떠내려 가지만 거친 모래는 남습니다. 다시 물에 일어서 거친 모래를 흘려보내면 거기엔 금만 남게 됩니다. 그러나 아직 가는 모래, 검은 흙이 있으므로 그것을 물로 다시 일어서 가는 모래까지 흘려버린 뒤에야 비로소 진금이 남게 됩니다.

금에 티가 있는 듯하면 다시 그것을 화로에 넣어 불로 달게 하여 녹입니다. 그러면 모든 티가 없어지고 생금만 남게 됩니다. 그렇게 만들어진 금은 가볍지도 않고, 연하지도 않으며, 광명도 나지 않으나 굽혔다 폈다 하면 곧 부러지고 맙니다.

그때는 그것을 다시 화로에 넣어 불로 달구어 단련합니다. 이렇게 단련을 거듭한 금은 가볍고 부드러워져 광채가 나고, 굽혔다 폈다 하여도 부러지지 않으므로 뜻대로 모든 장신구를 만듭니다.

우리의 마음을 깨끗하게 하는 방법도 금을 조련하는 것과 같습니다. 거칠은 번뇌와 악, 불선법과 모든 사견을 끊어 없애기를 금광에서 캐어낸 강한 돌과 굵은 티를 버리듯이 해야 합니다.

그런 다음 다시 깨끗한 마음으로 도에 나아가 거친 번뇌인 욕심을 깨닫고, 성냄을 깨닫고, 해로운 것을 깨달아 생금에서 거친 모래를 제하듯이 잘 다스려야 합니다. 중요한 것은 이제는 됐다는 생각이 들 때쯤 또 한번의 기도와 정진을 시작해야 함을 명심해야 합니다.

불교란 무엇이냐는 질문에 대해 부처님께서는 아주 간단하게 말씀 하셨습니다. 그것은 바로 "모든 선을 받들어 행하고, 모든 악을 물리 쳐 항상 깨끗한 마음을 유지하는 것"이라고 가르치셨습니다.

깨끗한 마음을 갖는 데도 생금을 만드는 것처럼 온갖 정성을 기울 여야 하지만 늘 깨끗한 마음을 잃지 않으려는 노력은 그것보다 더 한 층 어려울 것입니다. 날마다 보살행을 닦을 때 마음은 깨끗한 채로 유지될 것입니다.

중생은 모두 제각각 자신의 견해 대로 말하려는 경향이 있습니다. 자신의 입장에 맞게 자신의 잣대로 이 세상을 보려 하는 좁은 소견으 로 행동할 때가 많습니다. 장님이 보지 못해 자신이 만진 것이 전부 라고 믿듯이 우물안 개구리처럼 작은 것만 보고 속좁은 견해를 가진 사람들을 만나게 됩니다.

우리는 결코 장님이 되어서는 안 될 것입니다. 눈을 크게 뜨고 보 다 넓고 깊게 세상을 보아야 합니다. 그릇된 견해나 생각, 행동을 하 게 되면 자신은 물론 남에게까지 큰 피해를 입힐 수 있기 때문에 우 리는 항상 전체를 볼 줄 아는 지혜를 가져야 합니다.

마음을 반조하는 참된
관경(觀經)

"경을 보되 만약 자기 자신의 마음을 돌이켜보는 공부를 하지 않으면 비록 팔만대장경을 다보더라도 아무 이익이 없을 것이다."

이것은 어리석게 배우는 것은 봄새가 낮에 울고 가을 벌레가 밤에 우는 것과 같다는 말입니다. 규봉 종밀 선사는 글자만 알고 경을 보는 것은 원래 깨달은 것이 못되며 글자나 새기고 뜻이나 풀이하는 것은 탐하고 화내는 그릇된 소견만 더 늘게 한다고 하였습니다.

관경(觀經)은 경전을 보는 것으로 경전에 설해진 말의 뜻을 음미하면서 마음을 반조하는 것이라야 참된 관경이 된다는 것입니다. 봄날에 새가 울고 가을에 벌레가 운다는 것은 한갓 소리만 내는 것을 비웃는 말입니다.

"마음을 반조하지 않으면 경을 보아도 소용없다"라는 말이 있습니다. 글만 따라 읽고 문장만 해석하지 말고 자기 마음의 성품자리를 경을 통해 비추어 보아야 한다는 말입니다.

청매 선사의 십무익송(十無益頌)은 경전을 읽을 때 바르게 읽지 못하면 열 가지 무익함이 있다고 말씀하고 있습니다. 그 안에는 불자의 바른 마음가짐을 어떻게 해야 할지 잘 나타나 있습니다. 그 열 가지는 다음과 같습니다.

1. 마음을 반조하지 않으면 경을 보아도 소용없다
2. 자성이 공한 줄 알지 못하면 좌선해도 소용없다.
3. 정법을 믿지 않으면 고행해도 소용없다.
4. 아만을 꺾지 못하면 법을 배워도 소용없다.
5. 남의 스승이 될 덕이 없으면 중생을 교화해도 소용없다.
6. 안으로 진실한 덕이 없으면 밖으로 위의를 드러내도 소용없다.
7. 마음에 믿음이 가는 진실이 없으면 말을 잘해도 소용없다.
8. 원인을 무시하고 결과만 바라면서 도를 구해봐야 소용없다.
9. 속에 든 것이 없으면서 아만을 부려봐야 소용없다.
10. 평생 괴각을 부리면서 대중처소에 살아봐야 소용없다.

경전을 읽고 외우면서 그 내용을 자신을 향하여 반조하고 내속의 불성을 깨워 일으키는 좋은 거울로 삼아야 할 것입니다.

기도의
기본 요소

:
:
:

　기도는 행복을 추구하는 행위입니다. 불자님들은 기도를 많이 합니다. 백일 기도, 천일 기도, 만일 기도, 삼칠 기도, 칠일 기도, 일천배 기도, 삼천배 기도, 십만명호 기도 등 기도의 종류도 많습니다. 저마다 기도하는 방법이나 과정에 다른 점이 있을 수 있습니다.

　기도 기간 동안 정성이 지극하여 다른 이에게 감동을 주는 이가 많습니다. 기도는 부처님의 가르침을 배우고 익히는 좋은 방법입니다.

　많은 불자들이 기도를 하면서 복을 기원합니다. 모든 종교의 궁극적 목표가 행복의 완성에 있습니다. 복을 기원함에 있어서 지극한 정성을 기울이는 것이 아니라 상거래를 하는 것처럼, 물질적인 것을 제시해 놓고 그에 상응하는 대가가 자신에게 돌아오기를 바라는 등의 형태가 보여지기도 합니다.

　이러한 것들은 각 종교에서 기복이나 수복에 대한 가르침을 바로 알지 못함에서 비롯된 것입니다. 기도하기 전에 기도에 대한 대략적인 것을 살펴보기로 하겠습니다.

그러면 기도 장소는 어디에서 하는 것이 좋을까요? 집에서 하는 것보다는 법당에서 하면 수월하면서도 효율적입니다.

다음으로 기도할 때 음식은 어떻게 먹어야 할까요? 기도하는 기간 동안에 내 자식이 잘 되기를 바라면서 살생을 하면 좋지 않은 것입니다. 제사 지내는 날, 장례 치루는 날, 결혼식 날, 생일 날, 아이 낳는 날만이라도 육식은 금해야 합니다.

기도할 때의 공양은 어떻게 해야 할까요? 부처님께 마지(밥)를 올리고 축원하는 게 불공인데 꽃, 향, 과일, 쌀, 등, 차 등을 올리고 기도해야 합니다.

기도의 순서는 다음과 같은 방법으로 할 수 있습니다.
- 천수경 독송 → 신묘장구대다라니 108번 독송 → 참회 → 발원
- 천수경 독송 → 관세음보살 10만독(108염주×925번 돌려 외움)
- 천수경 독송 → 지장보살 10만독(108염주×925번 돌려 외움)
- 천수경 혹은 금강경 독송 → (108배×925번 돌려 외움)
- 천수경 혹은 금강경 독송 → 신묘장구대다라니 108번 독송 → (3,000배×7일) → 참회 → 발원

기도할 때 만남은 어떻게 해야 할까요? 기도하는 동안에는 되도록 만남을 뒤로 미루거나 양해를 구해야 합니다. 사전에 양해를 구해 알리는 게 좋습니다. 사교와 기도를 병행하면 힘도 들고 마음 자세가 흐트러집니다.

기도할 때는 반드시 신도 오계를 지켜야 합니다. 불살생, 불투도, 불사음, 불망어, 불음주를 지켜야 합니다. 부처님께서 수계한 후 파(破)를 설하신 까닭은 악한 것을 그치게 하고 선한 것은 권장하기 위한 것입니다. 계란 결국 바르게 살란 것인데 바르게 살아가는 사람에게는 반드시 공덕이 있습니다.

모든 삶은 업의 과보입니다. 업은 몸으로 짓는 죄, 입으로 짓는 죄, 생각으로 짓는 죄가 있습니다. 업에는 선업, 악업이 있습니다. 착한 행위로 인하여 즐거운 과보를 받게 되고, 악한 행위로 인하여 괴로운 과보를 받게 된다고 합니다.

이것은 업의 인과성을 이야기하는 것입니다. 불교의 궁극 목표인 칠불통계게에 '제악막작(諸惡莫作) 중선봉행(衆善奉行) 자정기의(自淨其意) 시제불교(是諸佛敎)'라는 말이 있습니다. 모든 악을 멀리하고 선을 받들어 행하며 스스로 바르게 하는 것, 이것이 곧 불교의 궁극 목표라는 것입니다. 이것은 석가모니 부처님까지의 과거 일곱 분 부처님께서 다 말씀하신 것입니다.

기도를 하기 전에 기도가 담고 있는 뜻을 바로 이해하고 올바른 기도 방법을 찾아 일념으로 기도하는 동안 자연스럽게 신심이 깊어지는 불자가 될 것입니다.

3부

향기로운 삶

성패를 가르는
5도의 비밀

태양 표면의 온도는 6,000도라고 합니다. 화산이 폭발하여 생기는 용암의 온도는 1,200도이며, 또한 사람이 세상을 마감하고 저승으로 떠나면서 정리하는 육신을 사르는 화장로의 온도는 1,500도라고 합니다.

우리 주변에서 많이 사용하는 기와나 화분 등의 토기(earthen ware)를 구울 때는 600~800도의 온도에서 구워집니다. 이것들은 물을 담으면 누수가 생깁니다.

다음은 유약을 발라서 구워내는 식기나 내장용 타일이 구워지는 온도가 900~1,000도인데 도기(pottery)라고 부릅니다. 이것도 역시 미세하나마 누수나 결로가 생긴다고 합니다.

세 번째는 1,200도 이상에서 구워지는 것으로 자기(porcelain)가 있습니다. 색깔도 낼 수 있고 예쁜 예술적 그림도 포함시킬 수 있습니다. 만들기는 어렵지만 강하고 단단하고 아름다운 색을 낼 수가 있습니다. 도기와 자기를 합쳐서 도자기라고 부릅니다.

근대에 들어와 철이 생산되어 사회 전반에 광범위하게 사용되고 있는데 현대에서 이 철을 빼고는 건축이나 제품 생산이 거의 불가능합니다. 쓰이지 않는 곳이 없는 철은 녹는 온도가 1,535도에서 액체로 용해된다고 합니다. 특이한 것은 철을 녹일 때 1,530도에서 일 년이나 10년간을 녹이려 수고를 해도 결코 녹일 수 없다는 것입니다. 반드시 1,535도 이상을 가열해야 녹아서 액체가 된다는 것입니다.

산다는 게 그렇습니다. 어떤 일을 이루고자 할 때는 1,530도의 열을 일 년간 유지하는 것보다도 단 하루라도 1,535도 이상으로 일하는 것이 효과를 얻습니다. 몇 년간 노력한 사람이 볼 때에는 불공평해 보일지 몰라도 그게 그렇지가 않습니다.

이 5도 속에는 많은 의미의 내용이 있습니다. 어떤 일을 이루고자 할 때에 겉멋으로 살았던 이는 두렵기만 하고 정신이 아득하여 감히 나서지 못합니다. 과욕으로 나섰더라도 혼란만 남긴 채 중도 하차하기 일쑤입니다. 그러나 큰소리나 눈에 띄는 행동으로 위압감은 없어도 조용히 착실히 살아온 진짜에게는 호흡을 들이쉬고 내쉬는 것만큼이나 쉬운 일입니다.

그곳이 어느 곳이든 그의 상관이 누구이든지 대의와 명분이 합당하다면 바로 결단력, 판단력, 신심, 안목으로 앞장섭니다. 이 점이 5도의 비밀이라고 할 수가 있는 것입니다. 이런 사람은 조용합니다. 그 일을 위하여 준비해온 사람처럼 일사천리로 일을 회통하여 세상에 족적을 분명하게 남기는 것입니다. 성패 같은 건 생각하지 않습니다. 운을 하늘에 맡기고 지성으로 추진하여 성공을 이루고 맙니다.

우리들은 어려운 일이나 신상에 호사나 흉사나 또는 꿈꾸던 변화를 이루고자 할 때에는 기도를 올리곤 합니다. 그러나 시작하는 이는 수없이 많으나 성취하는 이는 적고 실패하는 이가 90퍼센트 이상입니다. 모든 것은 우리의 과거 훈습으로 생각하고 이해하려 하기 때문에 생기는 우행(愚行)입니다.

공적인 갈림길에서는 선택과 결단으로 출발해야 합니다. 그리고 부족한 부분은 임명장을 받으면서 그 일을 할 수 있도록 알맞은 능력도 동시에 부여 받게 됩니다. 본인의 알음알이로서 변화하고자 했다면 기도할 필요가 없었을 것입니다. 기도라는 것은 당연히 선지식의 지도와 가르침을 수지하여서 경건하고도 정의롭게 진행되어야 하는 성사(聖事)이기 때문입니다.

이때에 생겨나는 1,535도 이상의 온도는 평상시에 이행하기 어려웠던 선행과 바라밀 수행을 말합니다. 그리고 이 5도는 불가사의한 부처님의 위신력을 굳게 믿는 마음입니다. 자그마한 본인이 아니라 우주에 아니 계신 곳 없으신 부처님을 생각하여 흔들리지 않는 굳은 마음입니다. 이 온도들을 해석해 보면 평상시에 자기 위주로 편성되었던 일상사들을 기도 시에는 이타행과 보살행으로 전환하는 안목의 지혜와 이 지혜를 소멸시키지 않고 꾸준히 유지하는 정진이라는 힘을 의미합니다.

이타행은 나를 성장시키고 이기심은 나를 소멸시키는 원리입니다. 기도를 잘 마쳤다고 하는 말은 기도가 끝난 이후에도 기도 시의 생활과 습관이 유지되는 것입니다. 뿐만 아니라 좋은 습관과 진리를 타인에게 전파하는 능력이 유지되는 것입니다. 우리는 어디쯤에 머무는 것일까요? 아직도 물이 새는 불완전의 토기일까, 도기일까, 좀 개선된 자기일까, 철일까, 아니면 화장로일까요? 불자들은 만들기는 어렵더라도 강하고 단단하고 아름다운 빛의 도자기로 살아야 할 것입니다.

나눔으로 얻는
삼보의 종자

·
·
·

　"보살은 능히 삼보의 씨를 끊어지지 않게 한다. 어째서 그런가? 중생들을 교화해서 보리심을 일으키게 하는 것은 불보의 씨를 길이 이어지게 함이요, 중생을 위해 법장을 열어서 설하는 것은 법보의 씨를 길이 이어지게 함이요, 가르침을 지키고 간직하여 어기지 않는 것은 승보의 씨를 길이 이어지게 함이기 때문이다.

　또 온갖 대원을 칭찬하는 것은 불보의 씨를 길이 이어지게 함이요, 인연문을 분별해 연설하는 것은 법보의 씨를 길이 이어지게 함이요, 권하여 육화경법을 닦게 하는 것은 승보의 씨를 길이 이어지게 함이기 때문이다. 또 중생의 밭에 부처님의 종자를 심는 것은 불보의 씨를 길이 이어지게 함이요, 정법을 지키고 간직하여 신명을 아끼지 않는 것은 법보의 씨를 길이 이어지게 함이요, 대중을 통제해 다스려 싫증을 모르는 것은 승보의 씨를 길이 이어지게 함이기 때문이다."

　이상은『화엄경』의 말씀입니다.

불·법·승 삼보에 귀의하는 것이 입문 단계라면 불맥을 잇는 것이 삼보의 종자를 길이 이어지게 하는 불사임을 설하신 내용입니다.

삼보는 불교에서 말하는 세 가지 보배입니다. 불(佛)은 우주의 참 진리를 깨달은 부처님입니다. 법(法)은 부처님께서 중생을 위해 남기신 교설입니다. 승(僧)은 부처님의 가르침에 따라 수행하는 불제자입니다.

이처럼 삼보는 불교를 믿는 불자가 받들고 공경해야 할 세 가지 대상인 것입니다. 믿음의 대상으로서 삼보는 불교 전체를 대표한다고도 할 수 있습니다. 그렇기 때문에 삼보는 불교의 가장 중심에서 영원한 생명과 행복을 보장해 주는 참된 보배인 것입니다.

때때로 삼보의 소중함을 망각하는 경우가 있습니다. 만약 삼보가 끊어진다면 불교는 설 자리를 잃게 될 것입니다. 그래서 처음에도 삼보에 귀의해야 하고, 마지막에도 삼보에 귀의해야 하는 것입니다. 불자로서 이처럼 고귀한 삼보전에 온 정성을 다 바쳐 예배하고 귀의하는 것은 마땅한 도리입니다.

부처님께서 어느 날 어떤 집에 이르러 밥을 비시니, 그 집의 아내가 부처님의 바리에 밥을 넣고 예배를 드렸습니다.

부처님께서 말씀하셨습니다.

"하나를 심어 열을 낳고, 열을 심어 백을 낳고, 백을 심어 천을 낳고, 천을 심어 만을 낳고, 만을 심어 억을 낳나니 오늘의 선행으로 인해 진리의 도를 보게 되리라."

그 말씀을 듣고 남편이 믿기지 않아서 물었습니다.

"한 바리의 밥을 보시한 것 뿐인데 어떻게 그런 복을 얻을 수 있사오리까?"

부처님께서 말씀하셨습니다.

"니구타수를 보라. 높이가 4~5리나 되고, 해마다 몇 만석의 열매를 떨구어 주지만, 그 씨는 겨자씨처럼 아주 작지 않느냐? 땅은 아무 의식도 없는 존재이건만 그 보력이 이와 같거늘 하물며 생명을 지닌 사람일까 보냐? 기뻐하며 한 바리의 밥을 부처님께 바치는 경우, 그 복은 매우 커서 헤아릴 수 없느니라."

이 글은 『잡비유경』의 말씀입니다.

요즈음 주위에는 똑똑하고 영악한 사람이 많습니다. 그런 사람일수록 이웃과 나누는 일에는 인색합니다. 그것은 아마 이기심 때문일 것입니다. 이 세상은 결코 혼자서는 살 수 없습니다. 더불어 살아갈 때 나도 살고 남도 살 수 있는 것입니다.

부처님께서는 비록 작은 선행이지만 그것은 엄청난 큰 공덕이 된다고 가르치고 계십니다. 어려울수록 주변의 아픔과 고통을 함께 나누어 덜어주고, 행복하고 즐거움을 또한 함께 나누어서 부처님의 배움을 실천해야 합니다. 진정한 불자라면 이웃을 위한 작은 베풂이 큰 공덕이 된다는 부처님의 가르침을 현실에 접목하는 일일일선(一日一善) 보살의 길을 걸어가야 할 것입니다.

세상을 밝히는
조화와 감사

"너희들은 천지 만물과 화해하라. 천지 만물은 모두 다 네 편이 되리라. 천지 만물이 모두 다 네 편이 되면 천지 만물 어느 것이 너를 침해하랴.

네가 무엇으로부터 상해를 입거나 병균이나 악귀들의 침범을 받으면 그건 네가 천지 만물과 화해하지 않은 증거이니 반성하라. 그리고 화해하라.

내가 일찍이 법신불(法身佛)께 공양을 올리기 전에 먼저 네 형제와 화합하라고 가르친 것이 곧 이 뜻이었다. 너희들 형제 중에서 가장 큰 자는 네 부모이니, 법신불께 감사하여도 부모에게 감사할 줄 모르는 자는 법신불의 마음에 맞지 않느니라.

천지 만물과 화해하라 함은 천지 만물에 감사하라는 뜻이니 참된 화해는 억지로 참는 것이 아니라 진정으로 감사할 때 비로소 이루어지기 때문이니라.

법신불께 감사하여도 천지 만물에 감사하지 않는 자는 천지 만물과 화해가 아니 되며, 천지 만물과 화해가 아니 되면 법신불은 도우려 하나 네 그 다툼의 염파(念波)가 법신불의 구원의 염파를 능히 받지 못하나니, 너는 마땅히 국은(國恩)에 감사하라.

부모에게 감사하라. 스승에게 감사하라. 남편 또는 아내에게 감사하라. 자식에게 감사하라. 부리는 사람에게 감사하라. 모든 사람에게 감사하라.

감사하는 생각 속에서 내 모습을 볼 것이며, 내 구원을 받으리라. 나는 모든 것의 전체이므로 나는 모든 것과 화해하는 자 안에만 깃드나니, 나는 여기에 있다가 저기에 있다가 하는 것이 아니므로 영매(靈媒)를 통하여 법신불을 부를 수 있다고 생각하지 말라. 나를 부르려거든 먼저 천지의 모든 것과 화해할 때 나는 거기 나타나리라."

위의 글은 대조화의 법어 말씀입니다.

세상을 살아가는데 인간 관계 형성의 기본이 바로 이 감사와 조화의 마음입니다. 인간 뿐만 아니라 천지 만물에게까지도 조화와 감사하는 마음이 곧 세상을 살아가는 기본 자세입니다.

조화는 곧 아름다움입니다. 조화는 곧 화합입니다. 조화는 서로가 함께 잘 살아가는 방법입니다. 조화 속에서 모든 일들이 이루어질 때 양보와 화해와 감사의 마음은 저절로 생길 것입니다.

조화는 사람과 사람 사이에서만 이루어지는 것이 아닙니다. 세상 만물 모든 것에까지 해당되는 말입니다. 인간이 가장 인간답게 살아가는 한 방법이 되기도 합니다. 조화로움의 삶은 곧 범사에 감사하는 마음을 근본 바탕에 두고 있기 때문입니다.

마음 밭에
씨 뿌리기

부처님께서 마가다 국의 남쪽 마을인 에카살라에 머물고 계실 때 마을 주민들은 파종기에 이르러 씨 뿌리기에 아주 바빴습니다.

어느 날 아침 부처님께서 의발을 가다듬고 그 마을 영주인 어느 바라문의 집 앞에 서 있었습니다.

그때 바라문은 부처님께 이렇게 말했습니다.

"사문이여, 당신도 우리처럼 밭을 갈고, 씨를 뿌려 먹을 것을 얻는 것이 어떻겠소?"

그러자 부처님께서는 서슴없이 말씀하셨습니다.

"바라문이여, 나 역시 밭 갈고 씨 뿌려 음식을 먹고 있소이다."

그리고는 다음과 같은 게송을 일러 주셨습니다.

"믿음은 내가 뿌리는 씨앗이고

지혜는 내가 밭가는 가래이며

몸과 입과 뜻으로 짓는 악업을 없애는 것이

내 밭에서 김 매는 것이다.

매일 정진하는 것은 내가 끄는 소이며
뿌리면 거두듯이 믿음의 밭에서 거두는 열매는
사람의 마음을 평안케 한다.
중도에 포기하지 않으며
행하여 괴로움이 없도록
나는 밭 갈고 씨를 뿌린다.”

바라문은 이 게송을 듣고 그 뜻을 이해하여 부처님의 제자가 되었습니다.

이것은『잡아함경』에 실려 있는 이야기입니다.

믿음으로써, 지혜로써 매일 정진하는 것, 중도에 그만둠이 없이 행하여 괴로움이 없도록 하는 것, 이것이 부처님께서 보여 주신 마음 밭에 씨 뿌리는 일이며, 행해야 할 길입니다.

우리들도 매일매일을 믿음과 지혜로써 살아야겠다는 생각을 해 볼 겨를도 없이 악업을 지으면서 바쁘게 살아가고 있습니다. 또 시간은 멈추지 않고 흘러가 버리고 맙니다. 마음 밭에 선업의 씨를 뿌려 향기나는 열매를 거두기 위해 자신을 돌아보는 시간이 필요합니다. 또 매일매일 믿음과 지혜로써 살아가고 있는지도 반성해 보아야 할 것입니다.

불교의 핵심은
실천

중국 당나라 때 조과(鳥窠) 선사라는 분이 있었습니다.

속성은 반씨, 자는 도림이라 했는데 9세에 출가하여 21세에 구족계를 받고 수행을 계속하여 깨달음을 얻으신 분입니다.

선사는 깨달음을 얻은 뒤에 남쪽으로 내려갔는데 그곳 진망산에 아주 높고 나뭇가지가 무성한 장송이 있음을 보고 그 위에 올라가 명상을 했다고 합니다.

스님의 수행을 보고 당시 유명한 지식인이자 그 고을 태수였던 백거이가 찾아와 물었습니다.

"스님, 나뭇가지에 앉아 있으니 얼마나 위험하오?"

이 말을 듣고 조과 선사가 되받아 말했습니다.

"여기가 태수의 자리보다 훨씬 안전합니다."

그러자 백거이가 다시 말했습니다.

"나는 이 고을 태수로 있는데 무엇이 위험하겠소?"

이 말에 선사는 대답했습니다.

"당신은 뭘 모르시는군요. 항상 감정으로 불타고 마음이 불안하니, 그 보다 더 위험한 일이 어디 있겠소."

백거이가 다시 물었습니다.

"어떤 것이 불법입니까?"

"모든 악을 짓지 말고 모든 선을 받들어 행하며 자신의 마음을 청정히 하는 것, 이것이 모든 부처님의 가르침이오."

백거이는 피식 웃으며 보잘 것 없다는 듯이 말했습니다.

"그것은 세 살 먹은 어린애도 아는 것이오."

그러자 나무 위에 앉아 있던 조과 선사가 점잖게 일렀습니다.

"세 살 먹은 아이도 알 수 있으나 여든 된 노인도 그것을 실천하기는 어렵소이다."

이 이야기는 불교의 핵심 사상이 무엇인지 잘 말해주고 있습니다. 불교의 핵심은 결국 실천에 있다고 할 수 있습니다. 그리고 그중에서 무엇보다 중요한 것은 자신의 마음을 깨끗이 하는 것입니다. 다시 말해 자기 성품의 본래 청정함을 잃지 않는 것이 바로 불교의 본질인 것입니다.

모든 것을 다 알고 있다는 자만심과 게으름으로 잠시 미루다가 어느새 늙어가고 죽음에 이르게 되는 것이 바로 우리들의 삶입니다. 그렇기 때문에 선근을 닦고 본래 청정한 마음을 밝히는 일에 잠시도 게을러서는 안 될 것입니다.

최상의 의지처
자등명 법등명

흔히 불자의 수행 기준으로 '자등명(自燈明) 법등명(法燈明)'을 말하곤 합니다. 이 말은 세속의 미혹됨에 흔들리지 않고 오직 자신과 법에 의지하여 불법을 닦아감을 의미합니다. 이 말이 유래하게 된 데에는 다음과 같은 역사적 상황이 있었습니다.

부처님의 제자 중 사리붓다가 병으로 죽게 되었을 때, 그 소식을 사리붓다의 시자이던 소년이 부처님께 알려왔습니다.

사리붓다는 부처님의 으뜸가는 제자였기 때문에 오래 살았다면 부처님 열반 후 불교교단을 이끌어갈 인재였습니다.

그 사리붓다가 열반에 들었다는 소식에 아난다는 땅이 꺼져라 탄식을 했습니다.

그때 부처님께서 말씀하셨습니다.

"아난다여, 내가 가르치지 않았는가? 모든 사랑하는 사람들은 이별해야 할 때가 온다. 세상에 변하지 않는 것은 없기 때문이다. 그와 같이 사리붓다는 갔다. 그러나 아난다여, 나는 그대들에게 말하지 않을 수 없다. '자기를 등불로 하고 자기를 의지하되, 남을 의지하지 말라. 법을 등불로 하고 법을 의지하되 남을 의지하지 말라'고 말이니라."

자등명, 법등명은 부처님께서 열반에 드시기 전 자주 하시던 말씀이었습니다. 그러나 요즘 우리들은 이 가르침을 잊어버리고 살아가는 수가 많습니다. 무엇이든 힘들 때는 자기 자신보다 의지처를 찾는 것이 습관처럼 되어 있습니다.

자신을 믿기보다 어떤 학설이나 이론, 타인을 믿는 경우도 있고, 그렇지 않으면 순간적인 쾌락과 물질에 의지하는 경우도 많습니다. 더 어리석은 것은 자신의 운명을 무속인이나 역술인에게 맡겨 앞날을 예견하기도 합니다. 이 세상에서 가장 튼튼한 의지처가 바로 자기 자신이라는 사실은 스스로가 바로 불성을 가진 존재임을 잘 나타내고 있습니다.

자신 속에 있는 불성을 찾아내는 것, 그리고 그것을 스스로 닦아가는 것이 불자의 올바른 도리입니다. 자신과 함께 또 하나의 의지처는 바로 경전입니다.

요즈음 불자들은 경전을 잘 보지 않으려는 경향이 있습니다. 경전이 중심이 되어 가르침을 배우고 실천할 때 불교는 본래 모습을 되찾고 보다 영향력 있는 종교로 자리잡을 것입니다.

끝까지
열심히 하자

●
●
●

　부처님의 제자 가운데 주리반특과 마하반특이 있었습니다. 동생 주리반특은 바보스럽고 모자람이 많았습니다. 같은 말을 몇 번 들어도 잊어버리며 자기 이름도 기억하지 못했습니다. 형님 마하반특은 대단히 뛰어난 머리를 가졌으며 주리반특이 모자라는 것을 부끄럽게 여기고 불제자들의 모임인 교단에서 추방하려고 했습니다.

　부처님께서 이 소식을 전해듣고 주리반특에게 빗자루를 건네주면서 이렇게 말씀하셨습니다.

　"이 빗자루로 청소를 하면서 먼지를 털어내고 때를 쓸어 내겠다는 말을 되풀이해서 외우라."

　주리반특은 부처님의 이 말씀을 듣고 열심히 소리 높여 외우면서 먼지를 털어내고 쓸기를 계속했습니다. 이 말을 외우는 것과 동시에 이렇게 생각했습니다.

　'먼지란 마음의 먼지일 것이다. 때는 마음의 때요, 빗자루는 무엇인가? 이것은 지혜를 가리키는구나.'

이런 생각을 골똘히 하면서 정진한 결과 주리반특은 마침내 부처님의 가르침을 깨달은 것입니다.

부처님께서는 "처음도 선하고 중간도 선하고 마지막도 선하라"고 가르치셨습니다. 맡은 일이나 주어진 일을 꾸준히 해내며 자란 어린이는 성인이 되어서도 큰 일을 해낼 수 있습니다. 남의 일은 그저 좋고 쉬워 보이는 것은 범부인 우리의 모습입니다. 우리는 닭이 알을 품듯, 나무를 비벼 불을 구하듯 간절한 마음으로 정진해야 합니다.

부처님께서는 "나도 역시 논밭을 갈고 있는 사람이다"라고 말씀하셨습니다. 정진만이 감로의 길입니다. 자신을 위해 매일 정진하는 것과 동시에 다른 사람의 노력도 인정하면서 부처님의 권선을 되새겨 배워야겠습니다.

오늘 하루는 결코 그 하루만이 아닌 것입니다. 영원한 생명을 결정하기 위한 오늘의 하루라는 사실을 자각한다면 지금의 매 순간을 결코 가볍게 다룰 수는 없을 것입니다. 우리는 한 순간을 가볍게 생각해서는 결코 안 됩니다. 한 순간 속에 영원의 시간이 잠재해 있기 때문입니다. 그렇기 때문에 아무렇게나 살아서는 안 되는 것입니다.

지금 자신에게 주어진 하루는 과거와 연결된 오늘 하루이며, 미래와 이어질 오늘 하루인 것입니다. 그렇게 볼 때 자신에게 주어진 모든 일들은 영원 속에서 일어나는 것입니다. 물론 그 정도의 차이와 시간의 차이는 있을 수 있겠지만 오랜 전생으로부터 이어져 온 결과로 볼 수 있을 것입니다.

그렇다고 해서 모든 것을 운명적으로 받아들여서는 안 됩니다. 지금 자신의 수행과 견해들이 이 다음에 어떤 영향을 끼칠 것이기 때문에 우리는 늘 선근 공덕을 쌓는 일을 게을리 해서는 안 될 것입니다.

처음도 중간도 끝도
한결같이

`『법구경』`에는 이런 구절이 있습니다.

"온화한 마음으로 성냄을 이겨라. 착한 일로 악을 이겨라. 베푸는 일로서 인색함을 이겨라. 진실로서 거짓을 이겨라."

불교는 이론적인 추구에 있는 것이 아니라 실천에서 얻어지는 체험의 세계이기 때문에 위에 열거한 성냄과 죄악, 인색함, 거짓의 네 가지 문제는 가장 기초적이면서 궁극의 문제에까지 이어집니다.

성냄과 죄악, 인색함, 거짓 등은 우리 생활에 늘 끼어드는 장애물과 같습니다. 단지 반성하는 것만으로는 참다운 행복에 이를 수가 없습니다. 보다 적극적이고 진취적인 입장에서 온화한 마음, 착한 마음, 베푸는 일, 진실한 생각이 항상 충만하여 나쁜 생각들이 끼어들 수 없도록 수양해 나가야 한다는 것이 부처님의 가르침입니다.

`『율장대품』`에는 이런 말씀이 있습니다.

"또한 처음도 좋고, 중간도 좋고, 끝도 좋다."

도서관의 책을 보면 첫장에는 때가 묻어 있지만 맨 뒷장엔 아주 깨끗한 것을 볼 수 있습니다. 마라톤을 함에 있어서도 처음에 속도를 내면 대개 중도에 탈락하기 마련입니다.

모든 일이 그러하듯이 처음도 중간도 끝도 잘 마무리하기 위해서는 강한 의지와 무리 없는 절제, 자신에 대한 제어가 필요합니다. 한 달, 일 년 나아가 일생의 계획을 세웠으면 한결같이 실천해야 합니다. 그것만이 성공의 지름길이 될 것입니다.

흔히 '시작이 반'이라는 말을 하지만 그 시작하는 마음을 변함없이 밀고 나갈 때 인생의 의미가 살아나는 것입니다. 불자라면 누구나 처음도, 중간도, 끝도 한결같이 부처님께 예배 드리며 마음을 청정히 하는 삶을 살아야 할 것입니다. 그렇게 할 때 복전이 쌓입니다.

사람들은 저마다 복전이 다르다고 합니다. 그런데 그 복전의 많고 적음이 모두 자신의 업 때문이라는 것을 잊어서는 안 될 것입니다. 어떤 사람들은 그 복전을 쌓기 위해 온갖 노력을 다하고, 또 어떤 사람은 받은 복전을 모두 헛되이 써 버리는 사람도 있습니다.

복전을 쌓아가는 사람은 다음 생에 더 많은 복전을 가지고 태어날 것입니다. 반면에 헛되이 써 버린 사람은 지금보다 더 안 좋은 삶을 가지고 태어나게 될 것입니다. 왜냐하면 모든 것이 윤회의 틀 속에 있고 업에 의해 결정되는 것이기 때문입니다. 항상 좋은 업을 만들어가는 것도 자신의 복전을 쌓는 일입니다.

물론 우리들 삶을 모두 그렇게만 생각해서는 안 되겠지만 지금 우리들 생을 이어가는 순간순간에 언제나 복전을 쌓아간다면 그것만으로도 마음을 닦아가는 삶인 것입니다. 복전을 일구는 가장 좋은 방법은 역시 이웃과 더불어 살면서 보살행을 실천하는 것입니다. 날마다 좋은 날이 되기 위해서는 날마다 복전을 쌓는 삶을 살아가야 할 것입니다.

열반의
진정한 의미

:
:
:

불교에서는 죽음을 뜻하는 말로 원적, 열반 등의 말을 씁니다.

원적은 '원만한 적정'이란 뜻으로 번뇌 잡념의 세계를 여의고 청정한 열반계에 들어간다는 뜻입니다. 그래서 부처님께서 열반에 드셨다고 표현합니다.

후세에는 스님들께서 돌아가심을 귀적(歸寂)이란 말로 표현하기도 했습니다. 또 열반과 같은 뜻으로 좌탈입망(坐脫入亡)이란 표현을 쓰기도 합니다. 앉은 채로 열반하셨다는 뜻입니다. 수행을 닦아 깨달음을 이루신 고승들은 죽음에 대해 자재합니다.

다음으로 열반은 불교에서 설하는 최고의 이상향을 의미합니다. 멸(滅), 적멸(寂滅), 이계(離界), 해탈(解脫), 원적(圓寂) 등의 말은 모두 같은 뜻으로 쓰입니다. 열반이란 마치 활활 타는 불을 끄는 것과 마찬가지로 타오르는 번뇌의 불꽃을 지혜의 바람으로 불어 꺼서 모든 고뇌가 사라진 상태가 되는 것을 말합니다.

세속에는 극단적인 두 가지 생활 방식이 있습니다.

첫째는 감각적인 쾌락에 탐닉하는 것이고, 둘째는 자신의 몸을 채찍질하는 고행을 실천하는 것입니다.

그러나 이 두 가지 생활 방식은 바람직한 것이 못 됩니다. 쾌락과 고행이라는 양극단을 피한 중도, 즉 팔정도인 정견, 정사유, 정어, 정업, 정명, 정정진, 정념, 정정에 의해 진실에 대한 바른 깨달음을 얻음으로써 비로소 열반으로 향하게 되는 것입니다.

열반에는 여덟 종류의 법미(法味)가 있습니다.

첫째, 상주미(常住味)로 생멸 변화가 없이 항상 머물러 있는 것을 말합니다.

둘째, 적멸미(寂滅味)로 다시는 미혹된 생사가 계속되지 않는 것을 말합니다.

셋째, 불로미(不老味)로 영원히 늙지 않는 것을 말합니다.

넷째, 불사미(不死味)로 다시는 죽지 않는 것을 말합니다.

다섯째, 청정미(淸淨味)로 청정함을 말합니다.

여섯째, 허통미(虛通味)로 허허로이 통하는 것을 말합니다.

일곱째, 부동미(不動味)로 움직이지 않음을 말합니다.

여덟째, 쾌락미(快樂味)로 항상 행복한 상태를 말합니다.

또 열반에는 상락아정(常樂我淨)의 네 가지 덕이 있습니다.

첫째, 상덕(常德)은 상주의 뜻으로 시공을 초월, 생멸 변화가 없음을 말합니다.

둘째, 낙덕(樂德)은 생사의 고뇌가 없고 무위 안락의 행복만이 있음을 말합니다.

셋째, 아덕(我德)은 망아를 여읜 진아를 가리킵니다.

넷째, 정덕(淨德)은 청정의 뜻으로 혹업의 고통을 여의고 청정한 과덕이 있음을 뜻합니다.

상락아정은 영원하고 행복하여 자재 번뇌가 없음을 말합니다.

다음으로 열반에는 유여열반(有餘涅槃)과 무여열반(無餘涅槃)이 있습니다.

첫째, 유여열반은 번뇌는 다했지만 육체는 남아있음을 말합니다.

둘째, 무여열반은 모든 것이 아주 없어진 상태를 말합니다.

열반은 죽음을 뜻하는 것이 아니라 새로운 시작을 의미합니다. 열반은 모든 번뇌 망상이 사라진 부동의 상태를 뜻하므로 매순간 열반의 의미를 새기면서 살아간다면 삶은 훨씬 풍요로워질 것입니다.

새로운 불자의
탄생

·
·
·

우리는 아름다운 꽃을 피우기 위하여 먼저 불교가 가지고 있는 종교적 특성과 불교를 믿는 목적과 그 신앙 자세를 알아야 합니다.

불교 신앙에는 세 가지 큰 특성이 있습니다.

첫째, 불교는 자주성을 가진 종교입니다. 불교는 스스로의 모든 책임을 스스로가 지는 종교입니다. 또 스스로의 무한한 능력을 인정하고 자신의 구원은 자신뿐이라는 자각에 기초하고 있습니다.

둘째, 불교는 자유성을 가진 종교입니다. 불교는 진정한 자유의 의미를 부여하는 종교입니다. 번뇌와 윤회의 굴레에서 벗어난 열반과 해탈의 대자유를 약속해주는 종교입니다. 창조주와 피조물의 관계인 주종의 관계 속에서 진정한 자유는 없는 것입니다. 불교는 아무런 대가도 바라지 않는 무익행(無益行)을 지향하는 종교입니다. 불교는 법관과 국민, 노동자와 고용자, 고아원에서의 자선처럼 서로 상부상조의 관계를 지향하는 종교입니다.

셋째, 불교는 평등성을 가진 종교입니다. 불교는 모든 중생에게 부처님과 같은 성품이 깃들어 있다고 보며, 모든 생명을 본질적으로 평등하게 보는 종교입니다. 불교는 어머니의 마음처럼 대자대비한 부모의 마음과 자식 생각하듯 보살피는 마음을 가진 종교입니다.

그래서 불교의 교리는 식물에서 환경까지를 포함하여 광범위하게 설정하고 있습니다. 부처님은 삼라만상 미물까지도 중히 여기시며 바다와 같은 마음으로 중생을 사랑하는 분입니다.

불교는 만남의 종교입니다. 그렇게 만나야 할 전생의 인연과 또 그렇게 만나 옷깃을 스친 현생의 결과와 동시에 다시 내생에 더욱 뜻있게 만날 수 있는 인연을 중요시 여깁니다.

인연을 가진 사람이라면 그 신앙을 만나는 자세와 자신과 가장 깊은 인연을 맺고 있는 부모님과의 만남을 어떻게 하고 있는가를 생각해 보아야 할 것입니다. 또한 불교의 인연을 통하여 형제, 자매, 친구, 이웃 나아가 이 시대를 살아가는 전 인류에 대한 만남의 자세를 다시 한번 가다듬어야겠습니다.

가장 귀하고 복되고 훌륭한 만남은 누구이며 무엇과의 만남일까요? 그것은 바로 부처님과의 만남이며 불법과의 만남입니다.

불법의 만남을 경전에는 '눈먼 거북의 비유[盲龜遇木]'로 설명하고 있습니다. 눈먼 거북이 망망대해에서 숨을 쉬기 위해 나무 구멍을 만나는 것과 같다고 비유하고 있습니다. 그만큼 사람의 몸 얻기와 불법 만나기가 어렵다는 것을 상징적으로 설명하고 있습니다.

흔히 부처님을 여래라 부릅니다. 부처님은 진리의 세계에서 오셔서 중생들에게 진리를 가르쳐 인도하여 주시고 다시 오신 그 세계로 돌아가신 분이라 하여 여래라 부르는 것입니다.

부처님께서는 중생을 향하여 이렇게 외치고 있습니다.

"장하고 기이하구나. 부처의 한량 없는 지혜가 너희 마음속에 본래

있나니 어찌 깨우치려 하지 않는가?"

우리 모두는 부처님과 같은 성품을 지니고 있습니다. 그것을 불성이라 표현합니다. 본래 모든 생명체는 무한한 생명력과 무한한 창조의 능력을 지녔습니다. 이는 인류의 역사가 창조된 이래 최초의, 최대의 '자기 존엄'의 선언이라 할 수 있습니다.

그러나 우리는 나 자신에 관하여 자신감을 갖지 못하고 주저하고 괴로워하며 열등감에 사로잡히는 일이 많습니다. 아마 이것은 현실적으로 자신이나 부모 또는 학교 사회에서 요구하는 수준에 미달하는 데서 생기는 불만과 패배 의식의 작용일 것입니다. 더욱 위험한 것은 이러한 인간의 약점을 극대화시키는 종교적 가르침도 있다는 사실입니다. 인간 스스로가 그어 놓은 잘못된 생각들의 주인은 바로 우리 자신이며 이는 스스로가 극복해야 할 일이지 제삼자가 해결할 수 없는 일입니다.

우리는 이제 부처님과의 만남을 통하여 무한 생명의 주인인 불자임을 확인해야 합니다. 우리는 모두 다음과 같이 크게 외칠 수 있어야 합니다.

"나는 부처님의 아들, 딸 불자이다."

진정한
불자의 길

· · ·

  부처님께서는 법을 아끼지 않으시는 분입니다. 부처님께서는 깨달으신 바를 중생을 위하여 이 순간까지 조금도 남기지 않고 털어놓으십니다. 우리 불자는 그러한 부처님의 중생을 향한 마음을 가슴에 새겨 부처님의 지혜를 조금이라도 더 배우려고 노력해야 합니다.

  부처님과의 관계는 부자간의 관계와 같습니다. 그러한 관계를 알 때 우리는 한없는 즐거움을 느낍니다. 부처님과 중생의 관계는 친아버지와 친아들의 사이인지라 혹 떨어졌다고 해도 돌고 돌아서 역시 부자간입니다. 아들은 아버지의 재산을 상속받을 생각이 없었지만 부자간이니까 상속받지 않을 수 없습니다. 우리는 부처님의 가르침을 믿는 사람으로서 유기적 관계를 가지고 있음을 알아야 합니다.

  그러면 진정한 불자는 어떤 불자일까요? 우리들은 본래 참된 불자입니다. 부처님과 우리와는 떨어질래야 떨어질 수 없는 관계이므로 우리 모두는 참된 불자라 할 수 있습니다. 우리 마음대로의 생각을 버리고 부처님께 매달려서 가르침에 의해 살아가려는 마음이 되어야 합니다. 그런데 그러한 생각을 버리고 자기가 살아보고 괴로우니까 작은 법에 즐겨하고 얽매이는 마음을 일으킵니다.

부처님께서는 방편의 가르침에서부터 참된 교를 설해 주십니다. 인간은 서로가 자기의 생각, 고집을 버리고 서로를 구원하고, 동정하고, 사랑하고, 존경하여 다함께 살아가야 합니다. 부처님께서는 대승을 설하시고 이것을 철저하게 가르치셨습니다.

갓난 아이는 아무것도 모르지만 어머니를 따릅니다. 어머니는 아무런 생각 없이 끌어안아 젖을 먹입니다. 이것이 대승의 마음입니다. 갓난 아이와 어머니는 서로가 자기라는 생각을 버리고 어머니를 따르고 젖을 먹습니다. 이것이 인간의 본성입니다. 이 본성을 잊어버리기 때문에 인간은 나쁘게 되는 것입니다.

어린 아이가 어머니의 무릎 위로 올라가는 마음, 어머니가 어린 아이를 안아올리는 마음이 바로 부처님의 마음입니다. 부처님께서는 인간의 괴로움을 자기의 괴로움으로 삼고, 인간의 번민을 자기의 번민으로 삼고, 인간의 기쁨을 자기의 기쁨으로 삼는 마음을 갖고 계십니다. 우리는 작은 데서 얼마든지 큰 데로 나아갈 수 있습니다. 이것이 바로 대승 불교의 근본 정신입니다.

이러한 근본 정신을 잊어서는 안 됩니다. 인간으로서 본래 가지고 있는 성질을 살려나가자는 것이 진정한 불교의 정신입니다. 부처님께서는 일체 중생의 괴로움을 자기의 괴로움으로 아십니다.

『법화경』에 나오는 '장자와 궁한 아들'의 비유는 이런 부처님의 마음을 잘 표현하고 있습니다. 우리는 누구나가 부처님의 아들입니다.

신분이 높은 사람은 아랫 사람을 천히 여기고, 신분이 낮은 사람은 높은 사람을 질투해서는 안 됩니다. 우리 모두 부처님의 마음이 된다면 이 세상은 참으로 아름다운 세상이 될 것입니다.

윤회의
여섯 굴레

中생은 업에 의하여 나고 죽는 것이 반복되어 수레바퀴처럼 돌아가며 다시 태어나게 됩니다. 중생의 여섯 가지 굴레를 벗어나는 것을 열반적정이라 하고, 중생이 벗어나야 할 여섯 가지를 육도(六度)라고 합니다.

첫째는 지옥입니다. 지옥은 불법을 비방하고, 부모와 스승에게 불손하게 한 사람이 태어나는 곳입니다. 선악의 업이 중생으로 하여금 고락의 장소로 가서 나게 하는 것입니다.

둘째는 아귀도입니다. 아귀는 간탐과 질투를 일삼는 경우 태어나는 곳으로 항상 굶주림의 고통을 받습니다. 아귀의 입은 바늘 구멍과 같고 배는 소와 같습니다.

셋째는 축생도입니다. 축생은 모든 짐승류를 말하며 인과를 무시한 사람이 죽어 태어나는 곳입니다. 축생은 고통이 아주 심합니다.

넷째는 아수라도입니다. 아수라는 성질이 거칠고 싸움을 좋아하면 태어나는 곳입니다. 혼란한 상태를 아수라로 표현하기도 합니다.

다섯째는 인간입니다. 인간 세상은 지은 업에 따라 사람의 개성과 태어나는 환경이 각각 다릅니다.

여섯째는 천상도입니다. 천상 세계는 지혜가 밝고 복력이 수승하여 마음 착한 사람이 태어나는 곳입니다.

엣날 바라나시에 수전노가 살았습니다. 수전노는 어느새 열두 항아리에 돈을 가득 채운 후 병들어 죽고 말았습니다. 사람들은 그에게 관심을 두지 않았습니다. 수전노는 생전에 돈버는 일 외에는 사람들과 인정을 나누는 일을 모르고 살았기에 죽은 후 독사로 태어났습니다. 그는 죽은 후 전생에 살던 집을 찾아가 돈 항아리를 지켰습니다. 그러기를 수백 년이 지났습니다. 어느 날 그는 이렇게 생각했습니다.

'내가 이렇게 꼴 사나운 모습을 수백 년이나 되풀이하는 이유는 무엇일까?'

마침내 독사는 자신이 어리석었음을 진심으로 뉘우쳤습니다. 수전노는 사람들에게 보시를 하기 시작했습니다. 그는 이 공덕으로 미래에는 행복을 얻을지도 모른다고 생각하고 열심히 보시를 했습니다. 독사는 비로소 미혹에서 깨어나 선한 업을 지으려고 하였던 것입니다. 용맹심으로 애착을 누르며 집 앞으로 사람이 지나가기를 기다렸습니다. 이리하여 수백 년 간 돈을 숭배하던 천하의 구두쇠는 한번의 발심으로 뱀의 허물을 벗고 도리천에 환생하는 좋은 과보를 얻게 되었습니다.

윤회의 의미를 잘 보여주는 '수전노의 환생'이라는 이야기를 통해 선한 업의 결과가 얼마나 중요한지를 깨달을 수 있을 것입니다.

불교를 믿는 목적과
신앙의 자세

우리는 불교를 믿으면서 그 목적이 무엇인지 분명히 알아야 합니다. 불교를 믿는 목적을 다음의 네 가지로 생각해 볼 수 있습니다.

첫째, 생명의 실상, 즉 내 생명의 참된 모습을 파악하여 참된 나를 찾기 위하여 불교를 믿습니다.

둘째, 우주와 인생의 근본 도리를 가르친 진리를 깨닫기 위하여 불교를 믿습니다.

셋째, 지극한 정성으로 중생 구제의 원력을 세우신 불보살님의 가피를 입기 위하여 불교를 믿습니다.

넷째, 깊은 믿음, 열성적 수행, 확고한 서원을 세워 진리를 깨달아 진리의 구현자가 되기 위하여 불교를 믿고 수행하는 것입니다.

이러한 확고한 믿음 위에 불교 신앙의 올바른 자세를 가져야 합니다. 불교의 특성과 목적에서 알 수 있듯이 불교는 끝없는 자기 긍정 속에서 자기 규제를 통한 자아 완성의 종교입니다. 불교는 모든 형식의 부정, 모든 권위의 부정, 모든 상대적 차원의 것들을 부정하는 것들로부터 시작합니다. 불교는 크나큰 긍정을 위한 부정, 전체를 위한 하나의 부정, 무규제의 규제를 지향하는 종교로 무형식의 형식이라는 특수한 신앙 자세가 요구됩니다.

때와 장소에 따라 계율의 의미를 달리 해석할 수 있지만 근본 정신은 잊지 말아야 합니다. 또한 불교는 종교가 추구하는 세계가 지극히 자주적이며 자유롭고 신앙 자세 또한 자율과 자주의 사상이 바탕에 깔려 있습니다. 그러므로 청년의 종교이자 성인의 종교입니다.

이러한 기본 정신을 바탕으로 삼아 불교 신앙인은 간절한 서원을 세워야 하며, 지극한 믿음을 일으켜야 하고, 끊임없는 수행이 있어야 합니다. 그리고 불교 신앙의 대상을 바로 알고 마음의 다짐을 새롭게 해야 합니다.

불교의 신앙 대상은 삼보이며, 삼보를 믿고 의지하는 것을 삼귀의라고 하는 것입니다. 삼보는 불·법·승을 말하는데 이 세 가지는 세상에 귀중한 보배와 같은 것입니다. 삼보를 믿고 의지한다는 종교적 표현은 귀의(歸依), 귀명(歸命)이라 하는데 이것은 염원하고 온전한 것에 몸과 마음을 다 바쳐 돌아간다는 의미입니다. 다시 말해서 삼보란 불보, 법보, 승보로서 이 세 가지가 일체 중생의 복전이 되며 이 세상의 무엇과도 견줄 수 없는 가장 큰 보배라 하는 것입니다.

우리가 의식을 행할 때 삼귀의를 합니다.

첫째, '귀의불 양족존(歸依佛 兩足尊)'은 부처님께서는 복덕과 지혜를 두루 갖추고 있기 때문에 양족이라 하는 그런 부처님께 귀의한다는 뜻입니다.

둘째, '귀의법 이욕존(歸依法 離欲尊)'은 온갖 차별과 온갖 욕심을 떠난 부처님 법에 귀의한다는 뜻입니다.

셋째, '귀의승 중중존(歸依僧 衆中尊)'은 무리 가운데 존귀한 승에 귀의하는 것은 청정과 평화와 평등의 고향에 돌아가 의지하는 것을 의미합니다.

불교는 궁극적으로 자력적인 종교입니다. 다른 종교의 신앙 대상이 절대적 존재로 군림하는 것과는 현격한 거리가 있는 것입니다.

불교의 삼보는 신앙의 대상인 동시에 우리 스스로가 승가에 참여하고, 법의 가르침에 의지하여, 스스로 부처가 되는 것을 목표로 삼고 있는 것입니다.

육조 혜능 스님은 삼보에 대해 이렇게 말씀하셨습니다.

"한 마음 깨친 것이 부처요, 한 생각 진실한 것이 참다운 법이요, 한 생각 청정한 것이 참다운 불제자니라."

한 마음에 삼보를 모시고 있어야 하며, 그 마음이 그대로 삼보가 되어야 한다는 것입니다. 불자는 삼보를 대할 때 스스로 참여하여 그 마음을 밝히고 생활을 밝혀 이웃을 이롭게 하는 구도자의 자세를 가져야 합니다.

도업을 이루기 위한
공양

절에서는 음식을 먹는 일을 공양이라 합니다. 공양의 의미를 살펴보면 공양은 '공급하여 도를 기른다'는 뜻입니다. 불·법·승 삼보를 공경하는 마음이 곧 공양의 의미와 상통합니다.

공무원, 상인, 어부, 농부, 군인, 교사 등 재가자들은 가족을 이루어 생활하므로 부처님 말씀을 깊고 넓게 배우기가 어렵습니다. 그래서 "스님께 도움을 드리오니 열심히 정진하셔서 저희들을 깨닫게 하소서"하고 공양을 드리는 것입니다. 삼보는 복전이기 때문입니다.

불교에서 공양을 올리는 물건은 주로 향, 초, 꽃, 쌀, 과일 등입니다. 부처님께서는 공양 받을 자격이 있다고 해서 '응수공양(應受供養)'이라 합니다. 부처님께서는 온갖 번뇌를 끊어서 인간, 천상의 중생들로부터 공양을 받을 만한 덕 있는 사람입니다. 그렇기 때문에 마땅히 공양을 받을 자격이 있는 것입니다.

불공(佛供)은 부처님께 공양하는 것을 말합니다. 부처님 외에도 삼보, 부모, 스승, 죽은 이에게 공급하는 것도 공양이라 합니다, 공양을 올릴 때는 차서(次序)를 지켜야 합니다. 친구 간에는 양보하고, 어른들께는 공손하게 해야 하며, 나보다 어린 사람은 보살펴서 공양을 올려야 합니다. 또 공양을 올릴 때는 게송을 읊는 일 외에는 일체 묵언을 해야 합니다.

사찰에서 공양을 올리는 일 말고도 밥을 먹는 것을 공양한다고 말합니다. 공양을 할 때는 맛있는 소리를 쩝쩝거리고, 덜거덕거리면 아귀들이 괴로워하며, 찌꺼기를 절대 남기지 않아야 합니다.

공양을 하기 전에 다음의 게송을 외웁니다.

(합장하고 바루만 놓은 채)

"부처님은 가비라에서 나시고,
마갈타에서 불도를 이루시고
바라나에서 설법을 행하시어
쿠시라에서 열반에 드시었다."

(공양구를 들고)

"온갖 정성 두루 쌓인 이 공양을
부족한 이 덕행으로 감히 받누나
탐심을 여의어서 허물을 막고
육신을 지탱하는 약을 삼으며
도업을 이루고자 이제 먹노라."

(발우를 걷우고 합장)

"크신 은혜 넘치는 공양 받으니
몸과 마음 편안하고 깨끗하여라
바라건대 모든 중생 고해를 벗고
위없는 깨달음을 이뤄지이다."

불자로서 공양을 할 때 반드시 지켜야 할 예절이 있습니다.

첫째, 식사 전에 반드시 합장하여 농부와 음식에 감사해야 합니다.

둘째, 식사 후에는 반드시 합장하여 이 음식을 먹을 수 있도록 해 준 부모님께 감사해야 합니다.

셋째, 한번 받은 음식은 남기지 않고 먹을 만큼만 담아 먹습니다.

음식은 솥에 물을 끓이는 연료와 같습니다. 그래서 몸을 보호하는 양약입니다. 음식은 몸을 건강하게 생장시키고 도업을 이룰 수 있도록 하는 것입니다. 몸이 건강해야 정신이 건강합니다. 부처님께서는 공양 시간을 철저히 지켜 그 시간 외에는 식사를 하지 않으셨습니다.

공양의 의미를 일깨우는 한 가지 이야기가 있습니다.

어느 때 인도의 왕이 바라문과 스님을 공양에 초청했습니다. 식사 후 바라문은 과장되게 식사에 대해 감사를 표시했습니다. 그러나 스님은 합장만 할 뿐 묵묵히 물러갔습니다. 왕은 이들을 다시 초청했습니다. 이번엔 반찬 한 가지와 밥만으로 식판을 구성했습니다. 그러자 잠시 후 바라문은 항의했습니다. 스님은 또 다시 묵묵히 합장만 할 뿐이었습니다. 이에 왕은 궁금하여 물었습니다.

"수행자여, 그대는 공양이 좋을 때도 칭찬이 없고, 성글 때도 화 내지 않으니 어쩐 일이요?"

"공양은 도업을 이루는 양약일 뿐입니다."

이 말을 듣고 왕은 크게 깨달았습니다.

공양은 혀 끝으로 맛을 음미하여 먹는데 의미가 있는 것이 아니라 정신적인 도업을 이루기 위해 먹는 것입니다.

불자들은 절에 와서 공양 시간도 되기 전에 먼저 먹으려고 공양간으로 몰려가는 경우를 보게 됩니다. 법회에 참석 했다면 의식이 끝난 후 순서대로 공양을 하는 질서 있는 태도를 보여야 할 것입니다.

진정한
야단법석을 펴자

:
:
:

  떠들썩하고 시끄럽고, 당황하고, 우왕좌왕하고, 여럿이 모여 다투고, 시비하는 그런 모습을 야단법석이라 합니다. 그래서 야단법석을 떤다, 야단법석이 났다, 야단법석을 편다, 야단법석을 친다 등의 말을 합니다. 야단법석은 많은 사람들을 위해 야외에서 법단을 차려놓고 하는 설법장을 일컫는 불교 용어입니다.

  최초의 야단법석 장소는 갠지스강과 바라나시강이 갈라지는 삼각지에 그림처럼 펼쳐져 있는 녹야원이고, 때는 석가모니께서 성도하신 지 21일 후인 12월 29일입니다. 참석 인원은 교진여, 액비, 발제, 십력가섭, 마남구리의 다섯 비구였습니다. 설법의 주제는 사성제, 오온법, 중도관이었습니다.

  부처님께서 설한 내용은 화엄산에서 아함 12년, 방등 8년, 반야 22년, 법화산에서 법화 · 열반 8년에 해당하는 긴 시간이었습니다. 최대의 야단법석 장소는 마갈타국 왕사성 기사굴산이 있는 영취산 산정이었습니다.

서기 662년 중국 강서의 대유현과 광동의 남웅현을 잇는 큰 고개인 대유령 마루에서 야단법석을 전개한 적이 있습니다. 반석 위에서 24살의 오조 홍인으로부터 의발을 전수 받은 육조 혜능에 의해 야단법석이 이루어졌습니다. 그때 신수 대사의 문하에 있는 혜명 스님이 참석했습니다. 육조 혜능은 '선도 생각하지 말고 악도 생각하지 말라'고 설법했습니다.

또 다른 야단법석은 표만 동자의 열네 가지 질문에 묵빈대치한 부처님의 법석이 있습니다. "신체와 영혼은 동일한 것인가? 아닌가? 여래는 죽은 사후에 존재하는가? 아닌가?" 등의 질문에 부처님께서는 대답하지 않으셨습니다.

부처님께서는 독화살을 맞고 죽어가는 사람의 비유를 들어 누가 범인인지, 화살은 어디서 왔는지를 따지기 전에 우리는 어떻게 해야 할 것인가에 대한 해결점을 스스로 찾게 했습니다. 어떻게 맞았으며, 독은 무엇인가를 밝힌 후에 치료하면 이미 독 맞은 사람은 죽은 다음이 되므로 빠른 치료가 중요하다는 사실을 깨우치신 것입니다.

이와 같이 법석은 내용면에서 명쾌한 것, 신이나 분별 간택 속에서 방황하는 중생들을 부처님의 설법으로 치유하여 깨닫게 하기 위함입니다.

옛 사람들이 보여준 교훈적인 고사는 자취를 감추고 야단법석하면 남을 욕하고 떠들썩하고 당황해하고 서로 비난하는 것으로 잘못 알고 있는 경우가 많습니다. 이제부터 정말 야단법석을 야단법석답게 펼쳐 나가야겠습니다.

공무와 잡무의
바른 이해

주지 소임을 맡고 있으면 가끔씩 방문자들이 찾아오곤 합니다. 어떤 이는 기도나 사찰의 업무에 관한 일들이지만, 어떤 이들은 행정적인 논의를 위하여 면담하는 경우도 있습니다. 또는 아무 용무 없이 스님과 다담이나 나누자고 오는 이도 생깁니다.

그런데 첫 번째의 경우, 본인의 일을 얘기하는 자리에 부득이하여 지인을 동행하는 경우가 있습니다. 이 경우는 혼란스럽습니다. 방문자도 그저 해도 되는 얘기의 개략만 얘기를 하며 주저하여 제대로 된 상담이 불가합니다. 그 자리에 동석자가 나서서 대신 질문과 대답을 대신하는가 하면 관망자의 위치를 벗어나서 시간의 대부분을 제 3자가 전부 빼앗아 버려서 공허한 시간을 만들어 버립니다.

방문자도 상담자도 친구도 모두 기분을 망치고 구업을 쌓는 허송 시간입니다. 그 자리가 지나면 여러 허언과 과장된 말도 모두가 두서없는 이들에 의하여 만들어집니다. 안타까운 경우에 해당됩니다.

이런 경우는 부득이 합석한 경우 묻지 않으면 끼어들지 않는 것이 원칙입니다. 상담자는 인정에 끄달리지 말고 잘 끝맺을 수 있도록 정리해야 됩니다. 또는 인사가 끝나면 자리를 잠시 비켜주는 것도 상식입니다. 그래서 의뢰인과 상담자가 방문 목적을 충분히 이룰 수 있도록 진심으로 빌어주고 현실적으로도 상식의 도를 실행해야 합니다.

두 번째의 경우, 주로 공직자나 사업의 경륜이 갖추어진 분들의 스타일입니다. 이 분들은 동행자를 추운 겨울이나 더운 여름이나 문 밖에 또는 주차장에 호출 시까지 대기시키는 형입니다. 또는 함께 얼굴을 알 때는 인사 후 자리를 비키는 방식입니다. 비공개로 논의되어야 하는 자리임을 알고 미리 조치한 예입니다.

본인은 이런 경우 안쓰러워 동석해도 괜찮다고 하지만 한사코 사양하여 단독으로 면담을 하게 되어 대부분 소기의 방문 목적에 충분히 만족할 만한 대화나 논의가 이루어집니다. 만약 그 분이 분위기를 오인하여 계속하여 운전기사나 비서에게 동석을 강요하여 불필요한 대화가 장시간 오고 간다면 방문 목적도 상쇄되고 충분한 논의의 목적에도 도달하지 못 할 것입니다. 이런 경우는 고위직에 근무하면서 자연스럽게 숙련된 생활의 지혜가 묻어나는 좋은 경우입니다.

혹여 운전자나 비서가 월권하여 그런 자리에서 조언이나 직언을 서슴없이 끼어든다면 귀가 후 즉시 권고사직 당하지 않을까요? 또는 단체 여행을 다녀보면 가이드나 안내원이 자기의 종교나 지식, 개인 신상을 지나치게 얘기해서 눈살을 찌푸리게 하는 경우가 왕왕 있습니다. 그래서 좋은 여행을 망쳐버리는 경우입니다. 넘침은 모자람보다 못한 경우입니다.

문제는 이런 행위가 선인지 악인지 판단도 안 되는 사람들의 경우입니다. 어떤 목적으로 생긴 자리인지 어떤 목적을 성취하기 위한 자리인지를 신속하고 정확하게 숙지하여 본인의 부주의로 하여금 여행 목적을 망치지 않도록 묵언해야 합니다. 그렇게 많이 알면 교수님으로 재직해야 하고 그렇게 유능하면 성공한 자리에 있어야 할 것입니다. 눈 앞의 사적이나 관광지를 충분히 느낄 수 있도록 안내하는 가이드의 역할에 충실한 것이 바람직한 태도입니다. 그런 이들의 자세는 타인을 배려하지 않는 몰지각의 습성이 배어 있는 무지 중생일 뿐입니다. 각성해야 합니다.

또 다른 경우, 가끔 도반 스님의 성지순례에 동참하여 동행하는 경우가 있습니다. 친분이 있기도 하고 관심이 있기도 한 경우입니다. 이런 경우는 개인적으로는 도반이고 선후배이지만 공적으로는 그 분의 순례에 동참한 한 사람일 뿐입니다. 그래서 더욱 조심스럽습니다. 평상시 여행은 같은 방을 쓰며 친한 농도 오가며 편하게 지내지만 이와 같은 경우는 다른 여행자와 마찬가지로 불편을 백번 감수합니다.

따라서 신도들은 순례 동행자로만 대하면 됩니다. 법회 주최자의 목적이 흩어지지 않도록 언행과 복장도 신중합니다. 동행한 신도 분들과의 잡담도 일체 하지 않습니다. 심지어 도반이라도 법회시라면 삼배도 해야 합니다. 음식도 먼저 먹지 않습니다. 주지 스님이 시작한 이후에나 수저를 듭니다.

말하고 싶지 않아도 법문을 요청하면 겸손하게 해야 하고 말하고 싶어도 요청이 없으면 침묵해야 합니다. 그냥 순례자일 뿐 아무것도 아닙니다. 왜냐하면 도반 스님이 주최하신 법회의 주인이기 때문입니다. 부득이 조언이나 순례에 이익된 생각이 있다면 법회 주최자에게 조용히 진언하되 일반 신도 대중에게 직접 하면 안 됩니다. 통솔에 혼란을 주기 때문입니다. 신도들도 마찬가지입니다.

기도나 순례 외에 일체 언행에 신중해야 합니다. 호감 생기는 수행자가 있으면 정식으로 명함을 드려서 이런저런 일로 친견하고 싶다고 의사를 표시하고 순례가 종료된 후 삼배 올리고 뵈면 됩니다. 수행자는 공양을 받거나 법문을 하는 것이 주요 업무이기 때문입니다. 그리고 나서면 통솔에 해가 될까 염려하는 마음씀입니다. 식사가 좋다거나 나쁘다거나 숙소가 좋다느니 불편하다는 등의 언행은 순례와 배치되는 의도이며 손님 입장으로 할 말이 아닙니다.

이러한 의도를 위임 받은 단의 장은 좋은 분위기가 유지되도록 역할에 최선을 다해야 할 것입니다. 이동 중이나 휴식 중에 웃고 떠들고 정치 얘기나 세상 돌아가는 말들을 늘어놓으며 분위기를 흐리는 작태는 참을 수 있는 한계를 넘어서 심기가 어지럽습니다.

이런 행태는 수행자를 존경하는 것이 아니고 희롱하는 행위에 불과합니다. 당연히 그런 행동은 삼가야 합니다. 그냥 일인의 순례자일 뿐입니다. 심지어 그 분의 은사 스님일지라도 모든 것은 주최한 분의 의도에 의해 전폭적으로 진행되어야 합니다. 예외는 없습니다.

마지막 경우는 그 만남 이후로 영영 보아서는 안 되는 타입입니다. 이상의 논리들이 순조로운 경우를 공무라 하고 상기의 경우를 많이 벗어난 경우는 잡무라고 해야 할 것입니다. 가졌다고 쓰지 못하며 안다고 떠드는 것이 아닙니다. 나아가고 물러설 줄 알아야 하며 말하고 침묵할 줄 아는 것도 고등 지식이 아니라 상식입니다.

우리는 알고도 실천하지 못하며 선의를 가지고도 일을 그르칠 수가 있습니다. 나이가 많다고 어른이 아니고 얼굴이 예쁘다고 선인이 아닙니다. 어리석고 무지하면 주변을 힘들고 미래를 어둡게 합니다. 갈 길이 멀고 험합니다. 어디에서부터 시작하고 어디에서부터 고쳐야 될까요? 불자는 기도하고 정진하며 세상을 밝히는 한 줄기 빛이 되어야 합니다.

지혜에
이르는 길

．
．
．

『법화경』에는 다음과 같은 말씀이 있습니다.

"약왕아, 너는 마땅히 알라. 이와 같이 모든 사람들이 법화경을 듣지 못하면 부처님의 지혜와 심히 멀어지니라. 만일 이 깊은 경을 들으면 성문의 법을 결정해 마치느니라. 이는 모든 경의 왕이니, 듣고 밝게 사유하라. 마땅히 알라. 이 사람들은 부처님 지혜에 가까움이니라."

부처님의 지혜에 이르는 데는 몇 가지 단계가 있습니다.

『법화경』에서는 불교를 믿는 사람이라도 경에 설해져 있는 깊은 이치를 듣지 못하고, 범부라도 부처님과 같이 된다는 것을 알지 못하면 부처님의 지혜와는 멀리 떨어져 있는 것이라고 가르치고 있습니다. 깊이 생각해보면 『법화경』은 모든 경전 중 으뜸이라 할 수 있습니다.

세상의 이익, 명예, 지위를 구하고자 하는 자와 떨어져 생활하는 것이 성문의 교(敎)입니다. 그러나 이것들은 남과 세상을 위해 노력하기 위한 준비에 불과한 것입니다.

가지고 싶은 생각이 있는 동안에는 남에게 주지 못합니다. 우선 가지고 싶지 않다는 생각을 해야 합니다. 범부는 나만 좋다면 남과 이웃은 굶어 죽어도 좋다는 생각을 합니다. 얻고자 하는 마음, 욕망이 없는 경지에 이르러야만 남에게 주는 마음이 생기는 것입니다.

'내가 남에게 주자'는 마음이 생기면 이것이 바로 보살의 행입니다. 이러한 보살행을 계속 닦으면 일체의 중생을 구원하고 번뇌를 제거해 주기 위해 노력하는 것을 기쁨으로 여기게 됩니다.

계속해서 『법화경』에는 다음과 같은 말씀이 있습니다.

"만일 어떤 사람이 이 경을 설하려면 마땅히 여래의 방에 들어가 여래의 옷을 입고 여래의 자리에 앉아 대중에게 대하되 두려울 바가 없이 널리 분별해서 설할지니라."

이 말씀은 누구든지 이 경을 남에게 설해 주려면 여래의 방에 들어간 마음이 되어야 한다는 것입니다. 그것은 생활 중에 친근하여 남의 속을 아는 마음이며, 여래의 옷을 입은 마음입니다. 우리가 부처님의 옷을 입으면 부처가 되는 것이고, 거지의 옷을 입으면 거지가 되고, 학생복을 입으면 학생이 되고, 군복을 입으면 군인의 사명을 다해야 하는 것입니다. 여래의 자리에 앉아 있는 마음으로 설해야 합니다.

법을 설하는 사람의 각오는 다른 사람과는 달라야 합니다. 부처님과 같은 마음이 되어서 설하면 조금도 두려움이 없습니다. 또 밖으로부터의 어떠한 영향도 받지 않습니다. 남이 비웃고, 박해를 가해도 아무렇지 않습니다. 어떤 유혹이나 칭찬에도 우쭐거리지 않습니다. 주위 사람의 비난이나 비평으로 동요하는 사람은 남을 가르쳐 인도할 수 없습니다. 남이 보아주기를 바라고 좋은 일을 하는 사람은 남이 보아주지 않으면 낙심해서 그만두게 됩니다.

이어서 『법화경』의 말씀을 살펴보겠습니다.

"대자비를 방으로 하고, 부드럽고 화평한 인욕의 옷을 입고, 모든 법의 공함을 자리로 하여 이에 처해서 법을 설하라."

경을 설할 때는 어떤 사람이라도 가벼이 보지 않아야 합니다. 어떤 사람에 대해서도 자비의 마음을 가지는 것이 부처의 마음입니다. 어떠한 경우에도 성내지 않는 마음을 부처님의 옷에 비유했습니다. 옷이 몸에서 떠나지 않는 것처럼, 온화하고 욕됨을 참는 마음은 부처님께서 떠나지 않습니다. 우리들도 그 온화하고 욕됨을 참는 마음을 몸으로써 체득하여 잊지 않도록 해야 하겠습니다.

우리 앞에는 착한 사람, 악한 사람, 지혜로운 사람, 어리석은 사람이 있지만 부처님의 가르침을 배우면 모두 부처님이 됩니다. 지금은 악한 사람일지라도 언젠가는 마음을 돌리면 부처님과 같이 된다는 것을 알아야 합니다. 그렇기 때문에 어떤 사람도 가벼이 여겨서는 안 됩니다. 어떠한 사람이라도 다 부처님이 될 수 있다는 것을 확실히 알면 여간 힘이 들어도 싫증이 나지도 않고 후회하게 되는 일도 없습니다.

계속해서 『법화경』의 내용을 인용해 보겠습니다.

"만일 이 경을 설할 때에 어떤 사람이 악한 입으로 꾸짖으며, 칼과 막대기와 기와나 돌로 때릴지라도 부처님을 생각하는 고로 마땅히 참을지니라."

부처님의 은혜에 보답하는 길은 부처님의 말씀을 널리 전하는 일입니다. 독일의 유명한 철학자 비스마르크는 "인간을 생각해서는 단 하루도 이 일을 해낼 수 없다"고 말한 적이 있습니다. 이 말 속에는 신만을 의지하고 살았던 속내를 알 수 있습니다. 어떤 어려움을 당하더라도 용기를 잃지 않고 꾸준히 교를 펴기에 노력하는 것이 곧 부처님의 뜻을 관철하는 것입니다.

교를 설하는 사람은 남에게 알려지고자 하는 어리석음을 범하지 말아야 합니다. 오늘 한 일이 이튿날 신문에 실린 것을 보면 반 이상이 잘못 보도되어 있는 경우가 많습니다. 겨우 하루 사이에 반 이상이 틀렸으니 백 년, 천 년 뒤에는 전혀 달라질지도 모르는 것입니다. 후세 사람들에게 알려지고자 한다면 아무 일도 하지 못 할 것입니다. 후세에 명예를 남기려는 생각을 가지고 일을 하는 사람은 바보가 아니면 미치광이입니다.

아주 가까운 절친한 한두 사람 외에는 자신이 하는 일을 진정으로 알기가 힘듭니다. 인간 이상의 것이 자신의 마음을 비추어 자신이 하는 일을 보아둔다고 생각하여 거기에 마음을 맞추지 않는 이상 현실적으로 모든 사람이 자신을 알아주기를 바란다면 한평생 불안한 마음이 없어지지 않을 것입니다.

어려움이 닥치면 부처님을 생각하여 참아야 합니다. 부처님께서는 분명 나를 알아주신다고 믿어야 합니다. 때때로 친절을 베풀어도 원망하는 사람이 있습니다. 부처님이 중생을 구원하고자 하는 그 자비심에 보답한다고 생각하면 어떠한 괴로움이라도 참고 견디어 무슨 일이든 할 수 있을 것입니다.

얽매이지 않는
마음

•
•
•

『법화경』〈방편품〉에는 다음과 같은 말씀이 있습니다.

"사리불아, 만일 나의 제자가 스스로 아라한, 벽지불이라 말하면서 모든 부처님께서 다만 보살을 교화하시는 일을 듣지 않고 알지 못하면 이는 부처님의 제자가 아니며 아라한이 아니며 벽지불이 아니니라."

여기에 나오는 아라한은 최고의 깨달음을 얻은 자를 말합니다. 즉, 아라한은 부처님의 교(敎)를 듣고 세상의 무상함을 깨달은 이를 가리키는 말로 응공(應供)이라 하기도 하는데, 이는 마땅히 공양을 받을 만한 가치가 있는 사람을 일컫는 말입니다. 벽지불은 연각(緣覺)으로 번역되는데 부처님의 교를 들을 뿐만 아니라 자기가 날마다 부딪히는 사실들을 견주어 보아서 세상의 무상을 달관한 사람을 말합니다.

무상함을 깨달아 얽매이지 않는 마음이 되면 부처님의 제자가 된 보람이 가장 클 것입니다. 불자들은 십 년, 이십 년 동안 기도 생활을 하지만 불사나 법회 때 불참하는 경우가 많습니다. 또한 봉사 활동이

전무하면서도 일등으로 대접 받기를 원합니다.

불자들은 갓바위, 보문사, 보리암 등을 찾아 삼천배 철야기도를 올리고 국내외 성지순례 등을 하며 이루 헤아릴 수 없이 많은 기도를 드리지만 곳곳에 얽매이는 마음을 뿌리칠 수가 없습니다. 얽매이지 않는 마음을 가지라는 말씀 속에 부처님의 진의는 거기서 더 나아가 보살의 행을 쌓게 해서 자기 한 몸의 노력으로 세상을 좋게 하고 모든 사람을 구원하겠다는 존귀한 마음을 일으키게 하라는 것입니다. 그런 뜻을 모르고 다만 세상에 얽매이지 않게 되었으니 됐다고 안심하는 자가 있다면 그것은 부처님의 제자라고 할 수 없는 것입니다.

방편품의 말씀과 함께 우리는 진정한 즐거움은 무엇이고, 그렇지 못한 것은 무엇인지 한번 생각해 봐야 합니다. 흔히 우리는 외부에서 즐거움을 찾으려고 합니다. 그러나 외부에서 주어지는 즐거움은 오래 계속되지 않습니다. 아무리 맛있는 음식도 배부르면 맛이 없어지는 것과 같고 아름다운 물건, 사람, 경치, 조각품도 오래 보면 그 아름다움을 잘 느낄 수 없습니다.

진정한 즐거움은 긍정적인 사고와 자기의 마음과 남의 마음이 일치했을 때 기쁨을 느낄 수 있습니다. 자기 중심의 사고에서 타인 중심의 사고 변화가 진정한 기쁨을 줍니다. 나보다 먼저 남을 생각하는 행위, 보시하는 행위와 서로가 자기를 버리고 남을 위하려는 마음일 때 이 세상에 더 큰 기쁨은 없을 것입니다. 이것이 진정 보살행이요, 이것이 진정 불국토인 것입니다.

서로 자기만 좋은 대로 하려는 고집을 버리고 보면 자기를 버리는 가운데 서로의 만족을 찾을 수 있습니다. 이것이 대승의 가르침이며 보살행의 중심되는 정신입니다. 이것이 바로 불자들이 도달해야 할 최후의 목표입니다. 어떻게 해서든지 이러한 경지에 이르러야 합니다. 그러나 처음부터 하기가 어려우니 우선 자신의 욕망을 버리는 것부터 배워야합니다.

그러면 무엇을 위해 수행해야 하는가를 생각해 보아야 합니다. 〈방편품〉에서 '아라한이 아니며, 벽지불이 아니다'고 하신 말씀은 의미심장한 뜻을 담고 있습니다. 아라한이나 벽지불과 같은 호칭은 미혹이 없어진 사람을 가리키는데 세상을 위해, 남을 위해 노력하지 않으면 미혹을 제거해 봐야 아무 소용이 없는 것입니다.

예를 들어 아무리 의사일지라도 자격이 박탈되면 오히려 일반인에게 두려움의 대상이 되는 것입니다. 아라한에 그치지 않는 사람이 진정한 아라한이며, 벽지불에 그치지 않는 사람이 진정한 벽지불입니다. 거기에서 그치면 결국 수행하지 않은 것과 같이 되어 버립니다.

진정한 수행을 이루기 위해서는 탐내고, 아까워하는 마음을 버려야 합니다. 말세에 흐리고 어지러워 혼탁해지면 중생의 업장이 두터워져 아끼고 탐내고 질투하는 마음이 더해 갑니다. 탐낸다는 것은 미혹의 근본입니다. 반드시 아까워하는 마음이 수반됩니다. 가지고 싶다는 마음엔 반드시 아깝다는 마음이 수반되는 것입니다. 아깝다는 마음은 애써 가진 물건을 남에게 주기 싫은 마음입니다.

우리의 생명은 유한한 것이므로 바르게 살아야 합니다. 모두를 아까워하고 모두를 가지고 싶으니, 서로 적이 되는 것입니다. 이렇게 되면 서로가 남의 좋은 것만 보이고 자신의 좋은 점은 잃어버리고 맙니다. 그래서 결국 질투가 생기고 미워하고 부러워하기도 합니다. 이것에 기초한 마음이 세상의 범죄와 혼란을 초래합니다. 부처님은 이것을 아시고 세상 사람 모두가 부처가 되라고 가르치시는 것입니다.

중생의 삶에서
보살의 삶으로

．
．
．

사람은 누구나 행복을 기원합니다. 행복의 취득 방법과 선택은 문화, 종교, 가치관과 환경, 개인차에 따라 천차만별입니다. 종교적으로 믿음을 갖는 것도 삶의 행복을 얻고자 하는 하나의 선택입니다.

불교적 관점에서는 크게 두 가지로 볼 수 있습니다. 소유를 통한 행복 추구입니다. 이것은 곧 중생의 삶과 연결됩니다. 다른 하나는 버림과 나눔의 실천을 통한 행복 추구입니다. 이것은 보살의 삶과 통합니다.

중생의 삶은 물질, 감각적 가치를 우선시하고, 소유와 향락을 쫓아 행복을 얻고자 하는 이기적 삶입니다. 반대로 보살은 정신, 진리적 가치를 받들고 지혜와 자비의 실천을 통해 행복을 이루고자 하는 자리이타에 입각한 삶의 모습이라 할 수 있습니다.

불교에서 중생, 보살의 삶은 같은 생명체로서 같은 세상을 살아감에 있어서도 가치관, 삶의 방식이 전혀 다름을 알 수 있습니다. 삼보에 귀의하고 불제자로서 종교적 삶을 산다는 것은 기존의 물질적 감각적 가치에 의지하고 자기를 중심으로 한 이기적 삶을 버리고 진리 가치를 바탕으로 하는 보살의 삶으로 전환하는 것을 의미합니다.

불교의 입장에서 보면 보살의 길은 깨달음과 함께 불자가 궁극적으로 추구하는 삶이라고 할 수 있습니다. 반대로 중생은 살아 있는 모든 종류의 생명체를 지칭합니다. 아라한과 같은 성인과 비교하여 참다운 진리를 알지 못하고, 어리석음과 욕심 세계에 머물러 있는 일반적인 사람을 지칭합니다.

중생은 어리석은 사람, 진리를 모르는 사람, 번뇌가 많은 사람, 그릇된 가치로 사는 사람, 부처님 가르침으로 제도해야 할 사람, 종교적 혹은 부정적인 의미가 함축된 말입니다. 개인적 측면에서 벗어나야 할 대상이며, 종교적 측면에서 구원해야 할 또 다른 대상입니다.

불교는 마음에 대한 수행과 깨침을 가르치는 종교입니다. 마음에 의해 이루어진다는 유심의 진리를 가르치는 까닭도 거기에 있습니다. 마음은 가장 중요한 삶의 핵심이요, 근본적 요소입니다. 어떤 마음으로 세상을 바라보고 이해하며, 어떤 인생관과 삶의 가치를 가지고 사느냐에 따라 형태, 내용이 결정됩니다. 중생은 진리를 등지고 무명심에 의지해 살아갑니다. 중생의 삶은 결국 필연적으로 행복보다 불행과 고통을 안겨다 준다는 의미이기도 합니다.

중생심은 세 가지 독성의 마음으로 구성되어 있습니다.

첫째, 끝없이 만족을 모르고 욕심을 일으키는 탐욕의 마음입니다.

둘째, 자기 중심적 사고와 집착으로 미움, 질투, 원망, 분노의 마음입니다.

셋째, 옳고 그름을 분간 못하고, 세상 진리를 알지 못하고 그릇된 언행을 일으키는 치심입니다.

중생심은 뱀의 독성처럼 고통과 불행을 만드는 독성 작용을 합니다. 우리들을 중생으로 불리우는 삶을 살게 하고, 고통과 불행으로 이끄는 것이 중생심입니다.

달마대사의 〈관심론〉에는 "무명인 마음에는 팔만 사천 번뇌 정욕 있어 악한 것들이 한량 없으나 그 모두는 삼독이다. 삼독심에는 저절로 모든 악한 것이 갖추어져 있다"고 합니다.

삼독의 뿌리는 하나지만 그 속에 한량 없는 많은 악업이 있어 무엇으로도 비교가 어렵습니다. 온갖 대상에 탐착심을 일으키므로 악업을 지어 진여를 가리게 됩니다. 이것을 육적이라 부릅니다. 삼독, 육적으로 말미암아 신심이 어지러워지고, 육도에서 윤회하면서 온갖 고통을 받게 됩니다.

삼독심으로 미움과 원망이 생산되고, 삼독심으로 자연 파괴와 오염이 생산됩니다. 또한 삼독심으로 흑백을 주장하고, 삼독심으로 사상, 종교, 인종, 민족, 지역, 선악, 시비, 우열을 가립니다.

삼독심은 금은보화를 쌓아 놓고 부리고 호령해도 또 다른 부족함으로 목말라 합니다. 이렇게 된 것은 처음부터 잘못된 마음으로 살기 때문입니다. 그저 감사하고, 감사한 마음을 가져야 합니다.

중생의 병고는 대부분 세속적 욕망 충족에서 비롯됩니다. 부귀 축적, 욕구 충족에 시간과 삶의 에너지를 쏟아 붓습니다. 채워도 채워도 만족과 충족을 이루지 못하고 부족함에 목말라 합니다. 이것을 애욕, 갈애라고 표현합니다.

불교의 사성제는 우리 삶이 괴롭다, 괴로움의 원인은 어리석음에서 비롯된다, 괴로움의 원인을 제거하면 참 행복을 얻는다, 참된 행복을 얻으려면 올바른 삶을 살아야 가능하다고 말할 수 있습니다.

그러기 위해서는 정견, 정사유, 정어, 정업, 정명, 정정진, 정념, 정정의 팔정도를 닦아야 합니다. 채워지지 않는 인간의 탐욕에 의한

욕구의 불만족에서 모든 불행은 시작됩니다. 살육 전쟁, 환경 오염, 소외 갈등, 억압, 불평등, 빈부 차별, 모순과 문제는 근본적으로 인간의 무지 무명에 근거합니다. 무명의 타파, 불행 탈출, 탐욕, 집착 해탈, 윤회 굴레 해방이 곧 종교의 출발점이며 목적이며 궁극적 이상입니다. 이것이 곧 깨달음, 성불, 해탈, 열반이며 사성제의 멸제입니다.

진정으로 행복하기를 소원하면 중생의 병고부터 뿌리 뽑고 타파해야 합니다. 끝없는 탐욕과 집착으로부터 벗어나 해탈을 꿈꾼다면 물질적 소유와 욕망 충족의 중생 가치를 버려야만 가능합니다.

우리는 보살심을 서원해야 합니다. 관음 · 지장보살, 보현 · 문수보살 등은 우리의 예배 대상이며 신앙 대상에 대한 호칭입니다. 상구보리, 하화중생의 크나큰 종교적 원력을 세우고 미래에 부처가 되고자 하는 수행자가 바로 보살입니다. 사홍서원을 세운 사람이 바로 보살입니다.

중생의 삶을 포기하고 새로운 가치의 크나큰 원력을 세워 미래 부처를 서원해야 합니다. 보살은 보리심을 가진 사람입니다. 보리심은 부처의 마음이자 청정심, 덕성심, 신성심입니다. 모든 중생이 본래 구족하고 있는 것입니다.

흔히 불교에서 말하는 사무량심을 가진 사람이 바로 보살입니다. 보살은 곧 자심(慈心), 즉 사랑을 베푸는 마음을 가진 사람입니다. 또 비심(悲心), 즉 고통, 슬픔을 함께 하는 마음을 가진 사람입니다. 또 희심(喜心), 즉 중생에게 즐거움과 기쁨을 주고자 하는 마음을 가진 사람입니다. 마지막으로 보살은 사심(捨心)을 가진 사람입니다. 모든 중생을 차별없이 평등하게 베푸는 마음을 가진 사람입니다. 이상의 사무량심으로 이상을 실현하는 사람이 바로 보살입니다.

그러면 보살의 행복은 어떤 것일까요? 노자『도덕경』에 "학문을 배우는 것은 매일매일 이익을 더하는 것이요, 도를 배우는 것은 매일매일 덜어내는 것이다"라는 말이 있습니다. 보살의 삶도 이와 같은 것입니다. 덜어내고, 베푸는 삶인 것입니다. 중생에게 해가 되는 어떠한 것도 쌓지 않고, 선업만을 쌓고자 해야 합니다. 모든 존재에 대해 열린 마음, 이해, 감사, 공경, 예배의 마음을 가져야 합니다.

부모가 자식에 대한 사랑을 통해 만족과 행복을 얻듯이 보살은 중생 사랑을 통하여 자신의 행복과 수행의 완성을 추구하는 삶을 살아 갑니다. 무량한 사랑은 베풀면서도 지쳐하거나 자기의 무량 자비에 우월감에 따른 아만이나 자만심을 갖지 않습니다.

이러한 보살이 되어야 합니다. 그 이유는 보살의 삶만이 진리, 열반, 행복의 세계로 이끌어줄 수 있기 때문입니다.

보살의 사섭법에는 다음의 네 가지가 있습니다.

첫째, 보시에는 재시, 법시가 있습니다.

둘째, 애어에는 재물과 법을 구하는 이에게 부드럽게 말하는 것입니다.

셋째, 이행으로 재물과 법을 구하는 이에게 구하는 바를 따라서 다 만족하게 주는 것을 말합니다.

넷째, 동사는 재물과 법을 구하는 이에게 대승으로써 이익되게 하고 그를 편안히 머물게 하는 것입니다.

이처럼 보살의 삶은 나와 남을 행복하게 하는 최선의 삶의 모습인 것입니다. 불자들은 수행 정진을 통해 중생의 삶에서 보살의 삶으로 승화 발전해 가야 할 것입니다.

신행 방법과
절차

:

불교는 만남의 종교입니다. 불교에서는 그 만남을 인연이라고 합니다. 삶이란 만남의 연속입니다. 어떤 만남이든 소중히 키워나가는 자세가 중요합니다. 미워하고 증오하는 상대와의 만남도 그 만남을 통해 정화해서 성장의 계기로 삼아 한 차원 높은 만남의 인연을 지어야 합니다.

진정한 불자로의 탄생은 부처님과의 만남입니다. 부처님과의 만남을 '맹구우목(盲龜遇木)'에 비유합니다. 망망대해에 사는 거북이가 백년에 한 번 물 위로 떠오르는데 그때 나무를 만나 그 나무에 뚫린 구멍으로 머리를 내밀어야 숨을 쉴 수 있다는 것입니다. 좋은 인연을 만나기가 그만큼 어렵다는 것을 상장적으로 말하고 있습니다. 사람 몸을 얻어 불법 만나기가 어려움을 그런 비유로 대신 보여주는 것입니다.

부처님께서는 중생을 향하여 이렇게 말씀하십니다.

"장하고 기이하구나. 부처의 한량없는 지혜가 너희 마음속에 본래

있나니 어찌 깨우치려 하지 않는가."

신행의 체계는 신(信) · 해(解) · 행(行) · 증(證)에 있습니다.

첫째, 신(信)은 신심을 말하는데 의심의 반대 개념입니다. 진리인가 아닌가를 대결단하는 출발점이 되는 중요한 단계입니다. 경전에는 "불법의 바다에는 믿음으로써 들어갈 수 있다"고 말씀하고 있습니다. 삼귀의, 오계 등은 모두 믿음을 강조하고 있습니다.

둘째, 해(解)는 철저한 깨달음을 말합니다. 바른 믿음이 있은 후에 바른 믿음에 대한 철저한 깨달음이 가능한 것입니다. 어두운 밤에 등불이 어둠을 걷어내어 행인을 바르게 걸어갈 수 있게 하는 것처럼 깨달아야만 무명에서 벗어날 수 있습니다.

셋째, 행(行)은 진리의 실천입니다. 진리를 깨닫고 확신한다 해도 실행은 쉽지 않습니다. 반복 훈련을 수행이라 할 때, 수행이 깊어지면 불법에 어긋나지 않는 불자의 삶이 됩니다. 마음이 좋거나 나쁠 때, 재물이 있거나 없을 때, 몸이 건강하거나 아플 때 등의 경우에 수행을 계속 이어나가기란 쉽지 않습니다.

넷째, 증(證)은 성취입니다. 중생의 모든 고통은 무명과 탐진치에서 비롯함을 깨달은 후 실천이 이루어지면 원만한 삶이 전개될 것입니다.

다음으로 불교 신앙의 특성은 자주성, 자유성, 평등성에 있습니다. 불교는 자주적인 경영과 자율적인 준법 정신과 신분과 계급에서 벗어나 자유를 주창하는 종교입니다. 부처님께서는 처음에 깨달음을 얻으시고 많은 고민을 했습니다. 초전법륜에서 그것을 잘 알 수 있습니다.

불교의 목적은 불자들이 잘 하는 '성불하십시오'라는 말 속에서 찾을 수 있습니다. 또 불교의 목적은 '모든 악을 짓지 않고 선을 받들어

행하며 스스로 자기 마음을 밝히는 것이 곧 불교'라는 말 속에서도 찾을 수 있습니다.

불교의 올바른 자세는 무규제의 규제에 있으며, 무형식의 형식에 있습니다. 불교는 정화수를 떠 놓고 기도하는 어머니처럼 간절한 서원과 겨울에도 죽순을 캘 수 있다거나 얼음을 깨고 잉어를 잡듯 지극한 믿음이 있어야 합니다. 닭이 알을 품듯, 돌로 불을 일으키듯 끊임없는 수행이 필요한 것입니다.

그렇다면 불교는 무엇을 믿고 어떤 마음의 다짐이 필요할까요?

불교는 삼보에 대한 귀의, 즉 삼귀의를 믿는 마음이 바탕에 깔려있어야 합니다. 삼보는 불보, 법보, 승보입니다. 불교 신앙의 대상을 대하는 독특한 자세는 자력 종교로서 불교를 이해하고 수평 관계에서 사물을 대하는 것입니다.

육조 혜능 스님께서는 삼보를 다음과 같이 말씀하셨습니다.

"한 마음 깨친 것이 부처요, 한 생각 진실한 것이 법이요, 한 생각 청정한 것이 승이라고 한다."

다음으로 불교 신앙에는 서원이 꼭 있어야 합니다. 대표적인 서원은 사홍서원입니다. 원은 혼자만의 구원이 아니라 일체중생의 구원을 약속하는 것입니다. 유한한 삶의 겉치장이 아니라 영원한 삶을 지향하는 것입니다. 또한 개인의 완성 뿐만 아니라 사회의 완성, 국토를 청정케 하려는 대승적 이상이 불교를 열려있는 종교, 모든 사람의 종교이게 하는 것입니다. 서원의 확립을 위한 신앙은 대승정신의 꽃이며 불자의 빛나는 보석입니다.

불교 신앙의 특성을 알았다면 올바른 신행방법으로 수행해야 합니다. 불교의 신행방법에는 방편과 예경, 공양, 염송, 참회 발원 등 다양합니다.

공양은 향, 촉, 다, 과, 미, 화 등으로 신심을 표시하는 것을 말합니다. 염송은 경전을 독송하는 것을 말합니다. 참회는 자신의 잘못을 뉘우쳐서 새로운 다짐을 하는 방법입니다. 발원은 아미타불 사십팔원, 문수보살 백팔대원, 약사여래불 십이대원, 보현보살 십대원 등이 있는데 자신의 마음을 다지는 한 방법입니다.

그 외에도 참선, 염불, 송주, 기도 등이 있습니다. 이런 수행 방법을 통해 불보살과 수신 매개체를 형성하여 고난과 장애, 재앙은 본디날 적부터 지니고 있는 업보와 업장임을 반성하는 시간을 가지는 것입니다.

불교의 여러 불보살은 각기 소원하는 바 특징을 갖고 있습니다. 아미타불은 극락왕생을, 문수보살은 큰 지혜를, 관음보살은 온갖 소원성취를, 지장보살은 죄업의 소멸을, 약사여래는 건강 장수가 통례적입니다. 각자 자기에게 맞는 불보살을 정해 기도하는 것도 좋은 방법입니다.

업보와 윤회의
법칙

지구상에는 60억의 인구가 있지만 한 사람도 똑같은 생각을 하고 있는 이가 없습니다. 생각이 천차만별이기에 행복도 천차만별입니다. 지어온 업도, 현재 우리의 생활도 평등하지 못하고 천차만별이며 가야할 길도 천차만별입니다.

우주만법은 업에 의하여 이루어집니다. 업이란 '카르마(Karma)'를 한역한 것으로 '행위와 자비'라는 뜻입니다. 행위라는 것은 지금 우리가 행하고 짓고 있는 것을 말합니다. 자비라는 것은 지어 놓은 마음으로 번역할 수 있습니다. 업은 하고 있는 일 자체입니다. '당신 직업이 무엇이냐'고 물었을 때 농업, 어업, 상업이라고 말하듯 일거수 일투족 모두가 업인 것입니다.

이와 같이 업에 의해서 윤회 전생하는데 불교에는 원래 선업도 악업도, 선악 시비도 없습니다. 어떤 종교는 죄를 설정하여 인간에게 미리 씌워 인생을 아무리 어질고 착하게 살아도 신을 믿지 않으면, 창세기 당시 인간이 신의 뜻을 어긴 원죄의 대가에 의해서 저주로 지옥에 가게 된다고 합니다. 아무리 극악무도하게 죄를 짓고, 부모에게 불효하고 형제에게 불목하고 자신의 양심을 속여도, 신을 믿기만 하면 천당에 간다고 가르칩니다.

선인에게는 선과가 있고 악인에게는 악과가 있습니다. 백천만겁이라도 내 스스로 지어놓은 업은 없어지지 아니하고 시절 인연이 되면 그 업을 되돌려 받아야 합니다. 이런 말을 하면 어떤 사람은 요즘 세상에 그런 업이 어디 있느냐고 반문할지 모르지만 거기에는 정업과 부정업이 있습니다.

오늘 지은 업이 어느 생, 몇 살 먹어서 어느 대에 받도록 정해진 업이 정업이며, 내가 지은 업이 부정업으로 돌려 받기는 해야 하는데 언제 받게 되는지 정해지지 않은 업이 부정업입니다. 금생에 지어 금생에 받으면 순현업이고, 금생에 지어 내생에 받으면 순생업입니다. 또 금생에 지어 먼 내생까지 뻗어나가면 순후업이 되는 것입니다.

불교에는 선악 시비가 본래 없습니다. 중생의 한 생각 찰나에 의해서 선악으로 갈라지게 됩니다. 흔히 복 짓는 사람도 보았고 죄 짓는 사람도 보았는데 복이나 죄라고 하는 것은 모양이 없습니다. 종심기(從心起), 즉 모든 것은 마음을 좇아 일어나는 것입니다. 악한 마음이 일어나면 죄이고, 착한 마음이 일어나면 복인 것입니다.

이러한 마음이 일어나서 실천으로 옮기면 업이 됩니다. 이와 같은 상관 관계가 연(緣)이 되고 과(果)가 생깁니다. 이렇게 내가 일으킨 생각을 행동에 옮겨서 실천하는 것이 업이 되고, 이 업력에 의해서 천도, 인도, 아수라, 지옥, 아귀, 축생도의 여섯 갈래를 윤회하여 생을 바꾸는 것이 생사입니다. 우리 중생들이 우매해서 생사가 없는 참나를 망각해서 육체에만 집착해서 일생 동안 먹여 주고, 입혀 주고, 발라 주고, 닦아 주고, 가 주고, 와 주고 하느라고 지은 업에 의해서 전전합니다. 우리가 믿고 있는 육체는 본래 자신의 것이 아니라 지·수·화·풍으로 돌아갑니다.

육체만 있고 영체가 없으면 송장이고, 영체만 있고 육체가 없으면 귀신입니다. 말만 있고 실천이 없는 자가 바로 귀신이라고 할 수 있습니다. 육체의 생산은 부모의 사랑으로부터 시작됩니다. 부모는 곧 자신이며 이것은 바로 유정(有情) 중생입니다.

마음의 의복인 육체를 갈아 입을 때 누가 잘 보아줘서 좋은 세상 좋은 육체를 가지게 되고 신을 믿지 않아 나쁜 세상에 나는 것이 아니라 자신이 일으킨 의업에 의해 육도 윤회 전생하는 것입니다.

남에게 독사 같이 하면 독사 껍질을 쓰고 탄생하며, 쥐처럼 약으면 쥐 껍질을 뒤집어 쓰고, 곰처럼 행동하면 미련하게 태어납니다. 돼지처럼 욕심이 많으면 돼지로 되고, 그 사람 참 선하고 착하다 하면 부처될 세계에 나게 되는 것입니다.

인생은 한바탕 연극입니다. 지족(知足)과 하심(下心), 보시와 기도의 삶을 살아야 합니다. 영화에서 부유한 역을 맡으면 행복하고 가난한 역을 맡으면 불행한 것이 아닙니다. 연기력이 뛰어나면 스타 연기자가 되는 것입니다. 누가 주어서 괴롭고 고통 받는 것이 아닙니다.

오늘 우리 주위에서 일어나고 있는 모든 환경은 내가 과거에 일으킨 생각입니다. 주어진 현실 환경에 항상 감사하는 삶이 바람직한 것입니다. 감사하면 만족할 수 있습니다. 만족은 오직 감사하는 마음에서 얻을 수 있습니다. 감사한 마음은 부처님께서 설해놓은 인과의 이치를 절대적으로 믿음으로써 현실 주위에 일어나는 일들이 과거 내 생각의 그림자요, 업의 모습이라는 걸 알았을 때 생깁니다. 괴로워도 감사하고, 즐거워도 감사해야 합니다. 이렇게 사는 자는 인생 연극에 성공하는 것입니다.

4부

좋은 불자의
조건

독사의 기운으로 내뿜는
삼독

●
●
●

삼독(三毒)은 세 가지 독을 말합니다. 이 삼독은 우리들의 착한 마음을 어지럽혀 해롭게 하는 것으로 욕심과 성냄과 어리석음의 세 가지입니다. 삼독은 독사와 같이 나쁜 것입니다.

우리는 세 가지 독을 관찰하여 파악한 후 제거해야 합니다.

그러면 삼독이란 무엇일까요?

첫째, 탐심(貪心)은 분에 넘치는 지나친 욕심을 말하는데 무엇이든 탐내다가 생기는 그릇된 마음입니다. 우리 주변에서 일어나고 있는 각종 크고 작은 사건 사고는 모두 이 탐심에서 비롯되는 경우가 많습니다. 예를 들어 항공기의 추락 사고나 교통 사고, 공부는 하지 않는데 우수한 성적을 기대하는 것 등은 모두 탐심의 작용입니다. 탐심의 마음을 갖는다면 좋은 결과를 기대하기 어렵습니다.

둘째, 진심(瞋心)은 욕심을 내어 얻으려다가 뜻대로 잘 되지 않을 때 성을 내는 마음입니다. 예를 들어 사고에 대한 결과를 놓고 그것을 받아들이지 못해 진심을 내어 소리치는 경우를 자주 보게 됩니다.

셋째, 치심(癡心)은 번뇌에 가리어 참다운 이치를 바로 보지 못하는 어리석은 마음을 말합니다. 어리석은 번뇌는 우리의 본성을 가리기 때문입니다. 결국 욕심을 내거나 성내는 마음을 일으키면 사물의 참다운 이치를 바로 보지 못하게 되는 원인이 됩니다.

삼독은 개개가 따로 떨어져 있는 것이 아니라 서로 연관 작용을 일으켜 욕심은 화를 내게 만들고 그것은 또 어리석은 결과를 초래하기 쉽습니다. 그러므로 삼독의 마음은 처음부터 일으키지 않아야 합니다. 그렇게 하기 위해서는 팔정도를 닦고 육바라밀을 행해야 할 것입니다.

부처님의 가르침은 단순 명쾌합니다. 또한 부처님의 가르침은 서로 연관 관계를 맺고 있어서 삼독을 제거하면 팔정도와 육바라밀을 행하기가 그 만큼 쉬워집니다.

동체대비의
사섭법

·
·
·

  불교에서는 괴로움과 아픔 속에서 허덕이는 모든 사람을 건져주기 위한 보살의 네 가지 기본적인 실천 방법을 사섭법이라 합니다.

  사섭법은 보시(布施), 애어(愛語), 이행(利行), 동사(同事)의 네 가지입니다.

  첫째, 보시섭(布施攝)은 중생이 재물이나 진리를 구할 때 힘 닿는 데까지 베풀어서 중생이 친애하는 마음을 내도록 해서 제도하는 것을 말합니다. 『법화경』의 〈화택유품〉에 나오는 불 속에서 아이를 끌어내기 위해 아이들이 좋아하는 물건으로 유인하는 것도 보시에 해당합니다.

  둘째, 애어섭(愛語攝)은 중생을 진리의 세계로 들어오게 하기 위하여 듣기 좋은 말을 하여 친애하는 정을 일으키게 하는 것을 말합니다. 곧 애어는 온화한 얼굴, 부드러운 말로 중생을 대하는 것을 말합니다. 상대방의 좋은 점을 칭찬하고 잘못은 헐뜯지 말아야 합니다.

  셋째, 이행섭(利行攝)은 몸, 말, 생각으로 중생을 위하여 보람되고 이익되게 선행을 베푸는 것을 말합니다. 이행은 삼업을 청정히 하는 것을 의미합니다. 업은 윤회의 씨앗이므로 거울 앞의 모습처럼, 깨끗하면 깨끗한 것만 비추고 더러우면 추한 것만 비춰지기 때문에 항상 삼업을 청정히 해야 합니다.

넷째, 동사섭(同事攝)은 중생과 일심동체가 되어 고락을 함께 하고 화복을 같이 하면서 그들을 깨우치고 인도하는 적극적인 실천행을 말합니다. 원효 스님, 언기 스님 등 역사적으로 이를 실천한 많은 스님들이 있습니다.

우리는 혼자서는 이 세상을 살아갈 수 없습니다. 불교의 사섭법은 동체대비심으로 이웃과 나누는 삶을 강조한 불교인의 실천 덕목입니다. 사섭법의 실천을 생활화할 때 이 세상은 보다 밝고 따뜻한 분위기로 변할 것입니다.

향기를 나누는
십선계

열 가지 착한 일을 십선계(十善戒)라고 합니다. 부처님께서는 착한 사람이 되는 열 가지 길을 우리들에게 가르쳐 주셨습니다. 그것은 바로 우리들이 몸으로 짓는 세 가지와 입으로 짓는 네 가지와 마음으로 짓는 세 가지를 합해 열 가지 착한 일을 열심히 닦는 길을 십선계라고 합니다. 열 가지 착한 길은 다음과 같습니다.

첫째, 남을 살리는 생활을 해야 합니다. 그것은 곧 살생을 하지 않는 불살생을 실천하는 것입니다. 방생의 의미에도 불살생이 담겨 있으며 관·혼·상·제 날에는 특별히 살생을 금해야 합니다.

둘째, 남을 돕는 생활을 해야 합니다. 그것은 곧 투기 하지 않는 불투도를 실천하는 것입니다. 남을 돕는 일은 우리 주위에서 쉽게 찾을 수 있습니다.

셋째, 깨끗한 생활을 해야 합니다. 그것은 삿된 행동을 하지 않는 불사음을 실천하는 것입니다. 불사음은 복잡한 생활을 피하고 청정한 생활을 하는 것을 말합니다.

넷째, 성실한 말을 해야 합니다. 그것은 곧 망령된 말을 하지 않는 불망어를 실천하는 일입니다. 불망어는 웃을 곳에서는 웃고, 울 때는 울며, 어른께 공손하며, 친구들과 명랑하며, 동생들과 다정하게 말하는 것을 통해 실천할 수 있습니다.

다섯째, 바른 말을 해야 합니다. 바른 말은 두 가지 말을 하지 않는 불양설을 실천하는 것입니다. 양설은 이 쪽에서는 검은 말을 하고 반대 쪽에서는 흰 말을 하는 행위를 뜻합니다.

여섯째, 화합된 말을 해야 합니다. 그것은 악한 말을 하지 않는 불악구를 실천하는 일입니다. 여러 사람 속에서 큰 소리로 협박하거나 언어 폭력으로 두려움을 느끼게 하지 않아야 합니다.

일곱째, 착한 말을 해야 합니다. 그것은 거짓말을 하지 않는 불기어를 실천하는 일입니다. 항상 웃어른께 공경한 말을 하고 남을 속이는 말을 삼가야 합니다.

여덟째, 베푸는 마음을 가져야 합니다. 그것은 욕심을 내지 않는 불탐욕을 실천하는 일입니다. 베푸는 일을 보시라고 하는데 보시에는 법보시, 재보시, 무외시가 있습니다. 항상 베푸는 마음으로 탐심을 이겨야 합니다.

아홉째, 즐거운 마음을 가져야 합니다. 그것은 성내지 않는 불진에를 실천하는 일입니다. '웃는 집에 만복이 온다'는 말이 있듯이 항상 명랑하고 따뜻한 말로 남을 대해야 할 것입니다.

열번째, 슬기로운 마음을 가져야 합니다. 그것은 개인적인 생각을 고집하지 않는 불사견을 실천하는 일입니다. 개인적인 사견을 고집하는 일을 삼가고 대중의 의견을 따라야 합니다.

이상의 열 가지 덕목을 실천할 때 자신은 물론 가정과 이웃, 나아가 사회가 한결 밝고 향기로워질 것입니다.

솥의 세 다리와 같은
삼장

:
:

　부처님의 가르침을 담은 세 가지 그릇을 삼장(三藏)이라 말합니다.
다시 말해 거룩하신 부처님의 가르침을 글로 기록한 불교의 성전은
경장(經藏), 율장(律藏), 논장(論藏)의 세 가지로 되어 있으며 이를
'삼장'이라고 합니다. 삼장은 불교 경전을 총칭하는 말입니다.

　첫째, 경장은 부처님께서 45년 동안 베풀어주신 진리의 가르침을
한데 모아 엮은 것을 말합니다. 경을 범어로는 수트라(Sutra)라고 하
며 소달람이라 음역하며, 선(線), 연(連), 계경(契經)이라 번역하기도
합니다.

　부처님이 설한 교법과 그것을 기록한 불교 성전은 모두 경전입니
다. 부처님의 설법은 실로 꽃을 꿰어 화환을 만드는 것과 같이 온갖
이치를 꿰어 흩어지지 않는다는 뜻이 담겨 있습니다.

　경장과 관련된 용어는 일체경장(一切經藏), 경고(經庫), 경당(經
堂), 경방(經房) 경주(經廚), 경각(經閣), 장경각(藏經閣), 장각(藏閣),
장전(藏典), 법보전(法寶殿), 수다라장(修多羅藏), 대장경루(大藏經

樓) 윤장(輪藏), 전륜장(轉輪藏) 등이 있습니다. 대부분 대장경을 넣어둔 광을 말합니다.

둘째, 율장은 부처님께서 우리들이 꼭 지켜야 할 생활 규범으로 정해주신 계율을 한데 모아 엮은 것을 말합니다. 부처님 당시의 설법 중에서 제자가 부정한 행위를 하였을 적마다 낱낱이 그 근기에 응하여 율을 말하여 바로 잡아 기록한 것이 율장입니다. 제 1결집 때 우바리가 80회에 나누어 외워내어 팔십 송률을 결집했습니다.

셋째, 논장은 부처님께서 베풀어 주신 가르침의 뜻과 이치를 후세의 제자들이 알기 쉽게 풀어 놓은 것을 말합니다. 불교가 발달함에 따라 교법에 대한 연구와 해석이 활발하였고, 오랜 기간에 걸쳐 많은 저서가 나왔습니다.

그런데 이것을 제자들의 손에 의해 이루어졌다고 하여 경장과 구별하여 논장이라고 합니다. 논장에는 구사론, 유식론, 금강삼매론, 기신론 등이 있으며 마명, 용수, 천친 등을 서천의 논가라 말합니다.

경전을 나무 잎사귀에 새긴 것을 패엽경이라 부릅니다. 특히 습기가 많은 긴 우기를 가진 인도에서는 패엽에 새긴 경·율·논을 보존하기 위하여 네모난 광주리에 따로 보관하게 되었으므로 '세 개의 광주리'란 뜻을 가진 삼장이라고 불리게 되었습니다. 그 뒤 중국이나 우리나라, 일본 등지에서는 이 삼장을 집대성하기 위하여 대장경을 만들고 불교의 발전에 크게 공헌하게 되었습니다.

우리들은 세 가지 성전을 잘 지녀 배우고 익히며 많은 이에게 널리 펼치고 실천하는 슬기로운 생활 태도를 가져야 합니다. 한쪽에만 치우치지 말고 솥의 세 다리와 같이 삼장을 잘 배우고 지녀야겠습니다.

용서하고
또 용서하자

:
:
.

　용서는 놓아준다는 의미가 있습니다. 이미 저지른 죄나 잘못에 대해 꾸짖거나 벌을 주지 않고 관대하게 처리하는 것이 용서입니다. 관용 또한 용서와 비슷한 의미로 쓰이는데 선행하는 것은 어렵다는 생각에서 남의 잘못을 심하게 꾸짖지 않음을 뜻합니다.

　용서를 받으려면 먼저 남을 용서하려는 마음이 있어야 합니다. 남은 자주 용서하되 자신은 결코 용서하지 말라는 말이 있습니다.

　『열반경』에서는 "선은 인자함에서 비롯된다"고 가르치고 있습니다. 욕과 비방을 늘어놓고서 우둔한 자는 이겼다고 말하기도 합니다. 그러나 "승리는 참고 옳게 받는 이의 것"이라고 『상응부경』에서는 말하고 있습니다.

　『상응부경』에서 부처님께서는 나쁜 말을 하는 바라문에게 나쁜 말을 받지 않으면 어떻게 되는지를 대화로 가르치고 있습니다.

　"바라문이여, 그대의 집에도 손님이 찾아오는가?"

　"네, 그렇습니다."

"음식을 대접하는가?"

"네, 그렇습니다."

"그때 그 손님이 음식을 받지 않으면 어떻게 되는가?"

"그러면 음식은 내 것이 될 수 밖에 없겠지요."

"바라문이여, 오늘 내게 했던 나쁜 말을 내가 받지 않는다면 그대의 것이 되지 않겠는가?"

사람들은 흔히 상대방의 약점을 잡으면 교만해지기 쉽습니다. 평소에 자기가 갖고 있던 잘못이나 약점은 생각지도 않고 남의 허물만 보려 합니다.

용서한다는 것은 자비심을 일으키는 것과 같습니다. 용서는 무엇보다도 보살의 큰 덕입니다. 부처님께서 말씀하셨던 용서는 자비에서 나오는 것이므로 불교를 믿는 이는 마땅히 용서에 인색하지 말아야 할 것입니다.

말세의
불법 홍포

．
．
．

『법화경』〈견보답품〉에는『법화경』이 말세의 불법 홍포를 위해 설해짐을 밝히고 있습니다. 그 말법의 세상이 바로 지금 우리가 살고 있는 이 땅입니다. 몹시 험악한 세상에 나서 불교를 넓히는데 노력하는 것이 불교를 믿는 사람의 가장 큰 사명임을 강조하고 있습니다.

〈견보답품〉에서는 석가모니의 말씀이 시간과 공간을 초월한 절대적이라는 것입니다. 불교는 이 세상 뿐만 아니라 시방의 모든 세계 부처님의 마음과 일치합니다. 그것은 과거의 부처님과 미래의 부처님이 설하시는 바와 같습니다.

부처님의 교는 어떠한 곳에서나 어떠한 사람이라도 불교를 믿으면 다 구원받는 그런 절대적인 것임을 분명히 알아야 합니다. 어떠한 곤란을 겪더라도, 아무리 어렵더라도 절대적인 믿음은 참으로 중요합니다. 자신이 믿는 불교가 절대적이라는 믿음이 없다면 그것은 아무 소용이 없을 것입니다. 불교는 결코 때와 장소에 따라 변화하는 것이 아닙니다.

『법화경』〈견보답품〉에는 다음과 같은 말씀이 있습니다.

"언제나 네 마음의 토대를 견고하게 하라. 부처님의 절대의 교를 믿어라. 그 신념이 흔들리지 말라. 다보불과 시방 세계의 부처님이 나타나시어 석가여래의 하신 말씀이 진실임을 증명하시게 된다."

이 말씀을 통해 본말을 구별할 수 있어야 합니다. 일의 대소에 인간의 가치가 있지 않습니다. 큰 일을 할 수 있는 사람이 큰 일을 하게 되는 경우에는 반드시 큰 뜻이 있습니다. 일체 중생을 구원하려는 마음, 이것이 중요합니다. 그 거룩한 마음을 가지고 계신 부처님께서는 언제든지 교를 설하십니다. 또 그것이 진실이라고 증명해야 할 경우에는 언제든지 증인으로 서십니다.

대자비심은 하나입니다. 중생을 불쌍히 여기시고, 일체 중생을 행복하게 해 주시려는 마음은 하나입니다. 지금의 시대에 처해 있는 우리의 마음가짐도 중요합니다. 정말 남을 위하고 세상을 위하는 마음이 있으면 움직이는 것도 중요하고 잠자코 있는 것도 중요합니다.

남의 앞에 나서고, 남에게 알려지고, 세상에 인정받고자 하는 마음으론 참된 일을 하지 못합니다. 안심입명(安心立命)이 있어야 합니다. 그것은 바로 자기의 힘, 자기의 덕, 자기의 자비심입니다. 이러한 사람은 잠자코 있어도 그 가치는 조금도 변함이 없습니다.

우리는 말세에 도를 펴는 사람이 되어야 합니다. 말세에 사바 세계에 나아가 교를 설할 수 있어야 합니다. 그런 마음의 토대를 굳건히 해야 합니다. 언제나 부처님과 함께 있다는 자신이 있어야 합니다.

오늘까지 내가 한 일이 내일의 나를 만듭니다. 어제는 어리석었으니 오늘 어리석고, 오늘 어리석었으니 내일 어리석고, 모레도 어리석은 짓만 되풀이하면 어리석음은 언제까지나 계속됩니다. 그러나 여기에 교라는 힘이 보태어진다면 오늘의 자기를 고쳐 바르게 만들 수 있습니다.

오늘 자신의 업이 어제의 업보다 나아지고 또 다시 좋은 일을 한다면 내일, 모레의 자기 모습은 다시 더 좋아질 것입니다. 새로운 자신의 환경을 만들어갈 수 있습니다. 성심으로 노력하면 변하지 못 할 일은 없습니다.

우리는 보살행을 실천해야 합니다. 눈앞에 아무런 가치도 없는 것 같이 변변찮은 일도 싫어하지 않는 것이 보살행입니다. 온 힘을 기울여 행함으로써 차차 자신의 덕이 닦여지는 것입니다. 우리의 일상에서 작은 일도 작다고 생각하지 말고 온 힘을 기울여 실천하면 단련이되고 연마가 되는 것입니다.

법을 설할 때의
마음가짐

『법화경』〈안락행품〉에는 다음과 같은 말씀이 있습니다.

"만일 어려운 질문이 있으면 뜻에 따라 대답하되 인연 비유로 자세히 설해 분별할지니라. 이 같은 방편으로 다 발심케 하여 점차로 이익을 더해 주어 불도에 들게 할지니라. 게으른 마음과 게으름 피울 생각을 제하고 모든 근심 걱정에서 떠나 자비로운 마음으로 법을 설하되 주야로 무상도의 가르침을 설할지니라. 모든 인연과 한량없는 비유로 중생들에게 열어 보여 다 환희케 하고 의복, 의구, 음식, 의약을 그중에서 바라지 말라."

이 말씀을 통해 우리가 법을 설할 때의 몇 가지 마음가짐을 다시 한번 새겨보아야겠습니다.

첫째, 깊이 생각해 보고 설해야 합니다.

둘째, 미묘한 뜻으로 설해야 합니다.

셋째, 자신이 생각해 보아서 이상이 없다는 신념이 선 다음 교설해야 합니다.

넷째, 쉬운 말로 설하되 부처님의 뜻에 어긋나지 않게 설해야 합니다.

다섯째, 단 한 사람이라도 들으면 성실하게 설해야 합니다.

여섯째, 어떤 경우라도 들고서 진심으로 감복하게 설해야 합니다.

일곱째, 화평하고 기쁜 마음과 다정하고 부드러운 마음으로 설해야 합니다.

불교의 근본 정신은 화합과 공경에 있습니다. 차별과 업신여김이 없는 마음으로 모든 이웃을 대해야 합니다. 불교에서는 발심을 강조합니다. 발심은 거짓의 헛된 생활을 버리고 진실한 생활로 들어가는 결심을 말합니다. 많은 경전, 법문을 알지라도 발심이 없으면 아무 소용이 없습니다.

무슨 일에나 전력을 다하지 않고 적당히 넘기는 사람은 평생 변화와 진전이 없습니다. 우리의 삶에 있어서 가장 무서운 현상은 점차 이익이 더하지 않고 줄어드는 경우입니다. 마찬가지로 우리의 신행도 퇴보하는 게 아니라 차츰차츰 지혜가 늘어나고 신심이 견고해져야 합니다.

또한 불자들이 경계해야 할 가장 큰 장애는 게으른 마음입니다. 먼저 자신의 게으른 마음을 없애야 합니다. 또 매사를 어물어물 넘기는 것은 게으른 마음의 발로입니다. 우리는 게으른 마음을 버리고 전심 전력을 다하는 마음으로 살아야 합니다.

그렇게 전심 전력하면 무의미한 근심 걱정은 사라질 것입니다. 자비로운 마음, 부처님과 같은 마음으로 참으로 거룩한 생활을 하여 부처님이 되는 도리를 익혀야 할 것입니다.

불자들은 진실을 향해 나아가야 합니다. 진실의 힘은 위대한 것입니다. 진실은 인연을 소중히 생각합니다. 진실로 교를 설하면 그것이 인연이 되어 세상에 많은 도움이 될 수 있습니다. 자신이 진실로 말하면 그 진실은 자기가 모르는 사이에 타인의 마음에 커다란 힘을 주게 됩니다.

우리 불자들의 일은 부처님의 일을 전승하는 것으로 자신은 변변찮은 사람이지만 부처님의 가피에 힘입어 그것이 어디선가 남의 힘이 되어 줄 것입니다. 교를 설하는 이는 진실이라고 굳게 믿고 모든 사람이 불도를 이룩하도록 해 주리라는 마음을 가져야 합니다. 그렇게 노력하면 그것은 값진 열매를 맺게 될 것입니다.

축복의
부처님 오신 날

부처님 오신 날은 화합의 날 상생의 날을 세상에 알리는 해원의 북소리가 높이 울려 퍼집니다 응어리진 마음의 번뇌가 곱게 수놓은 오색연등에 녹아 소멸되고 수많은 꽃들이 만발하고 하늘에서 꽃비가 내리는 축복의 부처님 오신 날입니다.

부처님께서는 고해의 바다 위에 아름답게 꽃 피우는 연꽃이 되어 이 세상을 아름답게 장엄하시려고 사바세계에 오셨습니다.

부처님은 눈 뜬 사람, 진리를 깨달은 사람을 의미합니다. 부처님께서는 사람으로 사는 길, 사람과 사람 간에 마음이 파괴되지 않고 사는 길을 당신의 온 생애를 통해 일깨워 주셨습니다. 부처님은 인간이 가장 존귀한 존재라 하셨습니다.

부처님 오신 날은 세상사에 찌든 모든 근심과 번뇌와 시름을 내려 놓고 대자유와 대해탈을 맞이하는 성스러운 날입니다. 두려움을 없애고 고통을 여읠 수 있는 지혜의 길을 밝혀주신 부처님의 뜻을 가슴에 새기고 선업의 씨앗으로 귀한 인연을 잘 심어가야 하겠습니다. 테

러와 전쟁, 빈부 격차, 인간성 파괴 등 지금 우리가 안고 있는 문제를 해결하기 위해서는 빈자일등(貧者一燈)이라는 네 글자를 가슴에 새겨야 합니다.

부처님께서는 중생들은 욕심을 원인으로 하고 욕심을 조건으로 하여 다투며 점점 서로를 해친다고 하셨습니다. 이 같은 대립과 갈등을 뛰어넘기 위한 불교적 대안으로 부처님께서는 동체대비(同體大悲)와 자타불이(自他不二)의 정신을 강조하셨습니다.

나만이 옳고 다른 이가 틀린 것이 아니라 내가 옳으면 다른 이도 옳고 다른 이가 틀리면 나도 틀릴 수 있다는 것입니다. 개시개비(皆是皆非)로 세계를 관찰하여 본 것입니다.

나는 다 알고 있다고 할 것이 아니라 나도 잘 모른다고 할 때만이 진정한 대화가 시작될 수 있다고 강조하셨습니다. 어머니가 자식을 사랑하듯 그런 마음가짐으로 모든 이웃을 사랑하라고 강조하셨습니다. 모든 살아 있는 것에 대해서 한량없는 자비심을 일으켜야 한다고 하셨습니다.

손수 등을 만들어 부처님 전에 밝히는 것을 연등이라고 합니다. 다른 사람이 만들어 불 밝힌 등을 보고 기뻐하는 것을 관등이라 합니다. 부처님 오신 날 밝히는 붉은 연등, 노란 연등은 바로 부처님의 가르침으로 어두운 마음을 환히 밝히고 삶의 진실한 의미와 행복을 찾기 위한 우리들 마음의 등불입니다. 붉고 노란 연등과 더불어 네 개의 행복 등불을 소개합니다.

첫째는 건강의 등이 아닌가 생각합니다.

정신적 육체적으로 건강하여야 심신이 안정되기 때문입니다. 심신이 안정된 토양 위에서 비로소 평상심이 발현하기 때문입니다.

둘째는 경제의 등이 아닌가 생각합니다.

인간의 경제적 욕심이야 한이 없지만 평소에 사람 노릇하고 살아가기에 부족함이 없을 정도의 소유입니다.

무소유란 아무것도 가지지 말라는 말이 아니고 꼭 필요한 것만 가지고 기꺼이 나눠 쓰라는 것, 우리가 필요로 하는 것은 그것이 생명체이든 사물이든 그 대상이 아니라 그 쓰임새입니다. 의자는 앉기 위함이요, 책은 그 속의 사상을 익히기 위함입니다.

만약 인간의 역사가 소유사에서 무소유사로 그 방향을 바꾼다면 어떻게 될까요? 주지 못해 싸운다는 말은 듣지 못하였습니다. 크게 버리는 사람만이 크게 얻을 수 있고 아무것도 갖지 않았을 때 비로소 온 세상을 갖게 된다는 것은 무소유의 의미입니다.

셋째는 자신의 일이 아닌가 생각합니다.

그것이 취미이든 신앙이든 직업이든 나름대로의 할 수 있는 일이 있어야 합니다. 어떤 일이든 자신의 발전을 위한 일이어야 합니다.

넷째는 희망이 아닌가 생각합니다.

희망이란 꿈이기도 합니다. 참으로 봄날 단비 같은 존재의 이유가 되는 항목입니다.

여기서 희망은 금생뿐만 아니라 그 다음 생에 대한 바람도 있어야 할 것입니다. 삶의 끝자락에선 이를 대할 때마다 믿음을 가지고 임하는 이는 참으로 행복해 보입니다. 마치 잠자거나 선정에 든 것 같이 평화롭습니다.

내세를 부정하고 믿음이 없는 이의 얼굴은 대단히 험악하고 임종을 수용하지 못하는 경우가 허다함을 보아왔습니다. 보시하는 마음으로 인색함을 이기고, 나눔의 실천으로 인간답게 살기 위한 해답을 찾아야합니다.

이상의 네 가지 등불을 부처님 오신 날 환히 밝힌다면 행복으로 인도 될 것입니다. 부처님 오신 날은 함께 살아가는 즐거운 세상에서 더불어 나누면 행복은 두 배로 증장된다는 진리를 깨우치게 하는 날입니다. 부처님 오신 날을 맞아 상생의 불국토가 우리 눈 앞에 펼쳐지도록 정진해야 할 것입니다.

출가의
진정한 의미

•
•
•

『법화경』〈화성유품〉에는 다음과 같은 말씀이 있습니다.

"사천왕과 모든 하늘은 부처님을 공양하기 위하여 항상 하늘북을 울리며 다른 모든 하늘은 하늘의 기악을 울리되 십(十) 소겁을 다하고 멸도하실 때까지 또한 이와 같이 함이니라."

지금 세상에는 아무 데도 부처님과 같은 사람이 없다고 말합니다. 누구의 얼굴을 보아도 부처님을 닮은 사람이 없는 것처럼 보입니다. 그렇지만 부처님의 가르침을 이어온 사람이 있어 전한다고 하였는데 지금 부처님과 같은 사람이 없는 것은 무슨 까닭일까요?

우리는 부처님과 같은 사람이 없다고 개탄할 것이 아니라 '교' 가운데서 부처님이 살아계심을 알아야 합니다. 많은 사람들이 이 가르침을 지키고 실행해 가기만 하면 항상 부처님과 함께 있을 수 있습니다. 마치 살아있는 양심과 같이 부처님과 동고동락할 수 있는 것입니다. 경전 말씀을 통해 우리들의 마음이 부처님의 마음에 통해 있는 것입니다.

불자들은 경전을 소중히 하고 배우려는 마음을 잃지 말아야 합니다. 경전을 통해 선악을 구별할 수 있어야 합니다. 부처님의 말씀에 의지해 완전한 상태를 향해 나아가고 있으면 선인(善人)이며, 불완전한 상태를 향해 나아가고 있으면 좋지 못한 사람이라고 해도 무방할 것입니다.

계속해서 『법화경』〈화성유품〉에는 다음과 같은 말씀이 있습니다.

"모든 비구들아, 대통지승불이 십소겁을 지나서 비로소 모든 부처님의 법이 앞에 나타나 아뇩다라삼먁삼보리를 이룩하셨느니라."

십소겁은 대단히 긴 시간입니다. 대통지승불은 그렇게 긴 세월 동안 조금도 흐트러지지 않고 수행을 거듭 하셨으므로 그래서 모든 부처님의 법과 부처님으로서 가지고 있어야 할 정각을 비로소 완성하여 당신이 부처님의 경지에 도달하신 것을 자각하셨습니다.

이와 같이 옛날 일을 말씀하시는 것은 언제나 이제부터 지금을 위한 것이므로, 우리도 이것을 옛날 일이라고 생각하지 말아야 합니다. 우리가 수행하는데 있어서 노력을 아끼지 말고 어려움을 참고 꾸준히 힘써 나가야 하겠습니다. 이 대목에서는 노력의 결과가 어떤 것인가를 가르치고 있습니다.

계속해서 『법화경』〈화성유품〉에는 다음과 같은 말씀이 있습니다.

"그 부처님이 출가하시기 전에 16명의 아들이 있었으니 그 첫째 아들은 이름이 지적이니라. 모든 아들은 각각 가지가지의 진기한 보배의 기구가 있더니 아버지가 아뇩다라삼먁삼보리를 이루었다함을 듣고 다 보배를 버리고 부처님 처소에 나가거늘 모든 어머니들은 눈물을 흘리면서 떠나보냄이라."

이 대목은 출가의 동기를 밝히는 부분입니다. 이것은 석가여래께서 출가하시던 모습을 연상하게 합니다. 출가는 집을 버리고 세상을 떠난다는 뜻이 아닙니다. 세상의 무상함을 느끼고 세상이 싫어져서 집을 버리고 중이 되었다는 것은 잘못된 인식이며 그것은 자기 멋대로의 행동입니다.

한 사람의 인간이 된 것은 세상의 많은 사람들에게 많은 폐를 끼치고 세상의 덕택으로 그렇게 된 것입니다. 그런데 세상이 싫어졌다고 세상을 버리고 제멋대로 산중으로 들어간다는 것은 안 될 말입니다. 이런 가르침이 종교라면 참으로 이기적인 것입니다. 남의 은혜를 받고 남의 덕을 입고는 자기가 싫다고 해서 버리는 것은 용납될 수 없는 일입니다.

오로지 수행하기 위해서 출가해야 합니다. 인간은 참뜻을 알고 싶어합니다. 인간은 무엇 때문에 태어나 왔으며 무엇 때문에 노력하는가 하는 진정한 의미를 알고자 출가 수행하는 것입니다. 석가여래는 물론이고, 정말 불교에 뜻을 둔 사람은 다 그러한 문제 해결을 위해 출가했습니다.

그러므로 처자를 버리고 집을 나와서 출가한 사람에게는 책임이 따라야 합니다. 수행할 때에는 열심히 수행을 해서 인생의 의의를 안 다음에 반드시 돌아와 모든 사람에게 그 깨달은 인생의 의미를 이야기해야 합니다. 깨달음을 얻어 모든 사람을 구원해 주리라는 생각으로 출가를 하는 것입니다. 다시 말해 자기 한 사람을 위해 출가하는 것이 아니라, 세상 사람들을 위해 출가하는 것입니다.

또 은혜를 갚기 위해 출가해야 합니다. 은혜를 버리고 무위에 들어가는 것은 진실로 은혜에 보답하려는 마음이 있기 때문입니다. 은혜를 갚아야 할 부모를 버리거나 처자를 버리거나 세상을 떠난 생활로 들어가는 것을 보고 세상 사람들은 은혜를 모르고 배반한 자라고 할지 모르지만 자기가 받은 은혜를 갚아야겠다고 생각하기 때문에 그렇게 수행하는 것입니다.

또한 무엇 때문에 배우는가를 알아야 합니다. 자신의 도락으로 배우는 것이 아니며, 자신이 박식해져서 자랑하려는 게 아닙니다. 불법을 알게 되면 내 부모, 처자, 일가 친척에게 가르쳐주고 되도록 그 밖의 모든 사람에게 알리기 위함에 출가의 목적이 있습니다. 이러한 결심으로 공부하고 수행해야 할 것입니다.

다음으로 출가자는 소원을 가져야 합니다. 아무리 힘이 들어도 기어코 이루고야 말겠다고 하는 희망을 가지는 것을 소원해야 합니다. 출가자는 모든 사람을 구원하겠다는 소원을 가지고 있습니다. 그러한 일은 부처님이 되어야만 비로소 가능한 일이므로 출가자는 그런 원대한 소원을 가져야 합니다. 소원이 없는 생활은 무의미합니다.

삼천불
삼천배 기도

절하는 의미는 여러 가지가 있습니다.

첫째, 자신이 존경하는 대상에게 마음속에 있는 존경심을 몸으로 표시하여 나타내는 것입니다.

둘째, 자신의 지식과 알음알이를 비우고 성인의 가르침과 교훈에 귀의하는 것입니다.

셋째, 자신을 낮추고 성인에게 존경을 표시하는 것입니다.

또 절을 할 때는 여러 가지 참회의 의미를 담아서 해야 합니다.

첫째는 살생, 도둑질, 음행 등 몸으로 쌓은 죄를 참회해야 합니다.

둘째는 입으로 쌓은 죄를 참회해야 합니다. 입으로 지은 죄의 대표적인 것으로 망녕된 말을 하는 망어와 속이는 말을 하는 기어와 이간질하는 말을 하는 기어와 욕설의 말을 하는 악구가 있습니다.

셋째는 뜻으로 쌓은 죄를 참회해야 합니다. 그것은 탐하는 마음이며, 성내는 마음이며, 어리석은 마음입니다.

삼천배를 하는 발원 속에 상구보리의 정신과 하화중생의 정신이 담겨 있어야 합니다. 또 삼천배의 기도 속에는 극락왕생으로 가는 차비를 준비하는 의미가 담겨 있습니다. 삼천배를 하는 동안 지옥을 떠나기 시작하는 것입니다. 참회기도를 하면서 모든 고통의 실체를 보고 현재의 나를 알아서 고통에서 벗어나 즐거움을 얻을 수 있습니다.

삼천배 기도를 하는 동안 보시하는 생활을 해야 하며, 계율 속의 생활을 해야 하며, 욕된 상황을 참으며, 인욕하는 생활을 해야 합니다. 또 끊임없는 노력과 봉사를 실천하는 정진 생활을 해야 하며, 선정하는 생활을 해야 합니다.

그것은 한번이라도 더 침묵의 채로 걸른 다음 뱉어내는 그런 생활을 의미합니다. 또한 윤회를 끊을 수 있는 열쇠를 찾는 행위인 지혜로운 생활을 해야 합니다.

삼천배 기도를 하는 동안 감사하는 마음을 내야 합니다. 부처님께 감사하고, 불법에 감사하고, 스님께 감사하고, 부모님께 감사하고, 형제들께 감사하고, 오늘을 무사히 지낼 수 있어서 감사하고, 건강해서 감사하고, 숨 쉬어서 감사하고, 눈 떠서 감사하고, 말해서 감사한 마음을 체험해야 합니다. 둘러보면 주위에 모두 감사해야 할 것으로 가득차 있음을 알아야 합니다.

참 모습으로 돌아가는
참선 수행

●
●
●

부처님께서 제시하는 세 가지 마음이 있습니다.

첫째, 계(戒)는 불행(佛行)을 말합니다.

둘째, 경(經)은 불어(佛語)를 말합니다.

셋째, 선(禪)은 불심(佛心)을 말합니다.

선(禪)은 '불립문자 교외별전 직지인심 견성성불(不立文字 敎外別傳 直指人心 見性成佛)'을 표방합니다. 선이란 마음을 통하여 잡념을 일으키지 않으며, 진정한 자기의 참 모습에 돌아가는 것입니다. 그것을 깨달음, 견성이라고 합니다. 선에는 피구제자(彼救濟者)와 구제자가 따로 없으며 믿는 자와 믿는 대상의 구별이 없습니다. 본래 중생이란 따로 없기 때문입니다.

어머니의 마음과 자식의 마음이 다른 것처럼 보이지만 본래는 한 마음입니다. 오직 우리들 안에는 부처만 있을 뿐입니다. 모든 사람의 본성은 언제나 청정하며 적적한 상태입니다.

육조 혜능 스님은 깨달음을 얻은 후 다음과 같이 말씀하셨습니다.

"나는 그동안 중생으로서 번뇌에 물들고 더럽혀진 것으로 알았는데 알고 보니 훌륭하고 청정한 것이구나. 나는 태어나고 죽고 하는 고통의 존재인 줄 알았는데 실은 태어난 적이 없으며 죽을래야 죽을 수도 없는 영원불멸한 존재구나. 나는 가난하고 무식하고 지지리 못난 사람으로 알았는데 사실은 모든 학식과 지위와 명예와 부귀를 다 구족하고 있구나. 알고 보니 내가 이 세상의 모든 것을 창조한 바로 그 사람이구나."

참선은 이러한 이치를 궁구하고 참구하는 수승한 수행 방법입니다. 참선은 수행 방법이 매우 중요합니다. 해인삼매의 좌정법은 몸·호흡·음식·남녀·행·주·좌·와·어·묵·동·정의 일체처와 일체시에 한결같은 마음이 되어야 합니다.

참선에는 수많은 공안(公安)이 있습니다. 그것을 화두(話頭)라고 말하기도 하는데 참구의 실마리가 되는 것입니다. 예를 들어 '마삼근(麻三根)' '정전백수자(庭前栢樹子)' 등은 대표적인 화두입니다.

참선은 수승한 수행 방법으로 알려져 있으므로 그 방법과 의미를 알면 그것이 지름길이 되어 단번에 깨달음에 도달할 수도 있습니다.

부처님의
전도 여행

•
•
•

　부처님께서는 사십 오 년간 길에서 전도를 하셨습니다. 비살리에서 병에 드시고 과바에 이르러 춘다의 공양을 받아 열반에 드시는 순간까지 교화를 펼치셨습니다.

　부처님께서는 쿠시나가라에서 마지막 열반에 드시면서 이렇게 말씀하셨습니다.

　"제자들이여, 스스로를 등불로 하고 스스로를 의지처로 삼으라. 법을 등불로 하고 의지처로 삼으라."

　자신의 몸 속에서 내가 없음을 관하면 그것이 바로 진실한 부처님의 제자입니다. 욕망을 억제하고 나를 이기는데 노력하며, 탐하는 것을 멈추고 노여움을 없애고, 악을 멀리하여 늘 무상을 잊지 말라는 부처님의 가르침을 가슴에 새겨야 할 것입니다.

　마음은 부처님도 만들고 마음은 축생도 만듭니다. 미혹하여 귀신이 되거나 깨달아서 부처가 되는 것 모두가 마음입니다. 이 가르침대로 행하는 자는 부처님과 만날 수 있습니다. 이 가르침대로 행하지 않는 자는 부처님을 만날 수 없습니다.

육신은 죽음을 맞지만 깨달음은 영원합니다. 부모로부터 몸 받아 음식을 먹고 유지되므로 병들고 부수어지는 게 당연합니다. 부처님의 본질은 깨달음에 있습니다. 육신은 멸해도 깨달음은 영원히 법과 도에 있습니다.

부처님께서는 제자들에게 또 이렇게 말했습니다.

"제자여, 나는 이 인생의 후반 사십 오 년 간에 있어 설해야 할 것은 모조리 설했다. 나에게는 아무 비밀도 없다. 나는 지금부터 열반에 들 것이다."

부처님께서는 자비와 원으로 일생을 사셨습니다. 자비는 모든 사람을 구하고자 하는 큰 원력의 마음입니다. 사람과 함께 하는 대비의 마음, 어머니의 마음입니다. 원은 사홍서원으로 대표됩니다. 자비와 원력으로 가득찬 부처님의 전도 여행은 우리 불자들이 그 속에 담긴 뜻을 깊이 이해하고 배우며 실천해야 할 큰 덕목입니다.

귀하고
천한 것

· · ·

  부처님께서 깨달으신 지 1년쯤 지나 고향을 찾은 일이 있었습니다. 이때 부처님의 형제들인 일곱 왕자들이 출가하기를 바라는데 그 가운데 난다라는 왕자가 있었습니다. 난다는 출가하기로 마음 먹고 천한 계급의 이발사인 우팔리에게 머리를 자르고 패물을 주었습니다.

  우팔리는 아무것도 부족함 없는 왕자들이 안락한 생활을 버리고 출가할 만큼 출가란 것이 대단한 것이라고 생각했습니다. 이렇게 생각한 우팔리는 왕자들보다 먼저 부처님께 나아가 말씀드렸습니다.

  "세존이시여, 사람 몸을 얻기 어렵고 부처님 법을 만나기 어려운지라 모든 높고 귀한 이들도 세상의 영화를 버리는데, 저와 같은 천한 몸이 무엇을 탐내고 즐겨하겠습니까? 오직 부처님께서는 자비로 구제하시어 제가 사문이 되도록 허락하소서."

  부처님께서는 기뻐 하시며 출가를 허락하셨습니다. 곧이어 일곱 왕자가 출가를 했는데 당시에는 먼저 출가한 이에게 나중에 출가한 사람이 절을 하였습니다. 그래서 난다도 절을 하다가 마지막에 자기 이

발사였던 우팔리가 서 있는 것을 보게 되었습니다.

난다는 우팔리는 나의 종이었는데 절을 해야 하나 말아야 하나 생각하면서 다른 왕자들처럼 망설였습니다. 그 광경을 보고 부처님께서는 "너희는 왜 주저하느냐? 아만심을 꺾은 자라야 이 가문의 형제가 되나니, 내가 우팔리에게 먼저 출가를 허락한 이유도 이 때문이니라. 너희는 마땅히 경배하여야 하느니라."하고 말씀하셨습니다. 모두 부처님의 뜻을 이해하고 절을 마쳤습니다.

부처님께서는 다음과 같이 말씀하셨습니다.

"부처님의 법은 바다와 같다. 네 개의 큰 강이 바다에 이르기 전에는 제각기 다른 이름을 갖고 있지만 바다에 이르면 그 이름을 버리고 하나가 된다. 사성 계급도 부처님의 법 앞에서는 하나가 된다. 신분으로 귀천이 정해질 수 없다. 지·수·화·풍 네 가지 요소가 합한 것을 몸이라 하고, 그 속은 비고 고요하여 나가 없는 것이니 교만을 내지 말라."

그러면 귀천을 결정짓는 것은 무엇일까요?

오늘날에도 인도에는 카스트 제도가 사회를 지배하고 있습니다. 부처님 당시엔 노예 계급이 높은 계급의 그림자만 밟아도 발목을 절단했습니다. 그런 사회에서 부처님께서는 "모두가 평등하다"고 가르치셨습니다.

난다와 일곱 왕자는 부처님의 가르침을 듣고 그 자리에서 절을 하였습니다. 신분으로 보는 것이 아직 세상의 잘못된 관습에 젖어 있는 것임을 아는 순간 마음을 돌린 것입니다. 귀하고 천한 것이 따로 있는 것이 아닙니다.

원력 성취를
연습하자

·
·
·

    어느 부부가 큰집에서 겨울을 나게 되었습니다. 추운 겨울이다보니 난로를 지펴야 했습니다. 장작을 찾았지만 다 떨어지고 하나도 없었습니다. 준비한 장작이 다 떨어졌다면 다른 수단을 구해야 함에도 불구하고 부부는 오로지 난로에서만 따뜻함을 얻으려 했습니다. 집 옆의 헛간을 헐어서 난로에 불을 지폈습니다. 지붕을 보다가 나무로 얽은 것이 있어 땔감으로 사용하고 마침내 벽을 뜯어 땔감으로 사용하고, 대문도 땔감이 되어 몽땅 재가 되고 난로만 남게 되었습니다.

    이상은 톨스토이가 쓴 〈커다란 난로〉라는 제목의 러시아 민화를 간추린 내용입니다. 삶에서 일어나는 모순을 재미있게 표현한 것입니다. 난로를 지피는 이유는 별스런 데에 있지 않습니다. 따뜻해지려는 마음을 충족시키기 위한 것입니다. 꼭 난롯불이어야 따뜻한 것은 아닙니다. 솜이불, 운동도 한 방편인 것입니다. 난로를 통해서만 얻을 수 있는 것은 아닙니다. 난로만 고집한다면 어리석은 사람입니다. 자신이 설정한 잣대에만 맞추면 살림살이의 바탕이 되는 집의 존재를 무시하게 될 것이기 때문입니다.

이렇게 난로와 같은 필요 조건을 필요 충분 조건으로 착각하는 한, 제 아무리 열심히 산다고 위안 해도 그것이 결코 잘 사는 것은 아닙니다. 열심히 살아도 무의미한 결과만 반복될 뿐입니다. 열심히 도둑질을 하고, 열심히 부정을 저지르는 사람도 분명히 열심히 살고 있습니다. 그러나 그것을 잘 산다고 말하지 않습니다.

그러면 잘 산다는 것은 무엇일까요?

모든 사람의 어떤 바람이나 소망은 겉으로 드러나는 깊숙히 감추고 있는 구체적 표현이 따르기 마련입니다. 마음먹은 대로 표현하지 않는다면 자신이 바라는 삶의 내용이라고 주장할 수 없습니다. 누군가 발명을 하면 이를 대하는 세상의 시선은 곱지 않습니다.

'진작부터 나도 그런 것 생각해 봤어. 별 것도 아닌 걸 가지고 야단이야. 운이 좋았겠지."

이런 식으로 빈정거리기 일쑤입니다. 천지를 창조할 능력이 있어도 표현하지 않는 사람에게는 눈꼽 만큼의 사건도 일어나지 않습니다. 있어도 쓰지 않았다면 본래부터 가지고 있지 않았던 것과 다르지 않습니다. 자신이 가지고 있다면 무엇이든지 증명되어야 합니다.

싯다르타가 부처님이 된 사연이 그러합니다. 육체 중심의 경험과 지식에 안주 하였으면 많은 사람 중 그저 한 사람이었을 것입니다. 자신의 참 생명이 부처님 생명임을 깨달음으로써 전혀 다른 차원의 삶을 표현하였습니다.

부처님이 아닌 분이 새삼스레 부처가 된 게 아닙니다. 본래부터 부처님 생명이었던 싯달타가 자신의 참 생명을 있는 그대로 무한히 꺼내 씀으로써 부처님으로 불리게 되었을 뿐입니다.

스포츠 경기장에 가 보면 축구가 한창 열이 오르다보면 선수 교체는 필연적입니다. 감독은 부상당하거나 컨디션이 여의치 않으면 선수를 교체합니다. 그런데 선수들은 벤치에 앉아 있던 상태로 교체되지 않고 운동장 한 켠에서 미리 몸을 풀고 있다가 투입됩니다.

야구도 그렇습니다. 경기 중에 한 켠에서 공을 던지며 연습하는 광경을 목격하였을 것입니다. 그는 여차하면 투입될 투수입니다. 언뜻 보기에 진짜 게임도 아닌데 체력을 낭비하는 것처럼 보입니다. 가만히 힘을 비축하다 전력을 다하는 게 나을텐데 하는 생각이 들 수 있을 것입니다. 선수들 얘기로는 경기장 밖에서 열심히 뛰거나 던지면서 근육을 풀어주어 몸의 긴장이 풀린 상태로 들어가야지 갑자기 뛰게 되면 허리나 어깨를 다치기 쉽다는 것입니다.

그런데 신체적인 조건보다 더 중요한 이유는 따로 있습니다. 축구, 야구 선수가 움직이고 공 던지는 연습을 하다보면 계속 좋은 공을 차거나 던지고 싶은 마음이 일어난다는 것입니다.

많은 불자들이 오체투지를 하다보면 나라고 주장하고 세상과 갈등을 일삼던 굳은 마음의 때가 벗겨지기 마련입니다. 만나는 사람이나 일을 대함에 있어 하심하게 됩니다. 받기보다 주기를 더 마음 쓰게 되니 어두운 그림자는 사라지고 밝은 감사의 마음이 피어납니다.

'겸손해야지, 감사해야지' 하는 마음이 입으로 떠든다고 되는 게 아닙니다. 무릎을 모으고 이마를 땅에 찧는 그 짧은 순간 내가 잘 나서 살고 있는 게 아니라 세상이 나를 살려주는 감사의 현장에서 살고 있다는 생각이 드는 것입니다. 감사와 찬탄을 몸으로 체득하게 됩니다.

생각이 앞선 다음에 행동이 따르는 게 아니라 절과 같이 좋은 행동을 자꾸 하게 되면 좋은 생각이 따라 일어나게 됩니다. 투수가 공을 자꾸 던지면 스트라이크 아웃 능력이 샘솟는 것과 마찬가지입니다. 반면에 몸을 풀지 않는 투수는 잠재능력이 있어도 미처 그 능력을 현장에서 증명하지 못하고 경기를 마칠 수 밖에 없습니다.

행복해지고 싶다면 행복을 연습해야 합니다. 행복을 먼저 맛보는 것이 중요합니다. 행복한 감정을 연습하는 사람에게는 그에 합당한 행복한 일이 반드시 따라오게 됩니다. 스스로 믿는 바 대로 얻어지는 게 현실의 진짜 모습입니다. 믿음에 따라 현실이 자신에게 다가온다는 점을 잊지 말아야 합니다. 우리 모두에게는 자신이 원하는 현실을 만들어낼 능력을 갖고 있습니다.

제대로 살려는 원(願)은 지금까지의 살아온 삶을 연장해야만 성취되는 게 아닙니다. 그것은 욕심입니다. 소원은 원의 결과물입니다. 결코 원은 욕심이 될 수 없습니다. 설거지가 덜 되어 있는 그릇은 곰팡이가 피게 됩니다. 그것을 받아 먹는 사람은 언제나 상한 밥을 먹게 됩니다. 상대적인 자신의 존재를 앞세우는 한 언제나 제자리에서 맴돕니다.

모든 원은 궁극적으로 오직 생명을 살리는 것으로 귀결됩니다. 염불에 의지하면 삶의 궁극을 성취하게 됩니다. 염불은 자신의 참 생명이 부처님 생명임을 선언하는 것입니다. 원을 성취할 힘을 키워야 합니다. 원력을 따로 구해서 보충하려는 태도가 아니라 잊고 있던, 돌아보고 있지 않던 자신의 생명 가치를 불러냄으로써 삶의 지평은 무한한 확장을 하게 됩니다.

어둠을 없애려고 열심히 노력한다고 해서 없어지는 게 아닙니다. 어둠이 참으로 있는 것이라면 그 어떤 방법을 동원한다고 해도 없어지지 않습니다. 어둠은 밝지 않은 상태를 가리키는 데 지나지 않습니다. 칠흑같은 캄캄한 어둠일지라도 빛 한 줄기가 비치는 순간 온 데 간 데 없이 사라지고 마는 것입니다.

바르고 고운 말은
수행의 첫 걸음

•
•
•

한 마디 말이 남의 가슴에 못을 박기도 하고, 찡그린 얼굴에 웃음
꽃을 피워주기도 합니다. 적의에 가득찬 오해도 따뜻하고 바른 말 한
마디에 봄눈 녹 듯 풀리기도 합니다. 오매일여라는 말은 꿈을 꾸고
있을 때에도 깨어있을 때와 같이 똑같은 생각으로 말할 수 있도록 하
는 것을 의미합니다.

진심에서 우러나오지 않는 달콤한 말은 듣는 순간은 기분이 좋을
지 몰라도 진실을 아는 순간 불쾌해지는 법입니다. 불교에서는 불망
어, 불기어, 불양설, 불악구의 구업을 짓지 않을 것을 강조합니다.

『논어』〈안연편〉에는 "네 마리의 말이 끄는 빠른 마차라도 혀의 빠
름에는 미치지 못한다"고 했습니다. 또『순자』〈영옥편〉에는 "좋은
말을 남에게 베푸는 것이 비단옷을 입히는 것보다 더 따뜻하다"고 말
합니다.

바른말을 팔리어로는 '삼마바차(sammavaca)'라고 합니다. 말의
효과는 육체적인 행위보다는 직접적이지 않지만 마음의 행위보다는

직접적이며 그 중요성은 아무리 강조해도 지나치지 않습니다. 말은 생명을 살릴 수도 있고, 적을 만들어 전쟁을 일으키는 나쁜 쪽으로 쓰이기도 합니다. 반대로 죽음에 처한 생명을 살리기도 하고 분열을 치유하고 평화를 만들어 내기도 합니다.

그러면 바른 말을 사용하는 네 가지 방법에 대해 알아보기로 하겠습니다.

첫째, 거짓말하지 않는 것입니다.

모든 거짓말 속에는 탐내고, 성내고, 어리석은 삼독이 자리하고 있습니다. 자신 또는 가까운 사람들의 물질적 이익, 명예, 편안함 등을 얻기 위해서 하는 거짓말은 탐욕에 기초한 것입니다. 다른 사람을 위험에 빠뜨리거나 죽게 하고 사업을 망하게 하고 명예를 훼손하는 거짓말은 성냄과 관계가 있습니다.

비합리적이거나 강박 관념, 침소봉대의 과장, 웃기기 위한 거짓말 등은 그것이 얼마나 쓸모없고 하찮은 것인가를 모르는 어리석음에서 온 거짓말입니다. 부처님은 자신의 친 아들인 라후라가 부처님의 아들이라는 신분적 특성을 이용해 거짓말을 하자 자신이 직접 나서서 '세숫대야의 물에 관한 비유'를 설득력 있게 이야기 하십니다.

부처님을 찾아온 스님들이 계신 곳을 묻자 장난기가 발동한 라후라는 부처님이 계신 곳과는 반대쪽을 가리켜 허탕치고 오는 스님들을 보고 고소해 하였습니다. 이 사실을 안 부처님은 세숫대야에 물을 떠오게 한 후 발을 씻고 나서 라후라에게 그 물을 마시고 난 뒤 버리라고 말합니다. 이때 라후라는 "마실 수 없다"고 말하고 쉽게 버리는 것을 보고 부처님께서는 함부로 거짓말을 해서는 안 된다는 교훈을 주십니다.

의식적으로 거짓말하는 것을 부끄러워하지 않는 자에게 '사문성(沙

門性, samanna)'도 이와 같이 버려진다는 것을 일깨워주십니다. 사문성은 '불성'이라고도 표현할 수 있습니다. 결국 부처를 이룰 수 없다는 것을 시사하는 것입니다. 이 가르침은 『중부경』에 나오는 말씀인데, 거짓말을 하면 결국 수행에 의한 정신적인 경지 또는 그의 성취를 의미하는 사문성이 없어진다고 경고하는 것입니다.

둘째, 이간질하지 않는 것입니다.

모략하지 않는 것, 중상하는 말을 버리는 것을 뜻합니다.

셋째, 쓸데없이 번지르한 말을 하지 않는 것입니다.

쓸데없는 말을 버리고, 쓸데없는 말을 삼가는 것을 말합니다. 올바른 때에 말하며 유용한 말을 하며 가르침에 합당한 말을 하며 계율에 맞는 말을 하되 가치 있는 말을 합리적으로 신중하고 의미 있게 행해야 합니다. 자기 과시성 자랑이나 횡설수설에 가까운 농담이나 타인을 업신여기는 듯한 말은 삼가야 합니다. 말 약속을 언약, 공약이라 합니다. 소리없는 실천이 말 많은 보시보다 아름답습니다.

넷째, 추악한 말을 하지 말아야 합니다.

거칠고 상스러운 말로 듣는 이에게 불쾌감을 주는 추악한 말은 바로 욕설입니다. 또 비꼬는 말, 모욕적인 말, 추악한 말을 삼가고 버려야 합니다. 부드럽고 귀에 듣기 좋고 사랑스럽고, 마음에 와 닿고, 점잖고, 많은 사람에게 사랑 받고, 많은 사람에게 유쾌한 말이라면 무슨 말이든지 그러한 말을 행해야 합니다.

욕설은 충동적으로 하는 것이기 때문에 계산적으로 남을 이간질하는 양설보다는 의도적이거나 심각한 악업에 의한 과보를 초래하는 것은 아니라고 해도 상냥하고 부드러운 말을 하면 악업을 지을 필요가 없는 것입니다.

호랑이 새끼를 개와 기르면 개인 줄 알고 개 습성이 생겨 개처럼 행동합니다. 또 호랑이 새끼를 돼지 우리에 넣어 기르면 돼지인 줄 알고 썩은 음식을 즐겨 먹고 돼지처럼 행동합니다. 그러나 본래 호랑이임을 깨달으면 십리 안의 새끼는 먹지 않는 백수의 왕, 진정한 호랑이가 되는 것입니다.

거짓말하지 않고 참말을 하며 이간질, 모략하는 말을 하지 않고 화합하는 말을 해야 합니다. 쓸데없이 번지르한 말을 하지 말며, 추악하고 거친 말을 하지 않으며 사랑스럽고 고운 말을 하는 불자가 되어야 합니다.

증오를 부끄러워하는
마음

·
·
·

신영복 선생의 옥중편지를 모은 〈감옥으로부터의 사색〉이라는 책 가운데 '여름 징역살이'라는 대목이 있습니다.

"없는 사람이 살기는 겨울보다 여름이 낫다고 하지만 교도소의 우리들은 없이 살기는 더합니다만 차라리 겨울을 택합니다. 왜냐하면 여름 징역살이의 열 가지, 스무 가지 장점을 일시에 무색케 해버리는 결정적인 사실 – 여름 징역은 자기의 바로 옆 사람을 증오하게 한다는 사실입니다. 모로 누워 칼잠을 자야하는 좁은 잠자리는 옆 사람을 단지 37도의 열덩어리로만 느끼게 합니다. 자기의 가장 가까이에 있는 사람을 미워한다는 사실, 자기의 가장 가까운 곳에 있는 사람으로부터 미움 받는다는 사실은 매우 불행한 것입니다."

기약없는 무기수로서 20년 가까이 괴롭고 힘든 수형생활을 하면서도, 인간에 대한 따스한 연민을 잃지 않는 저자의 마음, 타인에 대한 증오를 부끄러워하는 마음, 그 마음과 경건한 고백은 자유의 몸으로 사는 많은 이들을 부끄럽게 했습니다.

『법구경』에 이런 구절이 있습니다.

"누구든 간에 자기의 행복을 얻겠다고 남에게 고통을 안겨 준다면 그는 원한심에 쌓이고 얽매인 나머지 결코 원한심으로부터 벗어나지 못한다."

이 게송의 인연은 사위성에서 시작합니다. 사위성 근처에 암탉을 키우며 사는 여성이 있었습니다. 여인은 매번 닭이 알을 낳으면 알이 채 식기도 전에 깨뜨려 먹어 버리곤 했습니다. 신선하고 따끈한 달걀이 좋았던 것입니다. 암탉은 병아리를 깔 수 없었기에 여인에게 증오심을 일으켜 "내가 다음 생에 태어나 반드시 저 여인에게 복수하고 말리라"고 맹세하였습니다.

마침내 암탉은 수명이 다하여 여인의 집 고양이로 태어났고 여인은 다음 생에 그 집 암탉으로 태어났습니다. 어미 고양이는 알을 낳을 때마다 재빨리 다가가 알을 깨뜨려 먹어 버리곤 하였습니다. 그러자 암탉은 고양이에게 원한을 품었습니다. 다음엔 닭이 암표범으로 태어났고 고양이는 암사슴으로 성장하여 새끼를 낳을 때마다 잡아 먹어 버렸습니다.

이 같이 증오를 반복하면서 서로 잡아 먹고 먹히는 원한 관계를 오백 생이나 계속하면서 말로 표현하지 못 할 정도의 고통을 겪었습니다. 그러다가 부처님이 나오신 때에 한쪽은 원한이 사무친 귀신이 되고, 한쪽은 사위성의 어느 집 며느리가 되었습니다.

어느 날 며느리가 된 여인은 자식을 데리고 남편과 함께 친정에 가던 길에 날이 더워 잠시 그늘에 쉬고 있었는데, 그때 남편이 물가로 목욕하러 떠나자 귀신이 다가왔습니다. 그때 여인은 아기를 안고 있다가 귀신을 보았고, 귀신이 자신과 뼈에 사무치는 원한 관계임을 직감적으로 알았습니다. 여인은 공포에 사로잡혀 죽을 힘을 다해 도망치기 시작했습니다. 그러다가 부처님이 설법하시는 기원정사에 들어가 부처님 발 앞에, 아들을 내려 놓고 울면서 아들을 보호해 달라고 애원하였습니다.

이때 귀신은 여인을 뒤쫓아 오다가 기원정사를 지키고 원수를 내놓으라고 아우성을 쳤습니다. 이 소리를 들은 부처님은 아난존자를 시켜 불러 들이셨습니다. 그리고 둘 사이에 오백 생에 걸친 증오와 원한의 인연을 일러주시고 원한을 풀도록 타일렀습니다.

"만약 너희가 여래에게 오지 않았다면, 너희의 원한은 더욱 깊어져서 끝없이 계속 되었으리라. 그리고 서로를 해치려는 악한 마음의 과보로 끝없는 고통을 받아야만 하리라. 원한은 결코 원한으로 풀지 못하니 원한을 풀 수 있는 것은 오직 자비와 용서의 마음 뿐이니라."

부처님의 설법을 듣고 여인과 귀신은 삼보에 귀의하여 평안을 얻게 되었습니다. 증오가 원한을 낳고, 원한이 끝없는 윤회의 인과가 되어 서로를 해쳐온 이야기는 지금의 우리 현실과 다르지 않습니다.

인간이 겪을 수 있는 고통 중에 가장 큰 고통은 자식을 잃는 고통입니다. 『법구경』에 나오는 이 둘의 이야기는 서로를 증오한 까닭에 서로의 자식을 해쳐왔고, 자식을 잃는 고통을 겪어 왔습니다. 산다는 것이 바로 지옥일 수밖에 없습니다. 원한을 품고 상대방을 증오한 탓에 스스로 지옥을 만들고, 지옥의 고통을 겪게 된 것입니다.

그러면 증오는 해결될 길이 없을까요? 증오의 눈에는 진실이 보이지 않습니다. 이성을 마비시킵니다. 증오는 더 큰 증오로 되돌아 옵니다. 부처님의 지혜는 증오의 인과를 꿰뚫어 보았습니다. 스스로를 고통스럽게 하고 해쳐 온 증오의 인과를 알려 주었습니다. 증오는 결국 자기 자신을 파멸시키기 때문입니다.

증오심을 계속 품고 있으면 구원의 길이 막혀 버립니다. 증오심을 뉘우치고 참회하면 성불의 길도 열립니다. 증오를 간직하면 파멸의 길이고 증오심을 버리면 성불의 길입니다. 오백 생에 걸친 원한과 증오도 부처님 품 안에서는 다 용서가 되고 화해가 됩니다. 부처님 법을 믿는 사람은 자비롭게 용서할 수 있어야 합니다. 내가 받은 고통을 다른 사람이 받지 않도록 간절히 기도해야 합니다.

가르침을 되새기는
오탁

●
●
●

　나쁜 세상에 대한 다섯 가지 더러움을 오탁이라 합니다. 오탁은 겁탁(劫濁), 견탁(見濁), 번뇌탁(煩惱濁), 중생탁(衆生濁), 명탁(命濁)의 다섯 가지인데 주로 말세에 나타나는 현상입니다. 세상이 몹시 나빠 흐려질 대로 흐려졌을 때 부처님께서 이 세상에 나오셔서 교를 설하신다고 합니다. 세상이 나빠지는 원인에 바로 오탁이 있음을 알 수 있습니다.

　첫째, 겁탁은 시대가 흐려짐에 따라 입는 재액을 말합니다. 겁은 대단히 오랜 세월을 뜻하는데 모든 사물은 오랜 세월이 지나면 폐단이 생기게 마련입니다. 이것은 불교 뿐만 아니라 무슨 일이든지 다 그러한 이치입니다. 한 가지 일을 오래하고 있으면 가지가지 폐단이 일어나므로 때로는 개혁을 하여 새로운 기운을 만들어서 그 폐단을 바로 잡아야 합니다.

　세상이 말세가 되면 인간의 생활 가운데 여러 가지 잘못이 생겨서 세상이 복잡해지므로 사람의 마음이 박절해집니다. 세상이 나빠지면 인간은 자기 일만 생각하게 됩니다. 사람이 변해서 그런 게 아니라 바빠지면 자기 중심으로 사물을 생각하게 되는 경향이 있습니다.

그것은 보통 인간의 현상으로서 부득이한 일입니다. 그 때문에 '교(敎)'라는 것이 필요한 것입니다. 만약 교가 없는 인간이라면 바쁘면 반드시 자기 중심적이 됩니다. 세상이 말세가 되어 차차 복잡해지면 가지가지 나쁜 일들이 생기는 것은 어쩔 수 없는 일입니다. 그것을 '겁탁'이라고 합니다.

둘째, 견탁은 사견(邪見)과 사법(邪法)이 다투어 일어나 부정한 사상이 넘쳐 흘러 사물을 착안하는 점이 다른 데서 출발합니다. 사람에 따라 착안점이 다를 수 있습니다. 사회가 복잡해짐에 따라 일이 다양해져 각각 시각이 다를 수 있습니다. 오른쪽에서 본 것과 왼쪽에서 본 것이 다를 수 있으며, 각자의 인생관, 세계관, 자연관에도 차이가 많습니다.

농부는 비를 바라지만 천문학자는 날씨가 맑기를 바랍니다. 서로 상대편의 처지에서 생각해 주어야 하는데 세상은 너무 바빠 그럴 여유가 없습니다. 그래서 서로 충돌하고 마음이 거칠어지고 여유가 없는 것입니다. 이처럼 세상을 올바로 보지 못하는 데서 견탁이 생기는 것입니다.

셋째, 번뇌탁은 사람의 마음이 번뇌에 가득하여 흐려지는 것을 말합니다. 겁탁의 나쁜 세상이 되면 사람들의 마음이 더욱 나빠져 미혹이 일어납니다. 미혹은 여러 가지가 있는데 흔히 백팔번뇌라고 부릅니다. 미혹이나 번뇌는 모두 자기 중심적인 사고 방식에서 일어납니다. 자기 중심은 자기의 생명을 중히 여기는 마음이라기 보다는 눈앞의 이해득실을 중요하게 생각하는 것을 말합니다.

그래서 사물을 생각하는데 있어서 탐낸다거나, 성낸다거나, 질투한다거나, 미워하는 등의 여러 가지 미혹이 생기게 되는 것입니다. 무엇이든 자기 중심적인 좁은 사고로 사물을 보고 판단하게 됩니다. 이런 현상이 바로 번뇌탁입니다.

넷째, 중생탁은 사람이 악한 행위만을 행하여 인륜 도덕을 돌아보지 않고 나쁜 결과를 두려워 하지 않는 사람의 천성이 각기 다름으로 해서 생기는 잘못을 말합니다. 모든 사람의 얼굴이 다 다른 것처럼 마음도 조금씩 다르며 기분도 조금씩 다릅니다. 그렇기 때문에 자기 기분을 알아주기를 바라는 것은 지나친 욕심입니다.

전혀 모르는 사람이 많은 세상에서 절반이나 삼분의 일만이라도 자기를 알아주는 사람이 있다면 그것은 정말 고마운 일일 것입니다. 그러면서 자기 자신은 상대방을 충분히 알지 못합니다. 자신이 애쓰고 있는 것을 상대편이 알아주기를 원하면서 자신은 남을 인정해 주지 않는 마음이 많습니다.

함께 있는 우리는 함께 있지만 서로의 마음을 모르고, 신분도 다르고, 환경도 모릅니다. 그 다른 신분, 환경, 마음을 가진 인간이 함께 서로 얼굴을 맞대고 살아가므로 여러 가지 까다로운 일이 생기는 것은 당연할 것입니다. 이처럼 서로를 이해하지 못해 생기는 것이 중생탁입니다.

다섯째, 명탁은 인간의 수명이 차례로 단축되는 것을 말하는데 이것은 여러 가지 문제에서 생깁니다. 인간의 수명이 짧아지는 문제에는 생명이 길지 못하여 사물을 다 알기 전에 죽어버리는 경우가 있습니다. 아이 때는 얼른 어른이 되면 모든 것을 깨달을 수 있을 거라 믿습니다. 그러나 어른이 되어도 예정했던 일을 다 못하고 죽게 됩니다. 육체는 죽어도 정신은 죽지 않으므로 구태여 이 세상에서 일을 마치지 않아도 좋을 것입니다.

대부분의 사람들은 생명이 짧다고 해서 무슨 일이나 대강대강 하려고 하는 경향이 있습니다. 이러한 인간의 생명이 한계가 있다고 생각해서 생기는 여러 가지의 번거로움이 바로 명탁입니다.

　우리는 오탁에 물들지 말고, 번뇌를 보리로 바꾸는 삶을 살아야 합니다. 우리의 인생을 내일로 미루지 말고 전력을 다하고 최선을 다하는 삶으로 장식해야 합니다. 세상이 말세가 되어 오탁에 물들어 있다고 생각될 때마다 부처님의 가르침을 다시 한번 새기는 참 불자가 되어야 합니다.

업을 바탕으로 하는
인과응보

불교의 근본 교리 가운데 인과에 대한 가르침은 매우 중요합니다. 인과의 의미는 원인과 결과를 연결시켜서 현상을 수용하는 불교 근본교리입니다. 씨앗을 뿌리면 싹이 돋아나듯이 어떤 과(果)에는 반드시 인(因)이 있게 마련입니다. 이 인과사상은 업을 기반으로 삼고 있습니다. 인과는 업인업과(業因業果)를 낳습니다.

인과설은 불교 발생 이전 고대인의 성전에도 이미 나타나고 있습니다. 착한 행위를 하면 복덕을 얻고 악한 행위를 하면 악과를 얻는다고 하여, 인과를 선악과 화복 등의 윤리적인 상황과 연관시켜서 인식하고 있었음을 알 수 있습니다.

당시 사회에서는 인과까지도 기도 의식으로 바르게 할 수 있다고 보아 왔던 관념을 철두철미하게 거부하고 원인에 따라서 결과가 나타남을 강력하게 설파하였습니다. 인과는 자연의 법칙이며, 종교 이전의 우주 질서로서 결코 신에의 기도, 제사로서 사할 수 없는 것이라 보았습니다.

현재의 인간 존재 방식은 전생에 베푼 선이나 악업에 의해서 결정됩니다. 또한 현세의 인간 행위가 미래의 화복락을 좌우한다는 가르침을 낳게 되었습니다. 그러나 단편적이고 눈앞의 일에만 집착하는 대부분의 사람들에게는 이 인과를 감지하고 증명하기란 쉽지 않아서 끊임없이 인과를 설명하는 교리 체계를 발전시켰습니다.

인과의 과보를 받는 것은 시기적으로 다음의 세 가지 경우로 달리 나타난다고 보았습니다.

첫째, 순현보(順現報)는 짓는 그 즉시로 받게 되는 것을 말합니다.

둘째, 순생보(順生報)는 짓는 즉시 받지 않고 다음 생에 받는 것을 말합니다.

셋째, 순후보(順後報)는 받기는 받되 언제 받게 될지 일정하지 않는 과보를 말합니다.

우리나라에서는 한국의 가치관과 융합 절충하여 인과에 대해 이해하고 있습니다. 가족 윤리를 존중하여 어버이가 지으면 자손이 물려받는다고 생각하는 것입니다. 또한 사회 구성의 계급적 질서를 잡는데 절충 변형시키고 있습니다. 그래서 우리의 신분은 팔자소관이라거나 인과의 숙명론으로 체념적, 도덕적, 인간적으로 한국인을 성숙시켰습니다.

우리가 흔히 하는 말 가운데 '옷깃만 스쳐도 인연'이란 말이 있습니다. 그래서 천생연분을 만들어 내기도 합니다. 때때로 인과의 소중함을 강조하여 법 없이도 살 수 있는 풍토를 조성하기도 했습니다.

인과설은 권선징악(勸善懲惡)으로 많이 사용하기도 합니다. 예를 들어 심청전에서 심청 어미 곽씨 부인은 제사와 가난한 이를 잘 모시고 마음의 화목을 도모했으며 가장을 공경하는 등 선업을 쌓은 결과로 심청을 얻었습니다. 심청은 심봉사의 눈을 뜨게 하기 위하여 공양미 300석에 인당수에 투신하지만 그 착한 효행은 왕비로 환생하게 됩니다. 그 밖에도 흥부전, 춘향전 등의 한국 고전문학에서 인과 이야기는 쉽게 찾을 수 있습니다.

이처럼 한국인은 불행과 행복을 전생에 지은 자기의 선업이나 악업의 결과로 생겨나는 인과설을 철저하게 그 생활의 밑바탕으로 삼았던 것입니다.

깨달음에 이르는
오계

．
．
．

    계율의 가장 근본은 삼학(三學)에 있습니다. 삼학은 계·정·혜의 세 가지입니다. 계는 삼학의 첫 번째에 해당되는 만큼 불자가 깨달음을 얻기 위해 반드시 닦아야 할 수행 덕목입니다.

    계율을 소극적으로 실천할 때는 단지 방비(防備)와 지악(止惡)의 힘 밖에는 쓸 수 없지만 적극적으로 실천할 때는 만 가지 선(善)을 발생하는 근본 원인이 됩니다.

    계율은 부처님의 제자 가운데 이발사 출신인 우바리 존자가 외워서 제정한 것입니다. 계율은 대승계와 소승계로 나눌 수 있는데 대승계는 3귀계, 3취정계, 10중계, 48경계가 있으며, 소승계는 5계, 8계, 10계, 250계, 348계가 있습니다.

    계율이라고 할 때 계는 도덕적인 것을 말하고 율은 규범을 말합니다. 우리가 잘 아는 오계는 불살생, 불투도, 불사음, 불망어, 불음주의 다섯 가지입니다.

    첫째, 산 생명을 죽이지 않겠다는 맹세입니다. 부처님께서는 사생의 자부이므로 모든 중생을 내 몸 같이 사랑하십니다.

둘째, 남의 물건을 훔치지 않겠다는 맹세입니다. 이것은 보시 정신을 강조한 것입니다. 보시에는 재물을 나눠주는 재시(財施)와 법을 전해 주는 법시(法施) 등이 있습니다. 나의 노력이 담기지 않은 물건을 탐내는 것은 어리석은 짓입니다. 남의 물건을 탐내면 복덕 종자가 소멸된다고 합니다.

셋째, 거짓말을 하지 않고 바르고 정직한 말을 생활화하겠다는 맹세입니다. 부처님께서는 성도 후 '내가 수도해서 깨달았다고 하면 중생이 믿어줄까. 차라리 신이 나에게 깨닫게 해줬다고 해야하지 않을까'하는 고민에 빠졌다고 합니다. 결국 부처님께서는 기로에서 솔직히 깨달음을 시인한 것입니다.

넷째, 사음하지 않고 바른 정진 생활을 해야겠다는 맹세입니다. 우리가 진정 싸워야 할 대상은 게으름과 나태입니다. 또한 우리가 싸워야 할 대상은 무례한 행동과 낭비를 하지 않는 것입니다.

다섯째, 술을 마셔 지나친 행동을 하지 않겠다는 맹세입니다. 술은 우리의 이성을 마비시켜 잘못된 행동으로 이끌기 쉽습니다.

오계와 함께 열 가지 부모님의 은혜를 알아 그 은혜에 보답하도록 해야겠습니다.

첫째는 아이를 열 달 동안 잉태하신 은혜입니다.

둘째는 아이 낳을 때 고통 받으신 은혜입니다.

셋째는 자식을 낳고 모든 근심 잊으신 은혜입니다.

넷째는 쓴 것은 삼키시고 단 것은 뱉아 먹이신 은혜입니다.

다섯째는 마른 자리는 아이를 눕히고, 어머니는 젖은 자리에 누운 은혜입니다.

여섯째는 젖을 먹여 키워주신 은혜입니다.

일곱째는 깨끗하게 씻어주신 은혜입니다.

여덟째는 먼길 떠날 때 걱정하는 은혜입니다.

아홉째는 자식을 위해 어려운 일을 하시는 은혜입니다.

열째는 끝없이 애처롭게 여기는 은혜입니다.

오계의 실천과 더불어 항상 부모님에 대한 은혜로움을 잊지 않는 불자가 되어야겠습니다.

자기 완성의
발원

발원이란 단지 이상이나 희망하는 것이 아니라, 기어코 실행하겠다, 기어코 이루겠다고 하는 마음입니다. 단지 이상에 지나지 않는 것은 그 이상이 빗나가면 그만 두게 되고, 그 희망이 이루어지지 않으면 그만두게 됩니다. 그러나 발원은 목숨을 걸고라도 하고자 하는 생각을 가지는 것입니다. 그러므로 발원은 대단히 거룩한 것입니다.

불교를 수행하는 데는 물론 발원을 해야 합니다. 불교를 배우는 이상 누구나 다 가져야할 총원(總願)과 자신의 사정에 따라 특히 가져야 할 별원(別願)의 두 가지가 있습니다.

어느 부처님이나 어느 보살이나 우리들 범부라도 적어도 불도를 수행하는 이상 누구나 다 가져야 할 총원에는 사홍서원이라고 하는 네 가지가 있습니다.

"중생을 다 건지오리다, 번뇌를 다 끊으오리다, 법문을 다 배우오리다, 불도를 다 이루오리다."

이러한 발원이 없이 불교를 배운다는 것은 하나의 도락에 지나지 않습니다. 그러면 이 사홍서원에 대해 생각해 보기로 하겠습니다.

첫째, 중생을 구원하고자 하는 소원입니다.

수없이 많은 인간을 다 구원할 것을 서원한다는 것은 도저히 있을 수 없는 일입니다. 한 사람의 힘으로 무한한 인간을 다 구원한다는 것은 안 될 일이라고 생각되지만 그러나 그것은 반드시 이룰 수 있는 소원입니다. 왜냐하면 사람의 마음과 마음과는 반드시 서로 감응하는 것이므로, 자기가 교를 설하는 삼십 년, 오십 년 동안에 무한한 사람을 구원할 수는 없지만 무한한 사람이 구원받을 수 있는 그 길을 얼마만큼이라도 돕고 있다면 그것은 자기의 노력이 무한한 사람을 구원하는 것이 됩니다.

우리가 불교를 배워서 남에게 설할 때 '한정된 사람만을 구원하리라. 한정된 사람에게만 도움이 되게 하리라'고 생각해서는 참된 것을 설하지 못합니다. 자기가 지금 말하는 것은 모든 사람에게 도움이 되고, 모든 사람을 구원할 수 있는 힘이 있다고 생각하기 때문에 부처님께서 설하신 것을 중계해 줄 수 있는 것입니다.

그러므로 현세에서 자기가 삼십 년, 오십 년 동안 설하는 교는 한없이 중생을 구원할 수 있는 교라는 것을 확신하고 설해야 참으로 교를 설한다고 할 수 있습니다. 그렇게 생각한다면 수없는 중생을 구원한다는 큰 이상을 세워서 교를 배운다는 것은 진정 훌륭한 일입니다. 마음을 열고 모든 이가 함께 행복할 수 있도록 해야 할 것입니다.

둘째, 번뇌를 없애고자 하는 소원입니다.

번뇌라는 것이 어디에서 일어나는가 하는 근본을 없애면 될 것입니다. 번뇌의 근본을 규명해보면 조그만 자기를 중심으로 해서 사물을 생각하는 데서 생겨납니다. 번뇌는 육신의 집착, 정신의 집착, 소유의 집착에서 벗어나지 못하는 삶에서 생깁니다. 그러니까 그 조그만 자기를 중심으로 하는 생각이 완전히 없어지면 어떤 미혹도 일어날 수 없습니다. 미혹이 아무리 많을지라도 결국 그것을 끊을 수 있다는 것을 이상으로 삼는 것은 지극히 타당한 일입니다. 미혹의 근본을 없애는 것이므로 이 서원도 반드시 이룰 수 있는 것입니다.

셋째, 법문을 다 배우고자 하는 소원입니다.

부처님의 교는 한없이 많습니다. 한번 읽는 데만도 이십 년, 삼십 년은 족히 걸립니다. 그러나 잘 생각해보면 아무리 많은 교가 있더라도 귀착하는 곳은 한 곳입니다. 한 가지 일을 근본적으로 철저하게 알면 다른 것은 읽지 않아도 됩니다. 한 송이 꽃을 보고 봄을 미루어 알라는 말이 있습니다.

넷째, 부처님이 되고자 하는 소원입니다.

부처님이 되는 도는 다시없이 높은 것이므로 지금의 자신으로서는 지극히 어려운 일이지만 결국 부처님이 될 때까지는 노력을 멈추지 않겠다는 결심이 있어야 합니다.

이와 같이 생각해본다면, 이 네 가지는 자신의 완성을 위한 것입니다. 인간이 아무리 많아도 다 구원하고, 미혹이 아무리 많아도 다 끊어 버리고, 법문을 다 배워 부처님이 되겠다고 서원하는 것은 완전한 자신이 되고자 하는 것입니다. 우리가 수행하는 것은 지금은 힘이 모자라지만 이상으로 삼는 것, 목표로 하는 것을 완전하게 하기 위해서입니다.

5부

가르침의
바다

부처님 출현의
여러 가지 배경

:
:
:

『금강경』에 부처님의 모습을 이렇게 표현한 대목이 있습니다.

"이와 같이 나는 들었다. 한 때 부처님께서 사위국의 기수급고독원에서 고귀한 비구들 천 이백 오십 명과 함께 계셨다. 그때 부처님께서는 식사 때가 가까워지자 옷을 입으시고 발우를 드시고 사위대성으로 들어가셔서 음식을 빌으시기를 그 성안에서 차례대로 걸식하시고 나서 본처로 돌아오셔서 음식 드시기를 마쳤다. 그리고 의발을 걷으시고, 발을 씻으시고 나서 자리를 펴고 앉으셨다."

그때 제자인 수보리가 부처님의 모습을 보고 이렇게 아룁니다.

"부처님의 일거수 일투족에서 특별한 느낌에 희유하십니다. 세존이시여, 여래께서는 능히 보살을 호념하시며 능히 모든 보살에게 부촉하십니다. 세존이시여, 선남자 선여인이 아뇩다라삼먁삼보리의 마음을 내었을 때에는 마땅히 어떻게 임해야 하며, 어떻게 그 마음을 항복받아야 합니까?"

부처님께서는 그 말을 들으시고 이렇게 답변하십니다.

"선재 선재라, 마땅히 그대를 위하여 설하겠다."

　부처님께서 제자와의 이러한 대화를 통해 우리는 많은 것을 느낄 수 있습니다. 부처님께서 왜 인도라는 나라에 태어났는지 그 배경을 알면 부처님 가르침의 방식을 좀더 이해하기 쉬울 것입니다. 다시 말해 부처님과 관련한 자연환경, 고뇌, 사회적, 정치적 환경을 잘 살펴볼 필요가 있습니다.

　부처님께서 태어나신 인도라는 자연환경은 우리가 사는 곳으로부터 서쪽에 있습니다. 위도는 남쪽에 있고 기후는 열대에 속해 있으며 고산 지대입니다. 또한 대륙이 바다에 튀어나와 인디아 반도를 형성하고 있습니다.

　인도의 남서쪽은 아라비아해이고, 남동쪽은 뱅골만입니다. 남쪽에는 인도양이 있으며, 북쪽은 세계의 지붕이라 일컫는 해발 8,000m가 넘는 히말라야 산이 있습니다. 인도 지역의 중간으로는 어머니의 강이라 불리는 강가강이 있습니다.

　인도의 기후는 열대우림에 속하므로 아무리 추워도 다른 지역에 비해 날씨가 10도 이상 높습니다. 더울 때는 32도씩이나 됩니다. 열대 사바나의 기후로 3개월 동안의 우기 때는 물동이로 쏟아붓는 정도의 비가 내리며 구름이 있습니다. 특히 부처님께서 태어나신 곳은 건기와 우기가 뚜렷하였습니다. 나무도 간혹 있지만 대체로 풀이 많이 나는 지리적 조건을 갖추고 있는 스텝 지역입니다. 대부분 활동할 수 있는 지역은 북쪽 20km 히말라야 산 근처입니다.

　인도의 인종은 흑인종에 속하는 원주민인 드라비다족과 백인종에 속하는 아리안족과 몽골족이 있습니다. 드라비다족은 인도 대륙에 주로 살며, 아리안족은 남쪽으로 남하하여 살며, 서쪽에는 서아리안족이 살고 있습니다. 몽골족은 산 주위의 북쪽에 거주합니다.

인도의 역사는 인더스 문명의 발상지이며 모헨조다로로 불리는 도시에서 시작합니다. 이곳 사람들은 도로, 하수도가 발달된 선진 문화를 형성했습니다. 또한 인도는 윤회설을 주창하며 브라만 사상과 토착 드라비다족 사상이 혼합하여 신앙되고 있습니다. 불교 사상의 일부로 업사상은 드라비다족의 사상에서 시작됐습니다.

인도에는 전쟁 문화가 없었습니다. 그래서 아리안족에게 정복 당하게 된 것입니다. 강의 신에게 물 공급에 감사하고, 대지의 신에게 곡식 공급에 감사 드리고, 태양신에게는 더위를 제공함에 감사 드리고, 나무의 신에게는 그늘을 제공함에 감사 드렸습니다. 목축이 생활의 중심이 되었고, 계급이 형성 되었습니다.

인도의 계급은 사성제로 나뉘어져 있습니다. 먼저 신에게 힘을 빌린다고 하는 브라만족은 머리에 해당되는 계급이었습니다. 다음은 왕족에 해당하는 크샤트리아족으로 가슴에 해당하는 계급이었습니다. 셋째 계급은 다리에 해당하는 농경을 위한 업에 종사하는 바이샤족이었습니다. 마지막으로 천민 계급에 해당되는 수드라족은 발에 해당됩니다. 고통 받는 민중의 염원은 평온했던 시절을 회상하고 강을 건너서 저 언덕에 도달하는 것이었습니다.

인도에 종교가 형성된 데는 역사적 배경을 갖고 있습니다. 정복이 끝나고 무사의 할 일이 없어지는 평화 시대를 맞이하여 물자가 풍족해지자 인생이 뭔지, 사는 게 뭔지 궁구하는 자가 생겨나게 되었습니다. 브라만에게 전유당한 종교를 대신해 명상과 사색의 바람이 일기 시작한 것입니다. 누구에게나 브라만과 같은 종류의 아트만(자아)이 있다는 것을 깨닫고 브라만과 아트만이 일치되는 삶이 필요함을 느끼기 시작한 것입니다. 이런 배경에서 형이상학적인 우파니샤드 철학이 생성된 것입니다.

인도에는 삼백여 개의 대소 나라가 있었습니다. 드라비다족에게는 싸울 대상이 없고, 이웃 나라로 번져 나갔습니다. 전쟁에 나갈 때 상대가 브라만에게 기도하고 같이 전쟁을 일으켰습니다. 그러나 전쟁에서의 승패는 군량미, 군사, 코끼리, 부대 등 군사력에 있었습니다. 그로 인해 신의 권능이 약화되고 왕권은 강화되는 현상이 생기게 되었습니다.

상인들의 교류에 의해서 거부가 생겨나고 거금으로 전쟁의 뒷받침도 가능하게 했습니다. 거부 장자는 브라만, 왕도 부럽지 않았습니다. 왕의 신하는 브라만이 보좌하게 되고 철칙처럼 되어있던 계급이 점차 붕괴되기 시작했습니다.

불가촉 천민이 출현하여 멸망한 왕족을 처리하게 되고 부국강병책으로 전쟁이 끊임없이 발생하게 되었습니다. 또한 농경 기술이 급속도로 발전하게 됩니다.

다음으로 인도의 사회문화적 변화를 살펴볼 필요가 있습니다.

전쟁 후유증으로 사람들은 술 먹고 노래하며 춤추며 부정부패가 만연하고 여성의 권위가 실추되고 남성 위주의 문화가 형성 되었습니다. 농업과 무역으로 편협된 풍요를 체감하며 상대적 빈곤과 절대 빈곤층이 확대되어 사회가 혼란스러워졌습니다.

이러한 때 진리의 수레바퀴를 돌려서 세상을 정복하는 왕을 염원하게 되었습니다. 우물, 곡식, 안정을 주는 기능의 왕인 전륜성왕을 염원했던 것입니다.

그런 배경 속에서 부처님이 출현하신 것입니다. 부처님께서는 고통 속의 중생을 제도하기 위해 미간 백호에 귀가 길고, 손과 팔이 긴 32상을 두루 갖추신 상호로 드러나게 된 것입니다.

부처님의 출현은 인간이 어떻게 살아야 되며, 어떻게 해야 바르게 사는 것인지에 대한 해답을 제시해 줄 성인이 필요했던 시대적 배경을 하고 있는 것입니다. 다시 말해 일체를 아는 깨달은 이가 나왔으면 좋겠다는 부처님의 출현을 염원하고 희구하는 데서 출발하는 것입니다. 당시에는 왕과 거부 장자까지도 부처님의 출현을 염원했던 것입니다.

부처님의 32상 80종호 가운데 미간 백호는 세상을 다 볼 수 있음을 의미합니다. 또한 발은 넓어서 모든 세상을 다 밟을 수 있고, 귀는 커서 세상의 온갖 소리를 다 들을 수 있습니다.

부처님의 나투심을 갈망하는 것은 모든 민중의 바람이었습니다. 부처님께서는 이런 중생의 갈망에 대한 응답으로 이 세상에 출현하신 것입니다.

부처님을 닮아가는
팔상성도

●
●
●

흔히 부처님의 일생을 팔상성도(八相成道)로 나타냅니다.

첫째는 도솔천에서 내려오시는 것을 나타내는 '도솔래의상(兜率來儀相)'입니다. 이것은 바로 탄생 인연이라 할 수 있는데 집을 정반왕궁으로 정한 것을 말합니다. 거기에는 전생 이야기가 있습니다.

옛적 호명보살이 공덕과 수행이 원만함에 도솔천에 태어나서 많은 대중을 거느리고 법문을 설하는데 하루는 사바 세계의 하계중생(下界衆生)이 고해에서 헤매는 것을 혜안으로 보시고 제석 범천에게 이르셨습니다.

"내가 하계에 내려가서 정각(正覺)을 이루어 중생을 제도할 때가 왔으니 그대들은 인계(人界)에 내려가서 입태할 곳을 찾아보아라."

제석 범천이 명을 받고 염부제에 내려와서 각기 살펴보고 자기의 소견을 여쭙는데 금단천자(金團天子)가 아뢰었습니다.

"마가다국은 그 어미가 정견(正見)을 갖추었으나 아비가 어질지 못하고, 구살나국은 부모가 모두 악하며, 화사국(和師國)은 타국의 지배를 받고, 유야리국은 싸우기를 좋아하여 선행이 없고, 바수라국은 행동이 모두 망녕되고, 그밖의 나라는 변방이라 날 곳이 못되고, 가비라국은 삼천대천 세계의 중앙이며 인구가 많고 모두 덕행이 있으며 국왕은 정반왕이고 왕비는 마야 부인으로 부모가 모두 어짊으로 그 덕화(德化)가 초목금수에까지 미치매 온 나라 백성의 칭송이 자자하오니 보살이 태어날 곳은 바로 가비라국이 적당하옵니다."

그리고 나서 깊은 선정 속에서 마야 부인의 태에 들었습니다. 마야 부인은 결혼한 지 20년이 넘도록 자식이 없다가 이날 달빛 아래를 거닐다가 난간에 비켜 잠깐 조는데 문득 천문이 열리며 채색 구름이 일어나는 곳에 한 보살이 위의를 갖추고 원광(圓光) 중에 내려오며 왼손에는 연꽃을, 오른손에는 백옥의 홀(笏)을 들고 흰 코끼리를 타고 표연히 내려오니 좌우전후로 수많은 보살이 각기 채색옷을 입고 원광을 띄워 시위하며 하늘에선 꽃비가 내리며 음악 소리가 울려 퍼졌습니다.

호명보살은 부인 앞에 이르러 합장하고 아뢰었습니다.

"소자는 도솔천 내원궁에 있는 호명보살인데 다생인연으로 하계에 내려올 때가 다가온지라 부인의 복 중에 입태하오니 어여삐 여기소서."

호명보살은 부인의 오른쪽 갈비뼈를 헤치고 들거늘 부인이 놀라 깨니 부질없는 꿈으로 맑은 향기가 진동하고 하늘 풍악이 귓전에 울리며 꽃비가 뜰에 가득하였습니다.

마야 부인은 꿈 해몽을 하였더니 이렇게 말했습니다.

"50여 세에 왕비께서 반드시 태자를 잉태 하겠으나 꿈에 대하여는 말로 다 여쭐 수 없사오니, 십삭이 차서 탄생할 날이 되오면 큰 광명을 놓으며 제석 범천이 호위할 것이니, 왕궁에 계시면 전륜성왕이 되어 사천하를 통치함에 일곱 보배가 자연히 이를 것이요, 출가한다면 반드시 정각을 이루어 삼계중생(三界衆生)을 제도할 것입니다."

도솔래의상은 부처님께서 전생 인연에 따라 도솔천에서 인간 세상으로 내려오신 것을 그리고 있습니다.

둘째는 이 세상에 태어나는 것을 나타내는 '비람강생상(毘藍降生相)'입니다.

모든 백성의 기대 속에 따스한 봄이 되고 왕비의 산달이 다가왔습니다. 마야 부인은 해산일이 다가오자 인도의 관습에 따라 친정인 데바다하로 가는 도중 룸비니 동산에 이르렀습니다. 동산에는 아름다운 사라 나무 꽃들이 만개해 있어 왕비는 상서로운 사라 나무 숲을 걸었습니다. 왕비가 아름다운 사라 나무 가지를 잡으려고 손을 뻗는 순간 갑자기 산기를 느꼈습니다. 일행은 급히 처소를 마련하였으나 왕비는 나뭇가지를 붙잡고 선 채로 아무런 고통 없이 아기를 낳았습니다.

이 날이 바로 불교의 최대 명절인 음력 4월 8일 부처님 오신날입니다. 태자의 이름을 싯달타라 하였습니다. 태자는 태어나자마자 동서남북으로 일곱 걸음을 걸으면서 한 손으로는 하늘을, 한 손으로는 땅을 가리키며 다음과 같은 사자후를 토하였습니다.

"천상천하 유아독존(天上天下 唯我獨尊)

삼계개고 아당안지(三界皆苦 我當安之)"

이 말씀은 '하늘 위와 하늘 아래 오직 나홀로 존귀하도다. 모든 세상이 다 고통 속에 잠겨 있으니 내가 마땅히 이를 편안케 하리라'는 뜻입니다.

태자가 발자국을 옮길 때마다 아홉 마리의 용이 나타나 오색의 감로수로 몸을 씻어 주었고, 땅은 은은히 진동하는 가운데 하늘에서는 꽃비가 내리고 천신들이 내려와 차례로 예배 드리며 이 세상의 가장 존귀한 분의 탄생을 축복하였습니다.

태자가 태어난 지 닷새가 되자 히말라야로부터 아시타 선인이 내려와 태자를 뵙고자 했습니다. 태자의 얼굴을 본 아시타 선인은 슬피 울면서 정반왕에게 이렇게 말했습니다.

"왕자는 출가하면 부처님이 될 것이요, 왕위를 계승하면 전륜성왕이 될 것인데 나는 늙어서 부처님의 출현을 보지 못하고 죽는 것이 한스럽습니다."

그런데 태자를 얻은 기쁨도 잠시, 태자가 태어난 지 칠일만에 어머니 마야 부인이 세상을 떠나고 말았습니다. 그래서 태자는 이모인 마하파자파티에 의해 양육되었습니다. 그리고 아시타 선인의 예언대로 태자가 출가할지도 모른다는 생각에 정반왕은 태자가 성문으로 나가는 것을 막고 호화로운 궁전을 지어 그 속에서 자라게 했습니다.

비람강생상은 부처님의 탄생을 그리고 있습니다.

셋째는 세상을 두루 살피는 시기를 나타내는 '사문유관상(四門遊觀相)'입니다.

싯달타 태자는 왕궁의 풍요 속에서 성장하였습니다. 7세가 되자 태자는 학문과 무예를 익히기 시작하여 곧 모든 학문과 무예에 통달하여 더 이상 그를 가르칠 만한 스승이 없게 되었습니다. 정반왕은 태자를 극진히 생각하여 계절에 따라 생활하도록 세 곳에 궁전을 지어 주었습니다. 그러나 도성 밖 출입만은 언제나 금지시켰습니다. 그것은 태자가 현실 세계의 고통을 모르게 하기 위한 것이었습니다.

태자가 열 두 살이 되던 어느 봄날 정반왕과 함께 농경제의 파종식에 참가하게 되었습니다. 그때 태자는 들에서 농경제에 참가한 농부들의 마르고 고단한 모습과 쟁기를 끄는 소들이 채찍에 맞아 피를 흘리는 것을 보았습니다. 또한 쟁기가 지나간 뒤 뒤집혀진 흙 사이로 나온 벌레들을 잡아먹기 위해 날아든 새들을 보며 큰 충격을 받았습니다. 약육강식의 피비린내가 나는 세상을 직접 목격한 것입니다.

이에 싯달타는 염부나무 밑에서 그 고통의 해결을 찾기 위한 깊은 명상에 잠겼습니다. 태자가 자비심으로 세상을 고통 속에서 구원할 길을 찾아 선정에 들어있을 때, 이를 지켜본 정반왕은 오히려 태자를 세상과 더욱 멀어지게 해야겠다고 생각하였습니다. 그러나 태자의 세상에 대한 고뇌는 더욱 깊어갔습니다.

성년이 된 어느 봄날 태자는 부왕 몰래 성문 밖을 나섰습니다. 그리고 동문, 남문, 서문에서 각각 늙고 병들고 죽은 사람을 보게 됩니다. 생명을 가진 어떤 것도 이 고통에서 벗어날 수 없다는 것을 확인하고 번민하던 싯달타 태자가 북문 밖에서 만난 사람은 바로 출가 수행자였습니다. 싯달타는 출가 수행만이 이 고통에서 벗어나는 길임을 확신하게 되었습니다.

이것을 사문유관이라고 합니다. 태자가 네 곳의 성문에 나가 세상의 현실을 보게 되었다는 뜻입니다. 왕궁의 영화와 권세, 향락과 사치 그리고 어떤 학문과 종교에서도 생로병사로부터 벗어나는 길을 찾지 못했던 태자는 출가수행자에게서 그 길을 찾았던 것입니다.

사문유관상은 부처님께서 출가하기 전 네 가지 문에서 생로병사를 관찰하고 해탈을 얻고자 출가를 결심하는 대목을 그리고 있습니다.

넷째는 출가의 시기인 '유성출가상(踰城出家相)'입니다.

수행자를 만난 후 진리의 길로 나아가기로 결심한 싯달타 태자는 모든 사람이 잠든 밤에 백마를 타고 왕궁을 떠납니다. 왕위의 자리도 버리고 사랑하는 아내 야수다라와 아들 라훌라마저 뒤로 한 채 깨달음의 길로 나아갑니다. 이 날이 태자의 나이 29세 되던 해 음력 2월

8일로 부처님 출가일인 것입니다.

애마 칸타카를 타고 마부를 따라 성을 나온 싯달타는 보검을 빼들어 스스로 머리와 수염을 깍은 뒤, 과거의 모든 부처님 앞에 일체의 번뇌를 끊고 진리를 깨닫겠다고 굳게 서원합니다. 그리고 자신의 비단옷을 거지의 누더기와 바꿔 입습니다.

이렇게 하여 출가 수행자가 된 싯달타는 인도 남쪽의 신흥 국가인 마가다국으로 향했습니다. 그곳에는 훌륭한 종교가들이 운집해 있었기 때문입니다. 싯달타는 당시 높은 명성을 얻고 있던 알라라 칼라마의 문하에서 그가 가르치는 무소유처정(無所有處定)이라는 수행을 배웠는데 곧 스승의 경지에 도달해 버렸습니다.

다시 그는 다른 스승인 웃다카 라마풋타에게 비상비비상처정(非想非非想處定)이라는 선정을 배웠습니다. 하지만 그 경지 역시 곧 도달해 버렸습니다. 싯달타는 스승에게 배운 선정을 통해서는 생사의 고통을 벗어날 수 없음을 알았습니다. 그래서 그들 곁을 떠나 독자적인 수행을 시작했습니다.

유성출가상은 부처님께서 성을 넘어 출가하는 모습을 그리고 있습니다.

다섯째는 깨달음을 향해 수행 정진하는 모습을 나타내는 '설산수도상(雪山修道相)'입니다.

여러 스승에게서 배웠으나 곧 스승의 경지에 도달하여 더 이상 그를 가르칠 이가 없었을 때, 싯달타는 당시 다른 수행자들이 그러했듯이 고행의 길로 들어섰습니다. 싯달타의 고행은 실로 다른 누구도 흉내내지 못 할 정도로 치열한 것이었습니다. 싯달타는 그 누구도 할 수 없는 고행을 하였습니다.

당시 인도 사람들은 수행을 함으로써 욕망을 억제하고 정신 생활의 향상을 가져올 수 있다고 믿었습니다. 그리고 고행을 한 사람은 신비하고도 초인간적인 힘을 가지게 된다고 생각하였습니다. 그러나 싯달타는 6년에 걸친 극심한 고행을 통해서도 깨달을 수 없었고, 육체를 학대하는 것은 진정한 깨달음의 길이 아니라고 생각하여 고행을 포기했습니다.

설산수도상은 출가하여 고행의 길을 걷고 있는 부처님의 모습을 그리고 있습니다.

여섯째는 마왕을 항복시키는 '수하항마상(樹下降魔相)'입니다.

수행자 싯달타는 고행을 포기한 뒤 수자타가 올리는 우유죽 공양을 받아 기운을 회복하고 목동 스바스티카가 바친 부드럽고 향기로운 풀을 보리수 아래 깔고 그 위에 앉아서 굳은 다짐을 하였습니다.

금강석보다 굳센 의지 때문인지 부처님은 그 자리에서 깨달으셨고, 깨달으신 그 자리는 훗날 금강보좌(金剛寶座)라 부릅니다. 부처님께서 깨달음을 이룬 대역사적인 날을 기리는 음력 12월 8일을 성도절로 정해 불자들은 부처님처럼 성불하기를 발원하는 것입니다.

싯달타 수행자가 선정에 들어 깨달음을 얻으려 하자 중생을 욕망에 사로잡히게 하고 세상을 어둡게 만드는 마왕 파순은 이렇게 생각했습니다.

'사문 고타마가 보리수 아래에서 정각을 이루려 한다. 그가 깨달음을 성취하면 일체 중생을 제도하고자 할 것이다. 그 깨달음의 경지는 나의 능력을 초월하는 것이다. 그가 깨닫는 것을 막아야 한다.'

마왕 파순은 부처님을 위기에 빠뜨리기 위해 유혹의 손길을 뻗었습니다. 마왕 파순은 먼저 자신의 세 딸을 보내 부처님을 유혹하도록 하였으나 싯달타 태자는 수미산처럼 미동도 하지 않았습니다.

수하항마상은 마구니의 유혹을 항복받는 모습을 그리고 있습니다.

이는 곧 부처님께서 깨달으신 세계는 아무도 무너뜨릴 수 없음을 뜻합니다.

일곱째는 진리를 설하는 시기인 '녹원전법상(鹿苑轉法相)'입니다.

부처님께서는 깨달으신 후 한동안 보리수 아래 머물며 삼매에 들어가 있었습니다. 삼매에 든 부처님께서는 깨달음의 내용이 매우 심오하고 난해하기 때문에 다른 사람들에게 말하더라도 이해되지 않을 것이라고 걱정하며 법을 설하기를 주저하셨습니다.

이때 최고의 신인 범천(梵天)이 하늘로부터 내려와서 부처님께 중생을 위해 설법해 주실 것을 세 번이나 간청하였습니다. 전법을 결심한 부처님께서는 깨달음의 진리를 알 수 있는 사람으로 한 때 스승이었던 알라라 칼라마와 웃다카 라마풋다를 생각했습니다. 하지만 이미 그들이 세상을 떠난 것을 아시고 전에 설산에서 함께 수행하던 다섯 수행자를 찾아 녹야원으로 갔습니다. 수행자는 부처님이 고행을 포기하자 타락한 사문이라고 비난한 이들이지만 부처님께서는 이들을 깨달음을 전하는 첫 대상으로 삼으셨습니다.

최초로 법을 설한 내용은 중도, 사성제, 팔정도의 가르침이었습니다. 설법과 대화, 토론을 통해 다섯 수행자 가운데 교진여가 맨 먼저 부처님의 제자가 되었습니다. 그는 최초의 비구였습니다. 그 뒤 부처님께서는 야사를 비롯한 육십 명의 젊은이에게 각 지방으로 가서 진리의 가르침을 전할 것을 권유했습니다.

부처님께서는 우루벨라로 가서 당시 가장 이름 있는 종교가였던 가섭 삼형제를 교화하여 그들과 함께 있던 수행자 천 명을 제자로 받아 들였습니다. 왕사성의 종교가를 모두 교화한 이 사건은 국왕과 백성을 놀라게 하였고, 국왕인 빔비사라왕을 비롯한 많은 사람들이 부처님의 가르침을 받들게 되었습니다. 특히 빔비사라왕은 부처님께서 우기(雨期) 동안 머무시며 가르침을 펴실 수 있는 사원을 기증했으니 그것이 바로 최초의 사원인 죽림정사(竹林精舍)입니다.

십대 제자의 한 분인 사리불과 목건련이 제자 이백 오십 인과 함께 부처님의 제자가 된 것과 마하 가섭이 부처님의 제자가 된 것도 이 무렵이었습니다. 왕사성의 죽림정사는 사위성의 기원정사(祈圓精舍)와 함께 전도의 양대 거점이 되었습니다.

부처님께서 성도하신 지 몇 년 후에 고향인 카필라국에 가서 부왕을 비롯한 많은 사람을 교화하고 역시 십대 제자인 아난, 라훌라, 아누루타, 우바리 등의 제자를 출가시켰습니다.

부처님은 깨달으신 뒤부터 입멸할 때까지 사십 오 년 동안 중인도 지방을 유랑하면서 사람들에게 법을 설하셨습니다. 부처님은 수행자와 재가자, 귀족과 평민, 노예를 차별하지 않고 누구에게나 평등하게 대하셨습니다. 진리 앞에서는 모두가 평등하고 깨달음에는 빈부귀천이 없기 때문입니다.

녹원전법상은 부처님께서 중생을 위해 깨달음의 내용을 직접 펼쳐 보이신 모습을 생생하게 그리고 있습니다.

여덟째는 육신을 버리고 열반에 드시는 최후의 모습인 '쌍림열반상(雙林涅槃相)'입니다.

진리의 수레바퀴를 굴리신 지 사십 오 년, 그동안 부처님께서는 항상 중생 속에서 동고동락하셨습니다. 그러나 팔십 세가 되신 해에 부처님께서는 아난 존자에게 이렇게 말씀하셨습니다.

"나는 이미 모든 법을 설했고 내게 비밀은 없으며 육신은 이제 가죽끈에 매여 간신히 움직이고 있는 낡은 수레와 같다. 너희들은 다른 것에 의지하지 말고 자신을 의지처로 삼고, 법을 등불로 삼아 정진하라."

이것이 유명한 자등명 법등명(自燈明 法燈明)의 가르침입니다. 그리고 생애 마지막 전법의 길을 떠나시어 쿠시나가라의 사라쌍수 아래에서 열반에 드셨습니다. 부처님께서는 열반에 드시기 직전 제자들에게 의심 나는 것이 있는가를 세 번이나 물으신 후 마지막으로 제자들에게 정진할 것을 당부하셨습니다.

부처님께서는 길에서 나서 길에서 살다 길에서 가시니 이 날이 음력 2월 15일 열반절입니다. 열반이란, 산스크리트어 '니르바나(Nirvana)'에서 온 말로 불어서 끈다는 뜻입니다. 여기서 끈다는 의미는 바로 욕망과 번뇌의 불을 끄는 것을 말합니다.

부처님께서는 이 무상의 진리를 스스로 따라 행하신 분입니다. 부처님께서는 업의 굴레에 매인 몸이 아니기 때문에 영원하여 태어난다거나 죽는 일이 없는 것입니다. 부처님께서는 또 제자들에게 이렇게 말씀하셨습니다.

"나의 육신은 설사 죽더라도 제자들이 법과 계율을 잘 지키고 행하면 나의 법신(法身)은 영원히 상주하여 멸하지 않으리라."

결국 부처님의 생애는 누구든지 부처님의 말씀대로 믿고 수행하면 성불할 수 있다는 것을 몸소 보이신 길입니다. 이는 모든 중생이 불성을 지니고 있기 때문에 가능하며 열반은 그 최고의 경지를 나타낸 것입니다.

마지막의 쌍림열반상은 부처님의 열반을 통해 중생들에게 많은 것을 남기고 있음을 그리고 있습니다.

이상의 여덟 가지로 표현한 부처님의 일생을 통해 우리는 부처님의 행적을 따르고 닮아가는 삶을 살아야 할 것입니다.

향기로운 지혜의
오분향

우리가 아침 저녁으로 독송하는 『예불문』에는 계향, 정향, 혜향, 해탈향, 해탈지견향의 오분향이 나옵니다.

첫째, 계향(戒香)은 불자로서 지켜야 할 올바른 행동을 해서 향기가 나는 삶을 사는 것을 의미합니다.

여기서 향(香)이라고 말한 까닭은 고대인들이 금은 보석보다 제일 귀하게 여기는 물건으로 향을 꼽았기 때문입니다. 계(戒)는 우물 정(井)에 창(戈)을 들고 서 있는 형상을 하고 있습니다. 그것은 집 밖에서 창을 들고 서 있으면서 집안을 지키는 수위 역할을 한다고 할 수 있습니다. 곧 잘못된 것이 근접할 수 없도록 하며 취사선택의 분별을 잘 할 수 있는 지혜의 안목을 키우는 의미가 있습니다.

계는 궁극적으로 시행할 일과 하지 말아야 할 일은 분별하여 해야 할 일을 적극적으로 권장함의 의미가 있습니다. 인간이라면 지켜야 할 규칙이나 질서, 사회규범, 도덕성 등도 계의 범주에 포함됩니다. 재가 신도계, 출가 승려계 등을 분류하여 궁극적 근본 정신에 어긋나지 않도록 해야 합니다. 그런 의미에서 수계 신자라야 진정한 불자라 할 수 있습니다. 이와 같이 계를 지키는 가운데 향기는 저절로 풍겨 나는 것입니다.

둘째, 정향(定香)은 안정, 선정, 모든 것이 멈춰진 고요한 마음의 평안 상태를 얻으면 풍겨나는 향기를 말합니다.

불안정한 사회는 모두가 자기의 욕심을 채우려고 하기 때문입니다. 고용주는 고용주 대로, 종사자는 종사자 대로 자기의 위치에서 최선을 다한다면 아무런 문제가 일어나지 않을 것입니다. '조고각하(照顧脚下)'라는 말은 그런 가르침을 잘 표현하고 있습니다. 남편은 남편의 할 일을 다하고 아내는 아내의 의무를 다하여 각자 자기의 위치를 충분히 지킬 때 거기에 향기가 나지 않을 수 없는 것입니다.

셋째, 혜향(慧香)은 지혜의 향기를 뜻합니다.

지혜는 모든 고통에서 벗어나는 길을 제시합니다. 지혜는 반야(般若)라고 말합니다. 최상의 지혜를 얻을 때 향기는 온 세상에 가득할 것입니다.

깨달음의 지혜는 곧 참 모습에 대한 눈뜸이며 꿈 속을 헤매는 것이 아니라 꿈을 깬 순간을 말합니다. 또한 지혜는 모든 문제를 해결하는 열쇠입니다. 동물의 감각적인 경험의 지혜에서부터 성인의 지혜 중에 수승한 지혜를 모두 포함하고 있습니다.

지혜는 중생의 당면 문제와 나아가서 생사 문제를 해결해 줍니다. 보살은 열반을 얻고 부처는 지혜를 통해서 성불을 성취하는 것입니다. 경제, 감정, 사회, 정치, 노사 등 모든 문제 해결이 반야 속에 있습니다. 반야는 해탈을 성취하는 유일한 길입니다.

위로는 깨달음을 완성한 부처와 아래로는 미혹된 중생의 두 가지 속성을 지니고 있는 보살행을 닦아 지혜를 완성해야 합니다. 깊은 지혜로써 저 언덕을 건너가는 보시, 지계, 인욕, 선정, 지혜, 정진의 육바라밀을 실천하고 계·정·혜를 닦을 때 지혜의 언덕에 도달할 수 있습니다.

넷째, 해탈향(解脫香)은 모든 장애, 고통, 어려움, 문제에서부터 벗어난 연후에 나는 향기를 말합니다.

집착 때문에 일어나는 개인적인 모든 문제를 고통이라고 합니다. 그런 문제들로부터 벗어나서 자유로운 상태가 되는 것을 해탈이라 합니다. 훌륭한 인격체에 접근하자면 부단히 노력해야 합니다.

현재의 상태에서 조금이라도 더 나아지는 것을 삶 속에서 해탈의 의미로 이해해야 합니다. 늘 새로운 삶을 꿈꾸고, 창조적인 태도로 매순간을 사는 게 해탈이 주는 교훈입니다. 수행이 깊으면 마음이 몸을 지배합니다. 법회에 참석해 배우려는 마음은 작은 해탈의 시작이라 할 수 있습니다.

다섯째, 해탈지견향(解脫知見香)은 해탈에 대한 바른 이해로 인해 생겨나는 향기입니다.

다른 모든 사람을 해탈의 경지로 이끄는 중생 제도의 뜻을 표시합니다. 불교는 자신의 해탈과 다른 이의 해탈을 동일시하여 '성불 하십시오' 혹은 '일체개공 성불도' '회향' 등의 말을 잘 씁니다.

우리가 아침 저녁으로 예불할 때 염송하는 오분향 속에는 우리 삶을 향기롭고 윤기나게 하는 지혜의 가르침이 담겨 있습니다.

부처님 오신
진정한 의미

:
:

"하늘 위 하늘 아래 부처님 같은 이 없고
 온 우주를 살펴 보아도 비길 이 없네
 이 세상 온갖 것 살펴 보아도
 부처님 같은 이 찾을 길 없네."

부처님께서 이 땅에 오신 것은 참으로 거룩하고 성스럽고 뜻깊은 일입니다. 먼저 탄생 설화를 통해서 부처님께서 하늘 나라의 영화도 버리시고 탐욕에 가득찬 땅, 시기와 질투와 전쟁과 질병이 가득한 이 사바 세계에 몸을 나투신 참뜻은 어디에 있는지 알아야 합니다.

부처님께서는 선혜보살, 게송 하나를 위해 몸을 던진 설산동자, 인욕보살 등의 수행을 닦으신 다음 십지(十地)의 공덕을 성취하시고 일생보처 보살로 도솔천에 태어나셔서 그곳의 천왕이 되셨는데 보살님의 이름은 '호명'이었습니다.

십지보살이란 십지에 오른 보살이란 뜻입니다. 보살이 성불에 이르는 길은 오십 이 단계가 있고 이 계위 가운데서 사십 일 위로부터 오십 위까지를 '십지'라고 합니다. 이 십지에 이르면 부처님의 지혜가 생겨 중생을 이롭게 하는 행을 하게 되는데 그와 같은 공덕은 마치 대지가 만물을 기르는 것과 같습니다. 일생보처 보살은 부처님이 되기 직전의 일생을 말합니다. 지금은 미륵보살이 일생보처 보살로 계신다고 합니다.

호명보살이 도솔천에서 그곳 수명으로 천 년을 사시면서 하늘 중생들을 교화하셨습니다. 우리의 시간으로는 오억 칠천 육백만 년이나 되는 오랜 세월이었습니다. 그러나 천상의 영화도 한계가 있어서 하늘 나이로 사천 세가 다하자 다섯 가지의 불길한 징조가 나타나기 시작했습니다. 머리 위의 꽃송이가 시들고, 겨드랑이에 땀이 나며, 옷에 때가 끼고, 앉은 자리가 불안하게 되는 등 좋지 않은 징조가 나타났습니다.

이런 현상을 보고 하늘 사람들은 호명보살과의 인연이 다한 줄 알고 슬피 탄식했습니다. 그러자 호명보살은 이렇게 말했습니다.

"내가 이제 이 천상에서 명이 다하여 인간 세계에 나게 되리라. 태어나는 자는 반드시 죽고, 만나면 반드시 이별하게 되는 것이 세상의 법칙이다. 나는 이 몸을 버린 뒤에 영원히 나고 죽음이 없는 보리를 성취하여 열반의 피안에 이르려한다."

마침내 호명보살은 태어날 인간계를 관찰하시고 여러 나라 가운데 가비라국을, 수많은 사람 가운데 정반왕 내외를 부모로 하여 나실 것을 결정하게 됩니다. 성도하기에 가장 이상적인 조건을 갖췄다고 판단하신 것입니다. 태어날 곳을 결정하신 호명보살은 마지막으로 말했습니다.

"내가 이제 인간 세계에 태어나려함은 세속의 온갖 보물과 오욕의 쾌락을 위해서가 아니라, 오직 최상의 깨달음을 이루어 저 중생들을 제도하여 생사없는 열반의 세계에 나게 함이로다."

설법을 마치신 뒤 보살은 조용히 선정에 들어 마야 부인의 태에 들 준비를 하였습니다.

한편 부처님의 어머니가 되실 가비라국의 왕비이신 마야 부인은 정반왕과 결혼한 지 이십 년이 가깝도록 아직 왕자를 두지 못했으므로 조석으로 정성껏 왕자의 잉태를 발원하고 있었습니다. 기도를 시작한 지 백일이 차가는 날 깊은 밤, 난간에 비껴 잠깐 조는데 흰 코끼리가 옆구리로 들어오는 꿈을 꾸게 된 것입니다. 어금니가 여섯 개 달린 흰 코끼리를 타고, 수없는 하늘 사람들과 선녀들이 앞뒤를 에워싸고 오색 광명이 찬란한 구름 속으로 내려오다가 정반왕궁으로 다가와서 부인의 옆구리로 들어오는 꿈을 꾸게 된 것입니다.

산일이 가까워지자 마야 부인은 친정인 데바다하로 떠나게 되었습니다. 마야 부인은 룸비니 동산을 산책하면서 화창하고 아름다운 광경에 도취되어 걷던 중 바라차 나뭇가지를 잡는 순간에 아기가 태동하여 아무 고통없이 분만하였습니다.

『보요경』에는 이렇게 적고 있습니다.

"내가 장차 천상이나 인간을 제도할 도사가 되어 나고 죽음의 괴로움을 끊고 모든 중생을 안락하게 하리라."

이때 제석천왕과 대범천왕이 향수를 뿌렸고 아홉 용이 향수를 뿜어 태자의 몸을 씻겨 드렸다고 했습니다.

그러면 부처님께서 이 땅에 오신 진정한 뜻은 무엇일까요?

첫째, 부처님께서는 중생의 어둠을 밝히는 등불이 되시려고 이 땅에 오셨습니다. 온누리 중생들에게 거짓에 속아 사는 어리석은 삶을 버리고 더 밝은 지혜의 등불을 환하게 켜들고 오셨습니다. 신의 섭리에 따른 것이 아니라 서로 의지하는 상관 관계로서만 인간은 존재할 수 있는 것입니다.

둘째, 중생의 고통을 구제 하시려고 오셨습니다. 부처님께서는 천지를 창조하시고 인간의 길흉화복을 주관하는 신으로써 이 땅에 오신 것이 아니라 중생의 어버이로 오셨습니다. 부처님께서는 행복의 길을 열어 주시고 가르쳐 주시고 인도하여 주시기는 하지만 행복 자체를 선사할 수는 없는 것입니다. 부모가 자식의 불행을 근심하듯 부처님께서는 중생을 위하여 눈물 흘리고 계십니다.

셋째, 영원히 죽지도 않고 태어나지도 않는 불생불멸의 불성을 깨달아 참된 삶, 진리의 삶을 살게 하려고 오셨습니다. 그리하여 모두가 부처님과 어깨동무하고 사는 부처님 나라를 건설하려고 이 땅에 오셨습니다.

우리는 이처럼 진리의 근원, 지혜의 보배창고를 자신 속에 간직하고 있으면서도 어리석음으로 인해 생사윤회의 고달픈 삶을 살고 있습니다. 마치 값비싼 보석을 몸에 지니고도 그 사실을 모르고 빌어먹는 춥고 배고픈 거지와 다를 바 없는 처지에 있는 것입니다.

부처님께서는 이와 같은 어리석음을 깨우쳐 주심으로써 모든 사람이 생사윤회의 고달픈 삶을 청산하고 부처가 되어 함께 어깨동무하고 사는 불국정토를 이 땅에 실현하고자 저 하늘 나라의 영화도 버리고 이 사바 세계에 태어나신 것입니다.

우리 불자는 부처님 오신 날을 맞아 부처님께서 이 땅에 오신 뜻을 살려 지혜와 자비의 등불로 무명의 장막을 걷어내고 불국정토를 건설하는 선봉에 서야겠습니다.

중도의 실천과
사성제

．
．
．

  불교의 근본 교설로 가장 중요하게 여기는 것은 사성제입니다. 경전을 통해 사성제가 얼마나 중요시 되었나를 잘 알 수 있습니다.

  『중아함경』 권 7에는 "모든 동물의 발자국 중에서 코끼리의 발자국이 가장 커 다른 모든 발자국을 섭수함으로 제일이라고 하듯이 사제(四諦)는 모든 선법을 다 섭수하므로 일체법 중의 제일이다."라고 말씀하셨습니다.

  또 『잡아함경』, 권 15에는 "만일 세상에 해와 달이 출현하지 않으면 주야 사철 등의 구분도 없이 세상은 항상 어두워 암흑의 고통만이 계속되듯이 여래께서 세상에 출현하여 사제(四諦)를 말씀하시지 않았다면 세상은 마찬가지로 생사(生死)의 기나긴 밤의 어둠만이 계속할 것이다. 그러나 여래께서 세상에 출현하시어 사제를 말씀하셨으므로 기나긴 밤에 순일한 지혜가 밝게 비추고 있는 것이다."라고 말씀하셨습니다.

  『아함경』에는 "대의왕(大醫王)이 병의 상태를 잘 알고 병의 원인을 잘 규명하여 병을 치료하되, 다시는 재발하지 않도록 하는 네 가지 덕을 구비하여 환자를 치료하듯이 여래는 이 사성제를 사덕(四德)으로 삼아 대의왕(大醫王)으로서 생사의 모든 고(苦)를 치료한다."라고 하셨습니다.

그러면 이러한 사성제의 내용은 과연 어떤 것일까요?

부처님께서는 구체적인 설법을 하실 때에는 사성제를 설하셨으므로 사성제를 설한 경전은 상당히 많습니다. 경전 가운데 비교적 자세히 설해져 있는 『중아함경』 권 7의 〈분별성제경〉에 의해 그 뜻을 풀어보기로 하겠습니다.

첫째, '고성제(苦聖諦)'는 범부의 생존은 고(苦)라는 진리를 말하는 것입니다. 경전에서는 고성제를 이렇게 설명하고 있습니다.

"고성제란 무엇을 말하는가. 생(生)은 고요, 노(老)는 고요, 병(病)은 고요, 사(死)는 고요, 애별리(愛別離)는 고요, 원증회(怨憎會)는 고요, 구부득(求不得)은 고요, 오음성(五陰盛)은 고다."

여기서 집착의 다섯 가지 응어리인 색·수·상·행·식에 대해 이해할 필요가 있습니다.

색(色)은 스스로 변화하고 또 다른 것을 장애하는 물체를 말합니다. 수(受)는 고, 락, 불고, 불락을 느끼는 마음의 작용을 말합니다. 상(想)은 외계의 사물을 마음속에 받아들이고 그것을 상상하여 보는 마음의 작용을 말합니다. 행(行)은 인연으로 생겨나서 시간적으로 변천하는 것을 말합니다. 식(識)은 의식하고 분별함을 말합니다. 흔히 생로병사(生老病死)의 사고(四苦)에 넷을 더하여 팔고(八苦)라고 하는데 경전에서는 팔고를 이렇게 표현하고 있습니다.

"무명의 업인으로 태어났으니 고요[生苦], 청춘을 구가하면서 즐겁게 살려고 하나 이 몸은 어느덧 늙어감에 고요[老苦], 단순히 늙어가는 것만 아니라 때를 불문하고 병마가 찾아와 신심을 괴롭히니 고요[病苦], 그리하여 결국은 한 많은 인생을 끝내게 되니 어찌 괴로움[死苦]이 아니리오. 그러는 중에도 사랑하는 자와는 헤어지니 고요[愛別離苦], 원수 맺고 미워하는 자는 만나서 고요[怨憎會苦], 구하고자 하나 얻지를 못하니 고다[求不得苦]."

결국 이렇게 볼 때 오취온(五聚蘊)으로 이루어진 인생 그 자체가 괴로움일 수밖에 없는 것입니다. 이것은 부처님께서 어떤 하나의 이론을 내세우기 위해서가 아니라 중생으로 일생을 살아가는 동안에 늘 경험하고 체험하고 있는 중생이면 누구에게나 공통된 현실의 양상입니다. 의사가 병을 고치려면 병의 양상을 정확히 알아야 하듯이 이런 고의 현실사를 올바르게 알아야만 할 것입니다.

둘째, '집성제(集聖諦)'는 범부의 여러 가지 고뇌는 결국 번뇌, 특히 갈애(渴愛)에 기인한다는 진리를 말합니다. 인생이 고라는 판단이 내려진 뒤에는 어떻게 하여야 할 것인가를 생각하지 않을 수 없습니다. 우리의 목적은 고를 알려는데 있는 것이 아니고 고를 떠나는데 있는 것입니다. 마치 의사가 병의 양상을 알고 나서는 그 병인(病因)을 정확히 캐내어야 정확한 처방을 할 수 있듯이 우리도 그 고(苦)의 원인을 정확히 캐내어야 합니다.

경전에서는 이렇게 설명하고 있습니다.

"중생은 실로 내육처(內六處)가 있다. 안처(眼處), 이처(耳處), 비처(鼻處), 설처(舌處), 신처(身處), 의처(意處)가 그것이다. 여섯 가지 감각 기관이 집착과 애욕 등에 물들고 때가 끼어 있기 때문에 그 결과로 고가 있다는 것이다. 그릇된 주관이 작용하고 있기 때문이다. 집성제는 고의 원인을 추궁한 것이다."

셋째, '멸성제(滅聖諦)'는 갈애를 멸하고 고를 멸한 열반이 가장 이

상경이라는 진리를 말합니다. 건강한 사회 회복의 상태, 다시 말해 이것 저것이 없어지는 것을 뜻합니다. 멸성제는 그릇된 주관 작용인 무명, 애욕, 집착 등을 다 끊어버린 상태를 말합니다. 모든 고라는 것이 이들로부터 생긴 것이기에 이들이 없다면 모든 고도 자동적으로 소멸되어 버릴 것은 당연한 이치입니다. 고가 없는 인생, 모든 괴로움이 없다면 그것은 이미 중생으로서의 인생이라고는 할 수 없는 해탈의 경지요, 열반의 경지인 것입니다.

그러므로 모든 고의 근원을 없애면 고가 없어지고, 고가 없어지면 곧 열반이므로 이에 대해 멸성제를 세우는 것입니다. 우리는 한시라도 빨리 고의 근원을 뽑아 버려야 할 것입니다. 병이 다 나으면 아무도 환자라고 부르지 않는 것입니다. 마찬가지로 고를 다 끊으면 아무도 중생이라고 부르지 않는 것입니다.

넷째, '도성제(道聖諦)'는 고가 모두 멸해 없어지는 수행법은 팔정도 밖에 없음을 밝히는 진리를 말합니다. 고의 소멸로 이끄는 길로서 법을 잘 결택하여 관찰하는 것과 생각할 바와 생각 안 할 바를 마음에서 잘 분간하는 것을 말합니다. 그리고 네 가지의 선한 구업(口業)과 세 가지의 선한 신업(身業), 정당한 방법으로 의식주를 구하는 것, 그리고 끊임없이 노력하여 물러섬이 없이 마음을 닦는 것과 생각할 바에 따라 잊지 않는 것, 마음을 한 곳에 바르게 집중하여 삼매를 행함은 곧 고의 멸진에 이르는 도(道)입니다.

사성제의 불교 교설이 밑바탕에 심어져 있어야 그 어떤 상황에서도 흔들림이 없습니다. 우리 불자들은 불교의 기본 교설인 사성제에 대한 이해를 익히고 또 익혀 깊이 공부해야 합니다.

고를 멸하는
팔정도

고를 멸하는 여덟 가지 수행법을 팔정도(八正道)라고 합니다. 그것은 바른 견해, 바른 사유, 바른 말, 바른 행동, 바른 생활, 바른 노력, 바른 새김, 바른 정신통일의 여덟 항목을 말합니다.

첫째, 바른 견해인 '정견(正見)'은 인생과 우주에 있어서 인연법과 사제법에 따라 바른 견해를 확립하는 것을 말합니다. 일체사견(一切邪見)을 불러일으키는 것으로 아집(我集)과 법집(法集)이 있습니다. 아집(我集)은 현재의 자신을 절대불변하는 것으로 고정화시켜 생각하는 것을 말합니다. 법집(法集)은 나 이외의 모든 것은 어떤 것이라고 고정화시켜 그것에 속박됨을 말합니다. 다시 말해 법집이란 진리·비진리·물질·정신·유·무 등 어느 것에든 집착하는 것을 말합니다.

『금강경』에는 "너희 비구들은 나의 법을 뗏목과 같이 알라. 진리도 오히려 버려야 하거늘 하물며 그릇된 법이랴."라고 설하고 있습니다.

정견의 구경 목표는 사제(四諦)의 진리를 바로 아는 것입니다. 아무리 소중한 내용이 담긴 성경이나 대장경이라 하더라도 중독되면 안 되는 것입니다.

둘째, 바른 사유인 '정사유(正思惟)'는 정견에 입각하여 자비희사(慈悲喜捨) 등의 바른 생각을 일으키는 것을 말합니다. 바른 생각은 세 가지 선한 마음을 말하며 중도(中道)에 입각한 사고, 정견에 대한 바른 생각을 말합니다. 정사유에 대해『잡장제경(雜藏諸經)』에는 세속과 출세간의 두 가지로 나누어 다음과 같이 말하고 있습니다.

"세속(世俗)은 선계(善界)로 나아가는 길이며, 욕망과 성냄이 없이 해롭히지 않는 생각을 말한다. 출세(出世)는 고집멸도를 진리로 생각하여 번뇌 없는 절대 경지를 생각하여 스스로 결정, 선택하여 뜻을 바로 세우는 것을 말한다."

셋째, 바른 말인 '정어(正語)'는 네 가지 선한 말을 일컫는 것입니다. 진정한 의미의 바른 말은 따뜻한 말을 하며, 진리에 맞는 말을 하며, 남을 구제하는 말을 하는 것입니다. 바른 길로 인도하는 말 등은 인간을 번뇌와 죄업과 불선(不善)과 암흑의 삶으로부터 불교의 구경 목표인 열반에 이르게 하는 수도적 생활 요인이 되는 언어 생활을 하는 것입니다. 언어는 표현의 도구입니다. 또한 언어는 생활의 도구이며, 민족 수호의 주체이며, 문화의 매개체입니다. 마음을 표시하는 사고의 도구인 언어는 인간과 불가분의 관계에 있습니다. 불제자가 지켜야 할 열 가지 계율 가운데 말과 관계되는 것으로는 악구(惡口), 양설(兩舌), 망어(妄語), 기어(綺語) 등 넷을 차지할 만큼 말에 대한 것은 중요한 부분을 차지합니다.

『십지경(十地經)』에 실어(實語), 제어(諦語), 시어(時語)의 진실어를 제시하여 바른 말의 정곡을 설명하고 있습니다.

실어(實語)는 생각 그대로의 언어를 말합니다. 심언일치(心言一致)

라고 하여 마음에서 우러나는 언어를 가리킵니다. 제어(諦語)는 사실을 정확하게 해석하는 완전한 지혜의 사고로서 틀림없는 진실을 말하는 것을 가리킵니다. 주관 그대로의 생각에 객관성을 가미한 언어입니다.

시어(時語)는 진실을 분별하여 말했다 해도 상대가 이 때문에 근심하고 괴로움에 빠진다면 결국 진실의 본위에 어긋나게 됩니다. 그러므로 시어(時語)를 염두에 두지 않으면 안 됩니다. 이외에도 애어(愛語)가 있습니다. 화안애어(和顔愛語)란 말처럼 얼굴에는 화기를 띄고 말에는 사랑을 담아 하는 것이 좋습니다. 크게 잘못된 말을 하는 것을 대망어(大妄語)라 하는데 사분율에는 바라이죄로 규정하고 있습니다. 바라이죄는 목을 자를 만큼 중죄에 해당합니다.

넷째, 바른 행동인 '정업(正業)'은 네 가지 선한 행동을 말합니다. 일련의 어떤 사고와 제단(制斷)을 거친 끝에 따라오는 자율적 행위입니다. 상기의 업(業)은 신업(身業)에 해당되지만 의업(意業)이 신업에 앞서 중시되어야 함을 간과해서는 안 됩니다.

『잡장제경(雜藏諸經)』에는 정업에 대해 자세히 이르고 있습니다.

"어떤 것이 정업이 되는가? 두 가지가 있으니 첫째는 세속 번뇌가 있고 취함이 있어 좋은 세계로 향하는 것이고, 둘째는 성인이 세간을 뛰어 넘어 번뇌도 취함도 바르게 다 없애 괴로움이 다한 저 열반에까지 향해 나아가는 것이니라. 어떤 제자들은 사제(四諦)를 그렇게 생각하며 살(殺), 도(盜), 음(淫)과 나머지 모든 악행을 생각으로부터 없애고, 오직 무투심(無偸心)으로 지나치지도 넘치지도 않는 것이 바른 행위라 하느니라."

흔히 불교의 최종 목표를 말할 때 '제악막작(諸惡莫作) 중선봉행(衆善奉行) 자정기의(自淨其意) 시제불교(是諸佛敎)'라고 말합니다. 여기서 모든 악을 짓지 않는 제악막작은 소극적 바른 행위를 말하고, 모든 선을 받들어 행하는 중선봉행은 적극적, 대승적 바른 행위를 말합니다. 또 스스로 자기 마음을 밝히는 것인 자정기의는 출세간의 절대법을 말하고, 이것이 바로 불교라는 뜻인 시제불교는 바른 행위의 통합적 완성을 말합니다.

다섯째, 바른 생활인 '정명(正命)'은 바르게 살아 있는 생명이란 뜻입니다. 이것은 살아가는 생활 방법상의 문제를 말합니다. 자신의 생활을 위하여 남에게 피해를 주어서는 물론 안 되며, 남에게 이익과 사회에 공헌할 수 있는 생활 수단을 말합니다. 정명에 대해 『성도경(聖道經)』에는 이렇게 설명하고 있습니다.

"어떤 것이 바른 생활인가? 만일 구함도 없고 구하는 바가 만족스럽지 못해도 주문도 쓰지 않고 삿된 생활로 생명을 존속시키려고도 하지 않는 것이다. 그는 법다이 의복을 구했고, 법다이 음식과 탕약, 모든 생활 도구를 구했으므로 법에 의한 것이라. 이것을 바른 생활이라 하느니라."

여섯째, 바른 노력인 '정정진(正精進)'은 바른 목표를 향해 가는 바른 마음을 뜻합니다. 바른 방법으로 바른 삶을 위해 바르게 노력하는 것이 바로 정정진의 의미입니다. 정정진은 정방편(正方便), 정치(正治), 제법(諦法)이라 하며, 이미 생긴 악업은 끊어 없애고, 아직 생기지 않은 악업은 생기지 않도록 하며, 아직 생기지 않은 선법은 생기게 하며, 이미 생긴 선법은 더욱 자라서 만족하도록 부지런히 노력하는 것을 말합니다.

『불유교경(佛遺敎經)』에는 정정진에 대해 잘 설명하고 있습니다.

"수행자가 마음을 해태하게 가지면 마치 나무를 비벼 불을 얻으려는 자가 미처 뜨거워지기도 전에 비비는 것을 중지하여 불을 얻지 못하는 것과 같으니 정진도 이와 같으니라."

정정진은 세간과 출세간으로 나누어 생각해 볼 수 있습니다. 세간적 정진은 십악(十惡)을 끊고 십선(十善)을 실천하여 좋은 과보를 얻고 내세에는 하늘 나라, 훌륭한 인간, 복 받은 삶을 얻어 태어나는 것을 말합니다. 출세간적 정진은 선악, 시비, 남녀, 화복, 생사, 길흉의 상대적 차원을 넘어선 절대의 경계를 뜻합니다. 곧, 사제의 진리에 입각하여 도제의 길을 밝힌 것입니다. 바른 정진은 구도의 생명과 같습니다.

일곱째, 바른 새김의 '정념(正念)'은 진정한 생각이란 뜻입니다. 바른 생각의 정사유와 구분이 잘 안 된다고 생각할 수도 있습니다. 쓸데없는 생각을 멀리 여의고 바른 일념을 잃지 않는 것을 말합니다. 정념은 위에서 여섯 가지 정도를 닦은 힘으로 진리를 일념으로 직관하는 것을 뜻하며, 부질없는 현상에 동요하거나 멍청한 상태로 있지 않는 것을 말합니다.

여덟째, 바른 정신 통일인 '정정(正定)'은 주관과 객관의 마음이 하나가 되는 것을 말합니다. 바른 삼매의 힘으로 앞의 일곱 가지 항목을 완성시키는 것을 말합니다. 다시 말해 정정은 더욱 나아가 보이는 대상과 보는 마음의 합일을 표시하며, 자연과 인간의 조화 등을 나타냅니다. 정정은 완전한 해탈을 이루어 결코 번뇌에 떨어지지 않는 열반의 경지를 말합니다.

이상으로 팔정도에 대해 알아보았는데 팔정도는 정견에서부터 차례대로 순서에 의해 성취되는 것입니다. 또한 이 팔정도는 실천적인 것임을 명심해야 합니다. 팔정도에 따라 바르게 살아감으로써 개인의 연속적인 변화 과정은 여러 생애를 차례로 경과하여 열반이라고 하는 궁극적인 목표를 향해 나아가는 것입니다.

어머니의 마음
관세음보살

● ● ●

　흔히 절의 여자 신도들을 보살이라고 하는데 이는 인격을 갖춘 보살만이 아닌 대승불교의 육바라밀 등을 수행의 덕목으로 삼는 이를 총칭해서 보살이라고 부르는 것입니다. 다시 말해서 보살은 성불하기 위하여 수행에 힘쓰는 이를 가리켜 부르는 이름입니다. 불교에서는 관세음보살, 지장보살, 문수보살, 보현보살을 일컬어 사대 보살이라 부릅니다.

　관세음보살은 범어로 아바로기데스바라(Avalokitesvara)라고 부르는데 한역하면서 관세음보살이라고 한 것입니다. 관세음보살은 대자대비를 근본 서원으로 하고 있으며 중생들이 기구(祈求)하는 소리, 애절한 소리, 고통의 소리를 두루 살펴서 중생들의 고통을 없애주신다고 했습니다. 그래서 관세음보살은 여러 가지의 다른 이름이 있습니다.

　관세음보살은 마치 어머니가 자식을 거두어 양육하는 것과 같이 미운 자식도 애민히 여겨 버리지 아니하고 오직 중생의 고통만을 덜어

주시고 중생을 즐겁게 하는 보살입니다.

『관음본연경』에 관세음보살의 약본설화가 다음과 같이 전해져 오고 있습니다.

마열바질국에 장나 장자와 마나사라 부인 사이에 달과 같고 옥과 같은 아들 조리(早離)와 삼 년 후에 또다시 아들 속리(速離)가 태어났습니다. 부모와 인연이 박해서 지은 이름입니다. 행복한 와중에 세월이 흘러 형이 일곱 살, 동생이 다섯 살이 되던 해 8월 마나사라 부인이 병상에 누워 숨을 거두었습니다. 가정에는 살림을 꾸려 갈 사람이 있어야 했습니다. 친구들의 권유로 이웃 마을 비라장자의 딸을 후처로 맞았습니다.

어느 해 나라가 흉년을 맞아 기아자가 생기자 남편은 무역을 떠나야 했습니다. 후처는 조리, 속리에 대한 생각이 바뀌어 무인절도 섬에 내다버려 굶겨 죽이기로 작심했습니다. 뱃사공을 매수하여 무인절도에 도착하여 "너희들은 내려서 바닷가에서 놀아라. 나는 음식을 만들마"하고 즐겁게 노는 순간 잔인한 어머니는 뱃사공과 함께 멀리멀리 사라져 갔습니다. 그 후 형제의 생활은 비참했습니다. 해초와 미역으로 연명하며 최후를 맞았습니다. 형제는 붙들고 하늘을 보고 맹세했습니다.

"우리는 죽은 어머님의 유언을 지켜야 한다. 여기서 죽더라도 많은 고통받는 사람에게 의지가 되어주고 그들을 구제해 주어야 한다. 세상에는 한쪽 부모를 잃고 고아가 된 아이들이 얼마나 많겠는가? 그들을 위해 부모가 되고 친구가 되어 주자. 의복과 음식을 주어 구제하자. 많은 중생들이 부처를 만나지 못하면 부처의 몸을 나타내어 그들을 돕자. 또한 병고에 신음하고 흉년 들어 굶주린 자는 약과 오곡이 되어 그들을 도와주자.”

이러한 서원을 세운 조리와 속리는 서른 세 가지의 원을 세우고 서로 상의를 벗어 혈서를 써서 나무에 걸고 최후를 마쳤습니다. 무역에서 돌아온 아버지가 두 아들의 유골과 서른 세 가지의 혈서를 보고, 하늘을 우러러 맹세했습니다.

“원컨데 나도 모든 중생을 조속히 다 제도하고 불도를 이루오리다.”

원을 세운 장자는 악독한 후처를 전생의 과보로 너그러히 용서한 후 오백 가지의 원을 세운 다음, 아들을 따라 그곳에서 최후를 마치고 말았습니다.

이상이 관세음보살의 『관음본연경』의 약본설화인데 관음보살이 영산회상에서 자신의 본연을 말씀한 것입니다.

관세음보살에 대한 서원이 담긴 이러한 설화를 통해 우리의 마음 자세를 돌아보는 계기로 삼아야 합니다.

불자들도 관세음보살을 염하면서 기도하는 것과 그 반대일 때에 차이가 있는 것입니다. 전자일 때는 원만한 인격을 갖춘 관음의 화신이 되지만, 후자일 때는 우리도 모르게 무명의 업을 쌓는 미오(迷悟) 중생이 되는 것입니다.

관세음보살의 원력은 우리 불자들이 언제나 가까이 두고 따르며 닮아야 하는 가르침입니다.

자기 완성의
육바라밀

．
．
．

    육바라밀은 불자가 반드시 닦아야 할 보시, 지계, 인욕, 정진, 선정, 반야의 여섯 가지를 말합니다. 팔정도가 자기 수행의 포괄적인 의미를 담고 있는데 반해 육바라밀은 자기 완성의 항목만을 포함하고 있습니다. 다시 말해 팔정도가 자기 완성인 상구보리(上求菩提)에 해당된다면 육바라밀은 하화중생(下化衆生)인 대사회적인 보살의 수행법이라 할 수 있습니다. 예를 들어 보시, 인욕 등의 항목은 대사회적인 덕목에 알맞다고 생각할 수 있습니다.

    부처님께서 성도 후 12년까지는 계율을 범하는 사람이 없었습니다. 우바리존자는 계율과 관계되는 부처님의 십대 제자 중 한 사람으로 계율을 제정하는데 큰 역할을 했습니다. 또 도선율사(道宣律師, 597~667)는 중국 종남산 풍덕사에 있으면서 많은 율서를 저술하였으며, 사분율종(四分律宗)을 수립한 종주입니다. 신라 때 자장율사는 636년에 입당하여 종남산 풍덕사 도선율사로부터 3년간 유학하고 귀국하여 양산 통도사를 창건하고 남산율종을 수립하였습니다.

육바라밀의 수행 중 보시를 제일 먼저 둔 까닭도 사회의 모든 사람이 상호 협조적인 보시 자선을 행할 것을 강조했기 때문입니다. 육바라밀은 대승불교에서 가장 우선적으로 요구되는 덕목입니다.

육바라밀의 첫 번째 덕목인 보시바라밀과 관련하여 말에 의해서 나타나는 열 가지 범주를 십구의(十口義)라고 합니다.

첫째, 대중의 통솔을 위하여 하는 말입니다.

둘째, 대중의 화합을 위하여 하는 말입니다.

셋째, 대중의 안락을 위하여 하는 말입니다.

넷째, 다스리기 어려운 대중을 다스리기 위하여 하는 말입니다.

다섯째, 부끄러워하는 자에게 안락을 주기 위하여 하는 말입니다.

여섯째, 믿음이 없는 자에게 믿음을 주기 위하여 하는 말입니다.

일곱째, 이미 믿음이 있는 자에게 더욱 믿음을 키워나가게 하기 위하여 하는 말입니다.

여덟째, 현세의 번뇌를 끊게 하기 위하여 하는 말입니다.

아홉째, 후세의 악을 물리치기 위하여 하는 말입니다.

열째, 후세인에게 불도를 이루게 하기 위하여 하는 말입니다.

"계시불행(戒是佛行)이요, 경시불어(經是佛語)요, 선시불심(禪是佛心)이라"는 말이 있습니다. 다시 말해 계는 부처님의 행이요, 경은 부처님의 말씀이요, 선은 부처님의 마음을 표현한 것이라는 뜻입니다.

이처럼 좋은 말로서 보살행을 할 수 있습니다. 지계란 저 언덕에 이르는 여섯 가지 바라밀 가운데 두 번째로서 절제와 조절을 의미합니다. 수행자는 본분을 지켜야 합니다. 수행자로서 본분을 망각하고 향락과 쾌락에 탐닉한다면 타인이 생각하기를 자기보다 못한 이라 하여 제도하기 힘들게 됩니다. 예를 들어 비행기, 항로, 선로, 철로 등과 같은 탈 것은 일정한 노선이 있습니다.

만약 이러한 적절한 약속을 이탈했을 경우에는 불행의 구덩이에 떨어지게 됩니다. 그러나 모든 사람이 똑같은 계율의 적용을 받아 일률적으로 실천할 필요는 없습니다. 지역의 특성이나 인습, 관례, 가치의 기준 등 비 도덕적인 행위를 막기 위하여 설정해 놓은 법규를 지키고 범하지 않는 것에서 출발하면 될 것입니다.

계율 가운데 가장 열심히 지켜야 할 대목이 인욕입니다. 인욕바라밀은 온갖 번뇌와 모욕을 참고 어려움을 극복하여 안주하는 것으로 일상에 있어 성나고 언짢은 일을 참고 견디는 것입니다.

인욕에는 다섯 가지가 있습니다.

첫째, 복인(伏忍)입니다. 이것은 비위에 거슬리는 일이 있으면 먼저 성나는 그 마음을 조복하여 억누르는 것을 말합니다. 자기 마음을 즐겁게 하는 순간도 참아야 합니다. 그 이유는 역경을 견디지 못하면 분노가 치밀어서 투쟁하기 쉽고, 순경을 못 참으면 유혹에 빠져서 몸과 마음을 버리기 쉽습니다. 예를 들어 성낼 때는 감사의 마음을 일으키고, 순경 시에는 절제의 마음을 일으켜야 합니다.

둘째, 신인(信認)입니다. 무루(無漏)의 믿음을 얻은 것을 말합니다.

셋째, 순인(順忍)입니다. 사람이 참기를 많이 하면 저절로 조복이 되어서 역경이나 순경을 만날지라도 마음이 흔들리지 않는 경지에 이르게 됩니다. 예를 들어 서비스업 종사자들이 친절을 베풀다 보면 그 반응에 대하여 관찰하되 나중에 보람과 행복을 느껴 스스로 참는 근본 원리를 깨달아 이행하게 됩니다.

넷째, 무생인(無生忍)입니다. 참고 견디어 보살행에 오른 사람은 인욕행을 성취한 사람입니다. 인생이 허망하고 무상함을 깨달아 일체 만법이 인연으로 귀결됨을 알면 성낼 일도 참을 것도 없어지는 것입니다.

다섯째, 적멸인(寂滅忍)입니다. 인욕행으로 부처 지위에 이른 상태를 말합니다. 생사고해에서 벗어나서 본래부터 적멸한 열반의 경지에서 볼 때 한 물건도 없게 되는 것입니다.

정진바라밀은 순일하고 물들지 않는 마음으로 항상 부지런히 닦아 꾸준히 나아가는 것입니다. 그러나 닦는다는 생각과 닦을 바가 있어서는 안 됩니다. 정(精)은 순일무잡(純一無雜)을 의미하고 진(進)은 용맹정진을 말합니다.

선정바라밀은 수행인이 반야의 지혜를 얻고 성불하기 위하여 마음을 닦는 것이며 생각을 쉬는 것을 의미합니다. 현실 생활이 불만과 고통으로 가득차게 되는 까닭은 잡다한 생각을 쉬지 못하고 어리석게 집착하고 있기 때문입니다. 선정은 마음을 고요하게 하는 공부로서 망념과 사념, 허영심과 분별심을 버리게 합니다.

지혜는 모든 사물이나 이치를 밝게 꿰뚫어 보는 깊은 슬기입니다. 지식과 다른 점은 지식이 분별지(分別智)인데 반하여 지혜는 무분별지입니다.

보살이 피안에 이르기 위하여 수행하는 육바라밀 중 마지막의 반야바라밀은 모든 부처님의 어머니라 하여 다른 다섯 바라밀을 형성하는 바탕이 됩니다.

이상의 육바라밀을 보살이 무량한 세월 동안 수행함으로써 마침내 성불을 얻게 되는 것입니다.

선업으로 바꾸는
십악참회

우리가 지은 많은 악업 중에 신(身)·구(口)·의(意) 삼업에 해당되는 열 가지가 바로 십악(十惡)입니다. 이 십악을 참회하고 정반대로 행하게 되면 결국 십선(十善)이 됩니다.

『천수경』에 나오는 십악참회를 바로 깨달으면 진정한 선행에 이를 수 있습니다.

첫째, '살생중죄(殺生重罪) 금일참회(今日懺悔)'는 살아 있는 모든 것을 죽인 무거운 죄를 내가 오늘 참회한다는 뜻입니다. 우리에게 불필요한 일로써 살생할 필요는 없습니다. 우리가 살생을 하지 않고 생명을 존중히 여기는 뜻의 방생을 한다면 곧 선이 되는 것입니다.

계라고 해서 무조건 잘 지키기만 해서는 안 됩니다. 네 가지 조건이 있는데 그것을 잘 지킴은 물론이고, 잘 범할 줄도 알아야 하며, 잘 열 줄도 알아야 하며, 잘 막을 줄도 알아야 합니다. 예를 들어 전쟁에서의 살생은 어쩔 수 없이 범하게 되는 것입니다. 또 오후에는 먹지 않는다는 오후 불식의 계목도 큰 불사나 대의나 명분을 위해서라면 어쩔 수 없이 계율을 어기게 되는 경우가 있습니다.

둘째, '투도중죄(偸盜重罪) 금일참회(今日懺悔)'는 남의 물건을 훔친 것에 대해 내가 오늘 참회한다는 뜻입니다. 오늘날의 투도는 노동의 착취나 권력을 남용하여 엄청난 부를 축적하는 경우도 이에 해당됩니다. 적극적인 개선 방법은 베푸는 일인 보시행을 하는 것입니다. 보시 중에서도 재보시와 법보시가 함께 이루어져야 합니다.

셋째, '사음중죄(邪淫重罪) 금일참회(今日懺悔)'는 삿된 음행의 무거운 죄를 내가 오늘 참회한다는 뜻입니다. 이것은 보다 청정한 행을 하라는 뜻으로 받아들일 수 있습니다.

넷째, '망어중죄(妄語重罪) 금일참회(今日懺悔)'는 망령된 말로써 지은 무거운 죄를 내가 오늘 참회한다는 뜻입니다. 망어는 거짓말입니다. 거짓말 대신 정직한 말로서 신뢰를 얻으면 곧 선한 행위가 됩니다.

다섯째, '기어중죄(綺語重罪) 금일참회(今日懺悔)'는 비단결 같은 말로써 지은 무거운 죄를 내가 오늘 참회한다는 뜻입니다. 사기성이 담긴 말보다 진실한 말로서 남을 이롭게 하면 선업을 쌓게 됩니다.

여섯째, '양설중죄(兩舌重罪) 금일참회(今日懺悔)'는 두 가지 말로써 지은 무거운 죄를 내가 오늘 참회한다는 뜻입니다. 양설은 두 가지 말로서 남을 이간시키는 것이니, 이것 대신에 화합의 말로서 양쪽 모두 만족스럽게 한다면 선행을 행하는 것이 됩니다.

일곱째, '악구중죄(惡口重罪) 금일참회(今日懺悔)'는 악담으로 지은 무거운 죄를 내가 오늘 참회한다는 뜻입니다. 상대편에게 악담을 하는 것은 곧 자신에게 비수를 꽂는 것과 같습니다. 따뜻한 말 한마디로 아픈 상처를 치유할 때 그것은 곧 선업이 됩니다.

여덟째, '탐애중죄(貪愛重罪) 금일참회(今日懺悔)'는 탐욕으로 인해 지은 무거운 죄를 내가 오늘 참회한다는 뜻입니다. 탐욕 대신 보시로 나눔을 베풀 때 자신이 속한 주위는 밝아집니다.

아홉째, '진에중죄(瞋恚重罪) 금일참회(今日懺悔)'는 성냄으로 인해 지은 무거운 죄를 내가 오늘 참회한다는 뜻입니다. 한번 화를 내면 쌓았던 선업이 일시에 무너집니다. 자비심으로 화를 가라앉힐 수 있는 자제력을 길러야 합니다.

열째, '치암중죄(痴暗重罪) 금일참회(今日懺悔)'는 어리석음으로 인해 지은 무거운 죄를 내가 오늘 참회한다는 뜻입니다. 어리석음을 지혜로 바꿀 때 선업은 차곡차곡 쌓입니다.

위의 열 가지 가운데 신업에 해당되는 것은 살생, 투도, 사음의 죄를 짓는 것입니다. 또한 구업으로 짓는 것은 망어, 기어, 양설, 악구 등입니다. 의업에 의해 짓는 것은 탐애, 진에, 치암 등으로 구분할 수 있습니다.

십악참회 다음으로 이어지는 구절은 우리의 죄업이 아무리 크고 무거울지라도 진실한 마음으로 참회하면 일시에 소멸될 수 있다는 것입니다.

『천수경』에는 "백겁적집죄(百劫積集罪) 일념돈탕진(一念頓蕩盡) 여화분고초(如火焚枯草) 멸진무유여(滅盡無有餘)"라는 말이 있습니다. 이것을 풀이하면 '백겁 동안이나 쌓인 모든 죄업을 한 순간 몰록 소탕해서 제거해 주십시오. 마치 마른 풀을 산더미처럼 쌓아 놓았다 하더라도 불을 붙이면 일시에 타버리듯이 다 소멸되게 해 주십시오'라는 뜻입니다.

계속해서『천수경』에는 "죄무자성종심기(罪無自性從心起) 심약멸시죄역망(心若滅時罪亦亡) 죄망심멸양구공(罪亡心滅兩俱空) 시즉명위진참회(是卽名爲眞懺悔)"라고 참회의 내용이 있습니다.

이 구절을 풀이하면 '죄라는 것은 물과 얼음, 물과 비, 물과 풍랑, 물과 갈증처럼 본래 실체가 없는데 마음으로 쫓아서 일어나는 것이므로 마음이 소멸되면 죄 또한 없어진다. 마음도 없어지고 죄 또한 없어져서 그 두 가지가 함께 없어지면 이것이야말로 진정한 참회이다'라는 뜻입니다.

부처님께서는 지혜의 눈으로 바라보시기 때문에 일체가 공한 것임을 깨달으신 것입니다. 설령 상대방이 미움의 감정을 갖고 있다고 하더라도 그것 또한 실체가 없는 것입니다. 영화 속의 주인공을 보고 울고 웃고 하는 것과 똑같은 이치입니다.

『천수경』을 열심히 읽은 사람은 적어도 모든 것이 공한 것이기 때문에 그러한 감정의 찌꺼기는 말끔히 지워버려야 하는 것입니다.

참회와 관련된 대표적인 진언인 참회진언은 "옴 살바 못자모지 사다야 사바하"입니다.

여기서 '옴'은 진언의 왕, 우주의 핵심, 항복, 조복, 섭복의 뜻을 담고 있습니다. 또 '살바'는 일체의 뜻이 있고, '못자'는 붓다를 표현한 것입니다. '모지'는 보리의 뜻이고, '사다야'의 '사다'는 살타이며, '~야'는 누구누구에게란 뜻이 있습니다. '사바하'는 구경, 원만 성취, 맡긴다, 귀의한다는 뜻이 있으므로 여기서는 "일체의 불보살님에게 귀의한다"는 의미입니다.

참회진언의 내용은 결국 자신이 지은 모든 죄를 불보살님께 다 털어 놓고 참회하면 마음이 편안해진다는 것입니다. 마음이 편안해지는 이유는 참회를 하는 동안 마음이 열려 불보살님과의 교류가 이루어지기 때문입니다.

우리는 참회를 통해 매일매일 거듭 태어나는 마음으로 모든 이와 더불어 사는 삶을 살아야겠습니다.

불교 의식의
종류와 회향

●
●
●

불교 의식에는 여러 가지가 있습니다.

첫째, 상단불공은 석가모니불께 공양을 올리며 소망을 기원하는 의식입니다.

둘째, 중단권공은 신중님께 음식을 올리고 반야심경을 외워 가호를 기원하는 의식입니다.

셋째, 관음시식은 49일 천도재 중 1재에서 6재까지의 천도의식이며, 제사 때에도 진행합니다.

넷째, 구병시식은 병든 이를 위해 귀신에게 음식을 베풀고 법문을 일러주는 의식입니다.

다음으로 인과·업·왕생극락의 내용에 따라 기도의 기간과 종류에도 여러 가지가 있습니다. 기도 기간은 삼일, 칠일, 이십일일, 백일, 천일, 만일 등이 있습니다. 기도의 종류에도 관음 기도, 지장 기도 등이 있습니다.

관음 기도는 부처님의 위신력 중에서 자비로움만을 표현한 기도입니다. 32응신과 33원으로 『법화경』〈보문품〉에서 자세히 설명하고 있습니다. 관음 기도는 현실적인 문제 해결에 대한 기도입니다.

지장 기도는 세상의 모든 중생이 다 성불하고 난 후 지옥 중생을 건진 후에 제일 마지막으로 성불하겠다는 서원을 세운 지장보살의 원력을 담은 기도로 죽은 자에 대한 기도입니다.

기도 방법은 각기 무슨 기도에는 제 각각 부르는 명호에 따라 그 사람의 소망을 엿볼 수 있으나, 궁극적 이상 목표는 자기 내부의 소망을 불보살의 원력과 합일되는 것을 목표로 합니다.

끝으로 기도 회향을 잘 해야 합니다. 모든 인비인, 불보살 등 유정, 무정에까지도 그 공덕을 회향해야 합니다.

회향에는 다음의 다섯 가지 회향이 있습니다.

첫째, 중생 회향은 자기가 지은 선근 공덕의 이익을 다른 중생이나 불과에 돌려 회향하는 것을 말합니다.

둘째, 보리 회향은 자기가 지은 온갖 선근을 회향하여 보리의 과덕을 얻으려고 추구하는 것을 말합니다.

셋째, 실제 회향은 자기가 닦은 선근 공덕으로 무위적정한 열반을 추구하는 것을 말합니다.

넷째, 왕상(往相) 회향은 자기가 지은 과거, 금생의 공덕을 중생에게 베풀어 함께 정토에 왕생하기를 원하는 것을 말합니다.

다섯째, 환상(還相) 회향은 정토에 왕생한 뒤에 다시 대비심을 일으켜 이 세계에 돌아와 중생을 교화하여 함께 불도에 들게 하는 것을 말합니다.

불교의 여러 가지 의식의 의미를 알고 기도에 임하면 성취하는 바도 클 것입니다.

불살생과
정진

•
•
•

   신라 시대의 연기대사는 다음과 같은 중요한 날에는 살생하지 말 것을 이렇게 가르치셨습니다.

   첫째, 생일에는 살생하지 말라고 했습니다.

   『부모은중경』에는 살생을 경계하는 이런 구절이 나옵니다.

   "슬프다 부모시여, 나를 낳아 수고 하셨으니 내 몸이 출생하는 날은 어머님께서 거의 죽을 뻔하던 때라 이 날은 결코 살생을 경계하며 재계를 가지고 널리 선사를 베풀지니라. 세상에 탄생하여 축복을 받으려고 하면서 어찌하여 살생하겠는가?"

   둘째, 자식을 낳거든 살생하지 말라고 했습니다.

   "대개 사람들은 유자식을 기뻐하고 무자식을 슬퍼함에 일체 금수도 각각 그 새끼 사랑함을 생각하지 못하는구나.

   내 자식 낳은 건 좋아하면서 남의 자식은 죽게 함은 마음 편안하겠는가. 어린 것이 처음 남에게 적선은 못 할지언정 도리어 살생하는 어리석음을 지으랴."

셋째, 제사 지낼 때 살생하지 말라고 했습니다.

"망령의 기일과 춘추소분(春秋掃墳)에 마땅히 살생을 경계하여 명복을 자라게 할 것인데 살생하여 제사 지냄은 악업만 더할 뿐이다. 인진미(人珍味)를 망령 앞에 놓을지라도 구천에 가신 유골을 일으켜 흠양토록 하겠는가."

넷째, 혼례에 살생하지 말라고 했습니다.

"혼인은 생민의 시초이니 삶의 시초에 살생하는 것이 이치가 틀렸음이요, 혼례는 길일인데 흉한 일을 행함이 참혹치 않은가. 사람은 해로하기를 원하면서, 금수는 먼저 죽기를 원하는가? 시집 보내는 집에서 3일 동안 촛불을 끄지 않는 것은 모녀가 서로 갈린 것을 슬퍼하나니 사람은 이별을 괴롭다하면서 금수는 이별을 낙으로 하는가?"

다섯째, 연회할 적에 살생하지 말라고 했습니다.

"주빈이 상대하야 담담한 다과와 소상채정이 취미에 방해됨이 없거늘 어찌 목을 따고 배를 갈라 슬픈 소리가 끊이지 않게 하니 사람의 마음 가지고서야 어찌 비참치 않으랴. 식탁의 아름다운 맛이 도마 위의 고통을 쫓아 왔다면 저의 원한으로 나의 환락을 장만하여야 하는가?"

여섯째, 기도 시에는 살생하지 말라고 했습니다.

"사람이 병이 들어 기도함에 살고자 기도하고 복 받기를 바랄 뿐이고 죽기를 면하고 살기를 바라는 줄 생각하지 못하는구나. 남의 목숨을 죽여 나의 목숨을 늘리고자 함은 천리를 어기지 않는가."

일곱째, 직업을 경영함에 살생하지 말라고 했습니다.

"세상 사람이 의식을 위하여 사냥, 고기도 잡으며 혹 소, 개를 잡아서 생계를 유지하지만 이 노릇을 하지 않아서 굶어 죽거나 옷을 입지 못했다는 얘기는 듣지를 못했다. 천 가지 문장을 외운 들 뜻을 모르면 무슨 이익이요."

연기대사의 불살생을 생활화하는 불자가 되어야 합니다. 그와 함께 보살도를 닦는 불자가 되어야 합니다.

『법화경』에는 "나는 너희들을 존경한다. 너희들은 모두 보살도를 닦아 마땅히 부처가 될 수 있기 때문이다"라고 말씀 하셨습니다.

보살도를 닦는 것과 또 이와 관련한 한 가지 이야기가 있습니다.

히말라야 산속 마을에 돌팔매질을 잘하는 개구쟁이 소년이 있었습니다. 어느 날 물동이를 이고 가는 아름다운 여인을 발견하고 단단한 돌멩이를 집어들었습니다. 그러나 여인은 이미 소년의 행동을 눈치채고 얼른 돌을 피했습니다. 이 마을의 소문난 장난꾸러기 소년은 덜컥 겁이나 도망치려다 여인에게 붙잡혔습니다. 여인은 물동이를 이고 앞으로 오더니 이렇게 말했습니다.

"저런 신발도 신지 않았네. 발을 씻어야겠구나."

그러면서 물동이에다 발을 씻어 주었습니다. 그리고 소년에게 물었습니다.

"이 물을 마실 수 있겠니?"

"발 씻은 물을 어떻게 마셔요."

"음식은 담을 수 있겠니?"

"더러워진 그릇인데 어떻게 음식을 담아요?"

그러자 여인은 물동이를 길바닥에 내동댕이 쳐 버렸습니다. 그리고 아깝지 않느냐고 물었습니다. 소년은 이미 더러워진 물이라 아까울 것이 없다고 대답했습니다.

사람도 그와 같습니다. 영원히 어리석은 사람은 없습니다. 우리 모두는 크게 깨달음을 얻을 수 있는 심성을 가지고 있습니다. 열심히 기도 정진하여 보살도를 닦아 성취의 기쁨을 누려야겠습니다.

부모님을 향한
마음가짐

어머님이 계신 때를 가장 부유하다 하고 안 계신 때를 가장 가난하다고 말하기도 합니다. 또 어머님이 계신 때는 한낮이지만 어머님이 안 계신 때는 저녁입니다.

『심지관경』에 다음과 같은 이야기가 있습니다.

백합처럼 아름답고 청초한 한 소녀가 있었습니다. 그런데 소녀의 어머니는 보기에도 딱할 정도로 심한 화상을 입어 그 내력을 모르는 사람에겐 괴물처럼 보일 만큼 흉한 얼굴이었습니다. 소녀는 친구들이 어머니를 흉보는 소리를 듣게 되면 흐느끼며 집으로 돌아오곤 했습니다.

'왜 나의 어머니는 저렇담. 친구들 어머니처럼 정상이었으면 얼마나 좋을까.'

소녀는 이런 생각을 하면서 홀로 슬퍼하게 되었습니다. 그러나 마음으로 생각하는 것은 자연히 겉으로 드러나는 법이어서 소녀의 어머니는 어느새 딸의 생각을 알아차리게 되었습니다.

어느 날 어머니는 딸을 무릎 가까이에 앉혀놓고 일어났던 일을 들려주었습니다. 어머니의 말을 듣고 있는 사이 문득 올려다 본 어머니의 얼굴은 부처님처럼 거룩해 보였습니다. 그 후 소녀는 어머니의 얼굴에 대해 끝없는 감사의 마음을 지닐 수 있었으며 친구들의 어머니를 대할 때도 오히려 자신의 어머니가 자랑스러웠습니다.

부처님께서는 불행한 어린 시절을 보냈습니다. 생모 마야 부인이 칠일만에 돌아가셨기 때문입니다. 이런 어릴 때의 영향이 후일 부모의 은혜를 그토록 강조한 배경이 되었는지 모릅니다. 부처님은 나중에 성도한 후 하늘에 계신 어머니를 찾아가 설법을 해 드리고 오셨다는 기록이 있습니다.

자동차왕으로 불리는 헨리포드는 어머니를 누구보다도 사랑했습니다. 어머니의 수명을 연장시켜 드리지 못한 것이 한이 되어 그 한을 풀기 위해 노력한 것이 마침내 전 인류를 위해 봉사하는 결과를 낳게 된 것입니다.

스님들이 강원에서 배우는 『치문(緇門)』이라는 책에 동산양개화상(洞山良介和尙)의 '사친서(辭親書)'라는 글이 있습니다. 이 글은 양개화상이 출가하여 부모에게 하직하는 내용을 담고 있습니다.

초서(初書)에는 이렇게 적고 있습니다.

"엎드려 듣자오매, 모든 부처님이 세상에 나오실 때는 모두 부모를 의탁해 생을 받았고, 만물이 생길 때에는 모두 천지의 부재(附載 : 하늘이 만물을 덮어주고 땅이 만물을 받아 실어 주는 것)에 힘입었다 합니다. 그러므로 부모가 아니면 태어날 수 없고 천지가 아니면 자라날 수 없습니다. 그들은 다 양육(養育)의 은혜를 입었고 그것은 모두 부재의 덕을 받았습니다.

아아, 그러나 일체 중생으로서 그 형상은 갖가지이나 그들은 모두 무상(無常)에 부처 생멸을 떠나지 못하는 것입니다. 이럴 때에는 젖을 먹인 정이 중하고 길러준 은혜가 깊거늘, 혹 재물로 받들어 모실지라도 마침내 그 은혜를 보답하기 어렵고 혈식(血食)이나 생물(生物)로 모셔 봉양한들 어찌 그것이 오래 가겠습니까. 그러므로 효경(孝經)에 말하기를, '날마다 삼생(三牲 : 소, 염소, 돼지를 잡아 정성껏 만든 음식)으로 봉양해도 오히려 효도를 다하지 못한다'한 것입니다.

그러므로 서로 이끌고 삼계에 빠져 영원히 윤회에 흘러가는 것입니다. 그러므로 그 망극한 은혜를 갚으려 해도 그것은 출가한 공덕만 못한 것입니다. 즉, 생사 애욕의 강물을 끊고 번뇌의 고통 바다를 뛰어넘어 천생부모(千生父母)와 만겁(萬劫)의 자친(慈親)에 보답하면 세 세계[三有]의 네 가지 은혜를 갚게 되는 것입니다.

그러므로 이르되, '한 아들이 출가하면 구족(九族)이 천상에 난다'고 한 것입니다. 양개(良介)는 금생의 신명을 버리도록 맹세코 집에 돌아가지 않겠습니다.

그리하여 영겁의 근진(根塵)으로 반야(般若)를 완전히 밝히려 합니다. 바라옵건대 부모님은 마음에 듣고 기꺼이 저를 버려 애닯아 하지 마시고 정반(淨飯 : 부처님 아버지)의 국왕을 배우고 마야(摩耶 : 부처님 어머니)의 성후를 본받아 뒷날 부처님 회상에서 만나기 기약하고 오늘은 이별하기로 하소서. 이것은 양개가 오역을 공양 받는 것을 어기는 것이 아니옵고 세월이 사람을 기다리지 않기 때문입니다.

그러므로 '이 생에서 이 몸을 구제하지 않으면 다시 어느 생을 기다려 이 몸을 구제하리'라고 한 것입니다. 죄송하오나 너그러운 마음으로 이 자식을 다시는 생각하지 마소서. 송(頌)하여 가로되 '마음 근본을 깨치지 못한 채 몇 해를 지났던가. 다시 슬퍼하노니 뜬세상에서 부질없이 머뭇거렸다. 이 불문(佛門) 안에서 몇 사람이나 그 도를 얻었던가? 나 혼자 나아가지 못하고 세상 티끌 속에 있었다'고 한 것입니다.

삼가 짧은 글을 갖추어 알뜰한 사랑을 하직하고 큰 법을 밝히어 어버이 은혜를 갚기 원합니다. 눈물을 뿌리면서 애끓게 서로 생각할 것 없나니 처음부터 이 몸이 없었다고 생각하소서. 숲 속의 흰 구름은 언제나 동무가 될 것이요, 눈 앞의 푸른 산봉우리는 항상 이웃이 되리니 그로서 세상의 명리를 아주 떠나고 그로서 인간의 애증을 영원히 이별하려 합니다.

조사 뜻의 바른 가르침을 당장 깨치고 그리하여 온 집안의 친척들 만나기 기약할진댄 그윽한 참 이치를 글귀 속에서 사무쳐 알며, 장차 있을 바른 과(果)의 종자를 기다리시옵소서."

후서(後書)에는 이렇게 적고 있습니다.

"양개는 부모님의 뜻을 달게 받들지 않고 집을 떠난 뒤로 지팡이 짚고 남쪽으로 내려와 세월이 벌써 십년이나 바뀌고 갈림길이 어느새 만리나 막혔습니다. 바라옵건대 어머님은 마음을 거두어 도를 생각하고 뜻을 거두어 공(空)으로 돌아가 이별한 정을 생각하지 마시고 문에 기대어 바라보는 일을 행하지 마소서. 집안 일은 다만 인연을 따라 갈수록 더욱 많아져 날로 번뇌만 더할 것입니다.

그러나 우리 형은 부지런히 효순을 행하며 반드시 얼음 속에서 고기를 구할 것이요, 우리 아우는 힘을 다해 받들어 섬기며 또한 서리 속에서 죽순이 나라고 울 것입니다.

대저 사람은 세상에 살면서 몸을 닦고 효도를 행하므로서 천심(天心 : 부모의 마음)을 맞출 것이요, 이 중은 도를 사모하고 참선하여 어머님의 은덕을 갚을 것입니다. 그러나 지금은 천산만수(千山萬水)가 아득히 두 길을 만났으니 한 장 종이에 여덟 줄 글로 애오라지 조그만 회포를 씁니다.

송(頌)하여 가로되, '명리(名利)도 구하지 않고 선비 되기도 구하지 않고 다만 불문(佛門)을 좋아하여 세속 길을 버렸나니 번뇌가 다 할 때면 근심 불이 꺼질 것이요, 은정이 끊어진 곳에 애욕의 강물이 마른다'고 한 것입니다.

육근(六根)은 공혜(空慧)의 향기로운 바람을 끌어오고 한 생각이 생기려 하면 지혜의 힘이 붙들어 주나니 북상의 은혜를 갚기 위해서이니 슬퍼하지 마시고 죽었다 생각하거나 애초에 없었다고 생각하소서."

양회답(兩回答)에서 양개 어머니는 답장에 이렇게 적고 있습니다.

"나는 너와 전생의 인연이 있었기에 비로소 모자간의 정분을 맺게 된 것이다. 나는 너를 밴 뒤로 아들을 낳게 해 달라고 신과 부처님과 하늘에 빌었다. 임신하고 달이 차서는 내 목숨은 달린 실처럼 위태하였으나 드디어 내 소원은 이루어졌던 것이다.

그리하여 너를 보배 구슬처럼 아끼어 똥오줌에도 더러운 냄새를 꺼리지 않았고 젖 먹일 때의 그 고생에도 게으르지 않았었다. 차츰 성인이 되어 공부하러 보내고는 혹 조금이라도 돌아올 때가 지나면 문에 기대어 바라보고 있었다. 네 편지에서 출가의 긴요함을 알았다.

그러나 네 아버지는 돌아가시고 이 어미는 늙었으며, 네 형도 살림이 어렵고 네 아우도 가난하다. 그런데 내가 누구를 의지하겠느냐.

아들은 어미를 버릴 뜻을 가졌지만 어미는 아들을 버릴 뜻이 없었다. 그리하여 한번 네가 타방으로 떠난 뒤에는 밤낮으로 항상 슬픈 눈물만 뿌리게 되었으니 실로 괴롭고 괴로운 일이다. 그러나 너는 이미 고향으로 돌아오지 않겠다 맹세했으니 어떻게 네 뜻을 따르지 않을 수 있겠는가.

그러므로 나는 감히 네가 얼음에 눕는 왕상(王祥)이 된다거나 나무를 새기는 정란(丁蘭)이 되기를 바라지 않는다. 다만 네가 목련존자(부처님의 십대 제자. 신통, 효도 제일의 불자)처럼 되어 나를 구제해 고해에서 해탈시켜 불과(佛果)에 오르기를 바랄 뿐이다. 그러나 만일 그렇지 못한다면 깊은 허물이 있을 것이니 간절히 모름지기 체달해 달라."

양개화상의 어머니에 대한 마음을 잘 읽을 수 있는 편지글입니다. 양개화상은 비록 어머니의 곁을 떠나지만 어머니에 대한 지극한 효심을 가지고 있음을 느낄 수 있습니다.

누구나 부모를 통해 이 세상에 태어나고 자신이 원하는 바를 이룰 수 있는 것처럼 한시라도 부모님에 대한 효성의 덕을 잃지 말아야 할 것입니다.

수행 공덕으로 구제되는
백중절

백중은 백종(百種), 중원(中元) 또는 망혼일(亡魂日)이라고도 합니다. 백종은 과일과 채소가 많이 나와 백 가지 씨앗의 종자를 갖추어 놓았다고 하여 유래된 명칭입니다. 중원은 도가의 말입니다. 도가에서는 천상의 선관(仙官)이 일년에 세 번 인간의 선악을 살핀다고 하는데 그때를 원(元)이라고 합니다. 1월 15일을 상원(上元), 10월 15일을 하원(下元), 7월 15일을 중원(中元)이라 해서 삼원(三元)에 초제(醮祭)를 지내는 세시풍습이 있습니다.

망혼일(亡魂日)은 이 날 망친의 혼을 위로하기 위해 음식, 과일 등을 차려놓고 천신에게 제사 지내는 데서 유래합니다. 불가에서는 오미백과(五味百果)를 공양했다는 경전의 말씀에 따라 우란분회를 열어 공양을 하는 풍습이 있었습니다.

농가에서는 백중에 머슴에게 용돈을 줘 하루를 쉬게 했습니다. 그래서 백중장이라는 말이 생겨나게 됐습니다. 농사가 가장 잘 된 집의 머슴 한 명을 소에 태워 마을을 돌며 위로하는 풍습이 있었습니다.

또 삼이 자라서 껍질을 벗기기 알맞은 때이므로 직조 작업을 권장하는 뜻에서 왕녀를 주축으로 삼 삼기를 시작하게 되었습니다.

『우란분경(盂蘭分經)』과 『보은봉분경(報恩奉盆經)』에 나타난 우란분절의 내용을 살펴보겠습니다.

경에 의하면 백중은 하안거가 끝나는 7월 15일 승려들에게 공양을 하여 전생 및 금생의 돌아가신 어버이 일곱 분을 구제한다는 뜻이 담겨 있습니다. 다시 말해서 시방 세계에 부처님과 보살, 스님들에게 공양하여 지옥에 떨어진 망령을 구제하는 날이 바로 백중입니다.

경전에서는 백중의 유래를 잘 나타내고 있습니다.

석가모니의 제자 목련존자가 출가하여 육신통을 얻어 죽은 어머니를 살펴보았습니다. 어머니는 아귀가 되어 굶주리고 목이 타는 갈증으로 고통받고 있었습니다. 그 모습을 본 목련은 신통으로 바루를 던져 어머니에게 음식을 제공하였지만 음식은 뜨거운 불로 변하였습니다. 목련은 슬피 울며 부처님께 이 일을 이야기했습니다. 이에 부처님은 어머니의 죄가 워낙 무거워서 비록 뛰어난 신통을 가졌지만 혼자의 힘으로는 구제할 수가 없다고 했습니다.

시방 세계에 도를 닦던 스님들이 깨우치기도 하고, 도력있는 스님들이 이 날 한 자리에 모여 일심으로 진리를 문답하고 참회하는 날이기 때문에 백미오과를 공양하면 복락을 얻게 할 수 있다는 것입니다. 목련도 이 같이 부처님, 보살, 스님께 공양하여 지옥고를 받고 있는 어머니를 천도하여 천상락을 누리게 하였습니다.

목련 어머니의 전생 시절 본래 이름은 콜리타였습니다. 아버지는 왕사성의 장자로 항상 육바라밀을 행하였고 덕망이 매우 높았습니다. 그러나 늦게 외아들 나복을 낳은 뒤 죽게 되었습니다. 목련은 3년상을 치른 뒤 홀어머니를 모시게 되었는데 날로 재산이 줄어 장사를 떠나기로 하였습니다.

집안의 재산을 셋으로 나누어 하나는 어머니와 종들의 생활비, 다른 하나는 아버지를 위해 오백승재를 올리도록 하였고, 나머지 하나는 자신이 가지고 외국으로 떠났습니다.

그러나 목련의 어머니는 아들이 집을 떠나있는 3년 동안 죽은 남편을 위해 재를 올리기는 커녕 삼보를 비방하고 온갖 악덕을 행하였습니다. 스님네는 작대기로 때려 내쫓고, 오백승재 하라던 돈으로는 돼지, 양, 거위, 오리, 닭, 개 따위를 사들여 기둥에 매달고 목을 찔러 피를 받았고, 돼지를 묶고 방망이로 치고, 끓는 물을 몸에 끼얹어 염통을 꺼내어 귀신에게 제사를 지냈다고 합니다.

어머니의 행위를 이웃에게 들은 목련은 몸이 솟구쳐 땅에 떨어져 털구멍마다 피가 흐르며 혼절하여 땅에 누워 오래도록 깨어나지 못했습니다. 목련의 어머니는 지난 잘못을 아들에게 숨기고 아무 일 없었다고 맹세하면서 이렇게 말했습니다.

"내가 만약 약속을 어겼다면 칠일 내에 급살을 맞아 죽을 것이다."

칠일째 되는 날 어머니는 원인 모를 병으로 죽게 되자, 어머니의 갑작스런 죽음에 의문을 가지고 이를 풀기 위해 부처님의 제자가 되었습니다. 그 후 신통을 얻어 저승 세계를 보니 그의 어머니가 엄청난 지옥고의 고통을 받고 있었던 것입니다.

백중에 대한 경전에서 본 내용을 현대적으로 해석할 수 있습니다. 결국 인간이 지은 죄업은 자업자득이며 그 업보는 부처님 개인도, 신통력을 가진 도인도 소멸시킬 수 없습니다. 그것은 수행 공덕으로 구제될 수 있습니다. 수행 공덕과 보시자의 공양 공덕, 불보살님의 증명이 있어야만 악업 중생도 구제될 수 있다는 강력한 불교적 메시지를 우란분재 법회를 통해 깨달을 수 있는 것입니다.

백중은 효의 실천입니다. 『범망경』에는 "끝없는 옛부터 지금에 이르기까지 육도 중생이 나의 부모 형제 아님이 없다"고 했습니다. 『부모은중경』에는 "부처님은 이름도 성도 알 수 없는 해골 앞에서 이를 전생의 부모라 하시면서 오체투지로 예경하셨다"고 했습니다.

부처님의 이러한 말씀과 모습을 내 부모에게만 국한시키는 소아적인 좁은 의미에서 벗어나야 합니다. 시간적으로는 과거·현재·미래, 공간적으로는 하늘과 땅 밑의 모든 생명에까지 확장시켜 드넓은 부모관을 가져야 합니다.

이러한 이치를 깨달아 안다면 자기 부모만 공경하고 자기 자식만 챙기는 가족 이기주의로부터 벗어나서 다함께 공경하고 사랑하여야 모두가 행복한 세상이 될 것입니다. 제선(諸善)을 실천하여 현세의 지옥을 소멸하는 선구자적 신앙 형태를 갈구해야 할 것입니다.

재(齋) 공양의 구조를 갖춘 천도재의 절차는 다음과 같습니다.

첫째, 시련(侍輦)은 죽은 자를 극락으로 인도하고 갈 대성 인로왕보살을 모시는 절차를 말합니다.

둘째, 관욕(灌浴)은 탐·진·치 삼독으로 더럽혀진 영가를 깨끗이 씻기는 의식입니다.

셋째, 불전의식(佛前儀式)은 상단의 부처님께 영가의 극락 왕생을 발원하는 의례를 말합니다.

넷째, 시식(施式)은 영가를 영단에 모시고 재자들의 정성스런 공양과 부처님 법문을 베풀어 무명에서 벗어나 지혜의 눈을 뜨고 극락 세계에 태어나기를 발원하는 의식을 말합니다.

다섯째, 봉송(奉送)은 절 뒤편의 소대에 가면서 영가에게 이승의 미련을 버리고 극락 왕생하라는 게송을 읊고 영가의 위패와 옷을 비롯하여 영가와 관련된 모든 것을 태우는 의식을 말합니다.

사후세계에 대한
예경

⋮

　옛말에 "조상은 후손을 위하여 부모는 자식을 위하여 죄를 많이 짓는다"고 했습니다. 우리를 위하여 조상님과 부모님은 자기 자신의 앞날을 돌보지 않고 때로는 악행도 저지를 수 있는 것입니다.

　49재는 왜 하는 것일까요? 명부는 고통이 심한 곳입니다. 중음신이 되면 7일마다 명부 세계 시왕의 심판을 받게 되는데 이때마다 고통 속에서 여섯 가지 빛을 보게 됩니다. 하늘 세계는 흰색이며, 인간세계는 노란색이며, 아수라 세계는 연초록색입니다. 짐승 세계는 연파란색이며, 아귀 세계는 연붉은 색이며, 지옥 세계는 검은색입니다.

　이 빛은 크게 밝지는 않지만 어느 한 가지에 빠져들면 그 세계로 나아가게 됩니다. 중음신들은 이 빛들이 뜻하는 바를 모르기 때문에 오직 직감이나 업력으로 빛을 선택합니다. 이때 부처님께서도 가엾은 무리들을 구하고자 다섯 가지 빛을 뿌려 주십니다. 매우 밝은 파란빛, 청정한 흰빛, 곱고 부드러운 노란빛, 고귀한 붉은 빛, 맑은 풀빛이 나타나는데 중음신이 이 빛을 따라오면 정토에 환생합니다.

그러나 중음신은 스스로의 업력 때문에 이 빛을 두려워하고 육도의 다른 빛과 혼돈을 일으켜 윤회의 길로 빠지고 맙니다. 때문에 7일마다 바뀌는 영가의 환경에 맞춰 영가가 알아 듣도록 부처님의 법문을 계속해서 들려주고 재를 올려주어 불안과 두려움에서 벗어나 좋은 빛을 따라가도록 하는 것이 49재를 지내는 목적입니다.

오늘날 우리 한국 뿐만 아니라 전 세계적으로 불교를 신봉(信奉)하는 곳에선, 사람이 사망하면 왕생 정토의 발원으로서 사십 구일재의 천혼 법요식을 봉행하고 있습니다. 재식을 체계화한 연유와 그 봉행 연대에 대하여는 각양각색으로 해석하고 있습니다.

보편적으로는 부처님의 시대로부터 전래하여 온 것처럼 인식하고 있으나 사실 부처님 당시에는 사십구재의 의식이라든지 또는 염라대왕 등의 명호도 없었으며 장경 중에도 전하는 바가 없습니다. 다만 목련존자가 그 모친이 생전(生前)에 악업(惡業)을 지어서 사후(死後)에 지옥고에 빠진 것을 부처님의 위신력(威神力)을 힘입어서 지옥고를 면하게 한 효행담과 천혼 설화가 전래되어 왔습니다. 이것은 현행되고 있는 사십구재나 명부시왕(冥府十王)의 설화와는 관계가 없는 것입니다.

그렇다면 현재 행해지고 있는 사십구재 의식 절차와 명부시왕 신앙 사상(信仰思想)의 시작은 불교가 중국으로 유입(流入)되고서 근 육백 년의 세월이 지난 시기입니다.

한국에 불교가 정식으로 수입되고서도 삼백 년이 경과한 서기 육백 년도 후반기에 와서 정식적으로 지장 신앙이 체계화되면서 이루어진 것입니다. 물론 지장보살의 신앙은 부처님 시대부터 있었지만 인격화한 신앙 체계는 역시 중국의 당대(唐代) 초기입니다.

사십구재 의식의 초창(初創)은 중국 당(唐)나라로 거슬러 올라갑니다. 당나라 제 2대 황제인 태종(太宗) 대(代)에 지금의 총리 대신격인 황실의 승상(丞相) 직(職)에 민자랑(閔子郞)이라는 분이 재직하고 있었습니다. 그는 모든 권세와 부귀 명예를 한 몸에 향유하고 있었습니다. 그러나 속세의 인연이 어찌되었는지 사십 세가 넘도록 슬하에 일점 혈육의 자식을 두지 못하였습니다.

가문의 대가 단절됨을 걱정하여 상세조상(上世祖上)에 대하여 죄송함을 금치 못한 나머지 삼세제불과 천지신명에게 기도하여서 남자 아들을 구하고자 정진하였습니다. 이 인연 소치인지 아들을 출산하였습니다. 여장주옥(如掌珠玉)으로 양육하여 훌륭한 정치가로 만들려고 학문을 연수시켰습니다. 이 아들 역시 출천(出天)의 천재(天才)로서 학업이 일취월장하여 약관 스무 살 전후가 되어 과거 준비를 완성시켰습니다.

그런데 과거를 보는 날 아침에 이 아들이 행방불명이 되었습니다. 민정승(閔政丞)은 모든 정치적인 일을 부하에게 맡겨두고 아들을 찾기 위해 중국 천지를 수배 하였습니다.

얼마 후에 소식이 오기를 구화산중(九華山中)에서 지장 화상에게 축발위승(祝髮爲僧)하여 정진하고 있다는 것입니다. 이 소식을 듣고 민정승이 아들을 찾아갔는데 아들은 아버지께 이렇게 말했습니다.

"세간의 영화와 권세의 배후에는 반드시 원한이 뒤따르게 마련이므로 한 때의 영화를 위하여 과거에 급제하여 아무리 높은 벼슬을 하더라도 결국은 자기의 업을 따라서 세세생생에 윤회의 고통을 면치 못하는 것이므로 소자는 출가하여 금생에 성불하여 미래세에 무궁토록 제화창생(濟化蒼生)에 노력하겠습니다."

민정승도 아들의 출가를 눈물로 허락하고 돌아갔습니다. 이 아들이 성도하여 오늘날의 좌보처(左補處)인 도명존자인 것입니다. 중국에서는 민도명(閔道明)으로 바로 부르고 있습니다.

이 도명존자가 선정 삼매에 들어서 명부를 관찰하고 업보 윤회 사상과 명부의 규범(規範) 등을 저술한 문헌이 바로 도명(道明)의『명도론(冥道論)』입니다.

이『명도론』을 근거로 삼아서 그 당시의 대학자인 장천(藏川)이라는 분이 저술한 염라왕 수기『사중역수생칠왕생정토경(四衆逆修生七往生淨土經)』에 의해『예수시왕경』이라고도 하는『시왕경(十王經)』이 생성(生成)되었으며, 이『시왕경(十王經)』으로부터 오늘날 전 세계적으로 사십구재의 의식이 체계화된 것입니다.

이『시왕경』의 내용을 대략 살펴보면, 인생의 수명이 다하여 하루 아침에 사망하게 되면 육신은 시간이 경과하면 원소(原素)로 산화(酸化)하여 소멸되며, 영혼은 삼혼(三魂), 칠혼(七魂)의 과정을 거친다고 합니다. 사람이 죽으면 제 1일에는 사상산(四相山)을 넘고, 제 2일에는 삼도천(三途川)을 지나고, 삼도(三途) 천변(川邊)에는 탈의파(奪衣婆)라고 하는 마고 할머니가 있다고 합니다. 제 3일에는 명부로 간다고 합니다. 사후 3일장의 유래도 여기서 생겨난 것입니다.

삼일이 지나고 초칠, 이칠 등이 지나서 제 7×7일이 지나면 웬만한 영혼은 업연(業緣)을 따라서 환생의 인연을 찾게 됩니다. 이 중간에 남은 가족이 망령이 못다한 추선공양(追善供養)을 삼세제불(三世諸佛)과 명부 시왕 등에게 베풀어서 효성심(孝誠心)을 발휘하고, 망령이 불보살의 무한 광명의 가피력에 힘입어서 수생(受生)의 길, 즉 선연을 따라 환생의 인연을 맺게 하는 것이 곧 사십구재 의식의 기원입니다. 이『시왕경』에 보면 명부시왕을 비롯한 모든 직제(職制)가 상세히 기술되어 있습니다.

아들을 출가시켜 성도케 하고 울며 집으로 돌아왔던 민정승도 후일

에 칠십 세가 넘어서 관직에서 물러나서 사경이 가까워짐에 인생무
상을 통감하고 그 아들을 찾아가서 수행하여 득도했다고 합니다. 이
분이 바로 우보처(右補處)인 무독귀왕입니다.

도명존자(道明尊者)는 바로 민자랑(閔子郎)의 아들인 민도명(閔道
明)이고, 무독귀왕은 그 부친인 민정승으로 이름은 자랑(子郎)인데,
중국이나 일본에서는 우보처를 합로민공(閤老閔公)이라 하여 예배하
고 있습니다.

사십구재는 보이지 않는 세계에 대한 경의이며, 사후 세계에 대한
예경으로 산 자에게도 그 복이 미친다고 합니다.

올바른 삶으로 이끄는
육방예

.
.
.

부처님께서 죽림정사에 머무르실 때 부호의 아들 심갈라는 아침 일찍 개울물에 옷을 적시고 손을 모아 동서남북 상하의 육방에 예배하는 것을 일과로 삼고 있었습니다.

부처님께서는 어느 날 탁발 도중에 그를 보고 말했습니다.

"그대는 무엇 때문에 육방에 예하는가?"

"저의 아버지가 돌아가실 무렵 '너는 육방에 배례하라'고 저에게 유언하셨습니다."

"선남자여, 진실한 가르침은 그와 같이 육방에 예배하는 것이 아니다."

훌륭한 가르침을 받는 제자는 열네 가지의 악을 멀리하여 육방을 삼가 지키는 사람입니다. 그 열네 가지는 네 가지 업구(業口)를 여의고, 네 가지 악을 짓지 않으며, 여섯 가지 업과 사귀지 않는 것을 말합니다. 이상의 열네 가지를 지키면 금세와 후세에 승리하며 사후에는 천계에 난다고 합니다.

첫째, 네 가지 업구란 살생, 도둑질, 음행, 거짓말을 말합니다.

둘째, 네 가지 악을 짓지 않는다는 것은 탐욕, 진에, 우치, 두려움을 없애는 것을 말합니다.

탐욕은 자신의 능력보다 더 많은 요구를 바라는 것입니다. 누구나 자신의 능력 만큼의 대가는 정당한 것입니다. 그 이상을 요구할 때는 무리가 따르는 법입니다. 진에는 성냄입니다. 성냄은 모든 이성, 올바른 사고, 정확한 판단의 능력을 흐리게 합니다. 우치는 어리석음으로 어린아이가 불덩이인 줄 모르고 쥐려는 것과 같습니다.

두려움은 소신이 분명하지 않을 때 생기는 것입니다. 어디에서나, 누구에게나 직언으로 진언하면 두려움은 없어질 것입니다.

셋째, 재산을 소모시키는 여섯 가지 업을 물리치는 방법에 대해 알아보겠습니다.

우선, 술을 마시되 방일에 빠지지 않아야 합니다. 술을 먹으면 살생을 하게 되고 또 거짓말을 서슴치 않게 되고 심지어는 간음까지 일으키는 연쇄적 범죄를 유발시킬 수 있습니다.

다음으로 때를 벗어나 거리를 방황하지 않아야 합니다. 학생이 학교 아닌 곳이나 군인이 근무지를 이탈하면 사고가 생기기 쉽습니다. 또 가장이 노름하게 되면 거짓말을 하게 되어 여러 가지 괴로움에 빠집니다. 또한 가무를 즐기지 말아야 합니다. 춤, 노래, 음곡, 북, 장고 등은 아무 곳에서나 즐기면 안 됩니다. 또 만남도 어디에서나 함부로 하지 않아야 합니다.

다음으로 도박에 빠지지 말아야 합니다. 도박에 빠지게 되면 이긴 자에게 성을 내고, 패하여 슬퍼하고, 재산을 소모시키고, 재판정에서 말을 못하고, 친구에게 경멸을 당하고, 혼사에 상대가 나서지 않고, 처자를 충분히 부양할 수 없는 상황이 발생하게 됩니다.

나쁜 친구와 사귀지 말아야 합니다. 예를 들어 도박자, 만취자, 탐욕자, 위선자, 기만하는 자, 잔인한 자와는 사귀지 말아야 합니다. 세상에는 친구인 척하면서 친구가 아닌 네 종류의 인간이 있습니다.

탐욕스러운 사람은 적은 것을 주고 많은 것을 바라는 친구입니다.

말이 교묘한 사람은 지나간 옛 일을 끄집어내어 친애의 정을 나타내고 당치도 않는 소리를 구변 좋게 말하여 조력하지만 일이 닥치면 도망칩니다.

아첨하는 사람은 악을 간하지 않으며 선을 권하지 않으며 면전에서 칭찬하고 물러서 깎아내리는 사람입니다.

낭비하는 사람은 술 친구가 되며 때를 벗어나 거리를 방황하며 도박으로 사귀는 사람이 대부분입니다.

반면에 진정한 도움이 되는 친구에 네 종류가 있습니다.

도움이 되는 친구는 방일에 빠지는 것을 막아주고 재산을 보호해 주며 두려울 때 위안을 줍니다. 이런 친구는 필요할 때 자금을 조력해 주기도 합니다. 고락을 같이 하는 친구는 비밀을 드러내지 않으며 재액을 당했을 때 버리지 않고 돕는 친구입니다. 충언을 아끼지 않는 친구는 악을 막고 선을 권하며 듣지 못한 일을 듣게 해주며 미래의 평온을 얻는 길을 보여주는 친구입니다. 동정하는 친구는 헤어지면 슬퍼하고 만나서는 기뻐하며 칭찬할 때는 칭찬하고 나무랄 때는 나무라는 친구입니다.

육방이란 동·서·남·북·상·하의 여섯 방위를 말하는데 이 여섯 방위에 목욕하고 예를 올리면 명과 재물을 얻을 수 있다고 합니다. 여기서 육방의 상징적 의미를 새겨볼 필요가 있습니다.

첫째, 동방은 부모를 섬기는 것을 상징합니다.

부모를 섬기는 방법에는 여러 가지가 있을 것입니다. 부모님의 심부름을 한다거나, 부모님의 일을 거든다거나, 부모님의 가계를 잇는 다거나, 부모님의 사후에는 보시를 하는 일 등이 있을 것입니다. 또 자식을 사랑하는 방법에는 악을 멈추고 선을 행하게 한다거나, 학문을 가르쳐 적당한 남녀와 결혼시킨다거나, 적당한 때 재산을 상속하는 일을 들 수 있습니다.

둘째, 남방은 스승을 섬기는 것을 상징합니다.

스승을 섬기는 일에는 스승이 오실 때는 자리에서 일어나 맞고, 시중을 들고, 온순하게 공양하고, 삼가 가르침을 받고, 예습 복습을 철저히 하여 들은 것을 잊지 않는 것입니다. 또 법을 따라 다루고, 모르는 것을 가르치고, 스스로 얻을 바를 얻게 하고, 모든 학술을 바르게 가르치고, 그 이름이 들리도록 하는 것입니다.

셋째, 서방은 남편된 자의 도리를 상징합니다.

남편은 아내를 사랑하고, 존경과 예의를 지키며, 가정의 일을 맡기며 옷과 음식을 제공해야 합니다. 또 능히 순서를 쫓아 일을 하고, 설사 도둑일지라도 같이 행하며 깨닫게 해야 합니다. 비복을 부리는 일을 말며, 정조를 지키며, 모든 일을 재치있게 하며 게으르지 않아야 합니다.

넷째, 북방은 벗을 섬기는 것을 상징합니다.

친구는 보시(布施), 애어(愛語), 이행(利行), 동사(同事)의 사섭법과 독 있는 말을 하지 않고, 방일에 빠지는 것을 보살피고, 두려움이 있으면 의지처가 되어 주고, 재난시에 버리지 않고 그의 처자를 급양하여 은혜를 갚아야 합니다.

다섯째, 하방은 비복(婢僕)을 사랑함을 상징합니다.

비복에게 힘에 따라 일을 맡기며, 식사와 급료를 주어야 합니다. 또 질병이 들면 치료해 주고, 진귀한 것을 나누어주어야 합니다. 때

때로 관혼상제 등에 휴양을 보내 주어야 합니다. 비복은 아침에는 주인 보다 일찍 일어나고, 밤에는 주인 보다 늦게 자야 하며 일을 능숙하고 정직하게 하며 주인의 좋은 일을 전해야 합니다.

여섯째, 상방은 출가자를 섬기는 것을 상징합니다.

출가자를 섬기는 것은 자비의 신·구·의업으로 그들에 대하여 문을 개방하고, 식사를 제공하거나 악을 멀리, 선을 가까이 하도록 자비로 사랑하고, 아직 듣지 못한 것을 들려주고 이미 들은 것은 분명하게 알려주어야 합니다. 또 미래의 편안한 도를 설해주어야 합니다.

부처님께서는 심갈라에게 육방을 이와 같이 하여 행을 바르게 하며, 겸손하고 완악한 마음을 버리라고 일러주셨습니다. 또 일에 재액을 두려워하지 않으며 행에 더러움이 없이 널리 착한 벗과 사귀고 간탐을 버리고 사섭법을 행해야 한다고 말씀하셨습니다. 이것이 바로 참된 효행인 것입니다.

오늘날 수많은 가치관의 혼돈 속에 전도된 생활을 영위하는 현대인들에게 육방예는 부처님께서 던진 하나의 좋은 수행방법이 될 것입니다. 육방예를 통해 세세생생 보살행을 행하는 마음을 잃지 말아야 합니다.

사결업과
육손재업

．
．
．

『선생경』에는 다음과 같은 말씀이 있습니다.

"만일 장자나 장자의 아들이 사결업(四結業)을 알고 네 곳에서 악행을 짓지 않으며 능히 여섯 가지의 손재업(損財業)을 안다면 그야말로 선생이라 할 것이다. 장자나 장자의 아들이 네 가지 악행을 떠나 육방에 예경한다면 이승에서 착하고 저승에서도 착한 과보를 얻을 것이요, 이승에서 뿌리가 되면 저승에서도 뿌리가 될 것이다. 현재에서 지자(智者)가 칭찬하는 바대로 세상의 한과를 얻으면 몸이 무너지고 목숨이 끝날 때 하늘의 좋은 곳에 날 것이다."

흔히 자신이 한 일을 생각하지 않고 잘 되기만을 바라는 경우가 있습니다. 배가 고프면 밥을 먹어야 배가 부릅니다. 밥 짓는 것을 귀찮아 하면서 배가 부르기를 바라는 것은 어리석은 짓입니다. 선인선과 악인악과입니다. 이승에서 잘 살고 저승에서 좋은 과보를 얻기 위해서는 그에 합당한 일을 해야 합니다.

부처님께서는 네 가지 악행을 하지 않는 것과 여섯 가지 손재업을 알고 그것을 피하는 것을 말씀하셨습니다. 결업이란 번뇌를 짓는 업을 말하고, 손재업은 재산을 잃게 되는 것을 말하는 것입니다. 많은 이들이 불교는 재산을 가지지 않는 무소유를 주장한다고 오해를 하는데 출가 수행자에게 해당되는 사항이지 재가자에게 요구되는 것은 아닙니다. 부처님께서는 과다하게 많이 취하는 것은 좋지 않지만 중도(中道)를 지켜서 적당한 재산을 갖도록 권유하셨습니다.

『잡아함경』에 이런 말씀이 있습니다.

"온갖 기술을 먼저 배우고 그 다음에 자기의 재물을 모으되 한 몫은 살림을 꾸려나가고 두 몫은 사업에 쓰고, 나머지 한 몫은 저축하여 어려운 때를 대비하라."

재물을 모으되 법 답게 하고 직위에 있으면 직위에 맞게 해야 합니다. 법 답지 않은 일은 하지 말아야 합니다. 자신이 모은 재물일지라도 사치하지 않고 위화감을 조성하지 않아야 합니다. 남들에게 베풀되 법도를 잃지 않아야 합니다. 그래야 살아서 행복하고 죽어서 천상에 태어난다고 하였습니다.

경전에서는 "선생아, 마땅히 알라, 네 가지 번뇌를 짓는 업은 무엇인가? 네 가지는 살생이요, 도둑질이요, 음탕이요, 거짓말이다. 또 네 곳은 욕심이요, 성냄이요, 두려움이요, 어리석음이니라. 만일 장자나 장자의 아들이 이상의 네 곳에서 악을 지으면 손해가 있을 것이다"고 하였습니다.

여기에는 오계와 탐·진·치 삼독이 들어가 있습니다. 불교에 귀의하면 두려움을 없앨 수 있습니다. 두려움은 왜 생기는 것일까요? 여실하게 알지 못했기 때문에 생깁니다. 사람들이 죽음이 두려운 건 죽음 후를 모르기 때문입니다. 병이 무서운 건 병을 모르기 때문입니다. 두려움을 극복하려면 그 대상을 정확하게 알아야 합니다. 또 부지런히 공부하면 두려움은 사라집니다.

여섯 가지 손재업은 무엇일까요?

첫째, 술에 빠지는 것입니다. 술은 패가망신의 지름길입니다. 처음에는 사람이 술을 마시지만 그러다가 술이 술을 먹고 나중에는 술이 사람을 먹는 것입니다. 술이 지나치면 병이 납니다. 간경화, 간암에 걸려 사망의 원인을 제공합니다. 또 술을 너무 많이 마셔 취하면 싸우게 됩니다. 사소한 일에도 싸우게 되고 밖에서도, 집에서도 부수고 폭행하고 폭언으로 인격이 추락하게 됩니다. 또 지나친 술은 기억력을 감퇴시키고 자손이 우매해지고 여성 음주와 학생 음주는 생각해 봐야 할 문제입니다.

둘째, 노름에 빠지는 것입니다. 노름을 하면 재산 손실, 돈을 따도 원한을 낳게 됩니다. 또 타인에게 나무람을 듣고 평판이 나빠집니다. 공경심이 실추되고, 신의를 잃어 사람을 꺼리게 되어 정상 생활을 할 수 없어 도둑질의 원인이 되기도 합니다.

셋째, 방탕에 빠지는 것입니다. 방탕하면 자기 몸을 보호하지 못하게 됩니다. 방탕은 실력이 출중해서 출세 가도를 달리다가 중도에 실패자 가운데 가장 많은 사람이 뇌물과 부정한 돈과 권력에 기생하는 거짓 사랑인 여자 문제에 넘어집니다. 방탕한 생활의 유지는 돈으로 해야 하기 때문에 재산의 손실이 생깁니다. 자신이 그러니 남도 그러려니 하고 의심하게 됩니다. 남이 알까봐 두려워하고 자기와 상대 했던 사람이 남과도 그럴까 의심하게 되는 것입니다. 결국 인간을 황폐하게 만들어 온갖 고통이 그 몸에 깃들게 되는 것입니다.

넷째, 기악으로 오락과 춤, 노래에 빠지는 것입니다. 사람이 일만 하고 살 수는 없습니다. 적당한 오락은 생활의 활력소가 되지만 중독성이 있습니다. 컴퓨터 게임으로 사망하기도 하고 잘못된 춤바람으로 가정이 파탄나기도 하는 것입니다.

다섯째, 악한 벗을 가까이 하는 것입니다. 수행의 절반은 좋은 친구에게 있습니다. 부처님께서는 아난에게 "좋은 친구는 수행의 전부다"라고 말씀하셨습니다. 순수하고 원만하고 깨끗하고 바른 행동은 언제나 좋은 벗이 따르지만 나쁜 벗은 수단을 써서 속이고 은밀한 곳을 좋아합니다. 또 남의 집사람을 홀리고 남의 물건을 탐내고, 훔치고, 남의 허물을 들추어 냅니다. 진정한 벗은 세간의 이로움이 있을 때 왕래하면서 잘못을 일깨우고, 어려움이 있을 때 떠나지 않고, 뜻과 행동을 같이 합니다. 사람이 본래 악한 것은 아니지만 같이 지내다 보면 반드시 나중에 악행에 물들어 세상에 이름이 퍼집니다. 친구는 우리 인생에서 매우 중요한 존재입니다. 나도 상대방에게 좋은 친구가 되어야 합니다.

여섯째, 게으름에 빠지는 것입니다. 부유하고 즐거울 때 일하기 싫어하고, 가난하고 궁하면서 일하기 싫어하고, 추운 때라 하여 부지런히 일하기 싫어하고, 더운 때라 하여 부지런히 일하기 싫어하고, 때가 이르다 하여 부지런히 닦기 즐겨하지 않고, 무슨 일을 권유하면 핑계를 대고, 이미 늦었다 하여 부지런히 닦기를 즐겨하지 않게 됩니다. 어떤 일에 일가를 이룬 사람 치고 부지런하지 않은 이가 없습니다. 실패한 사람 치고 게으르지 않은 사람이 없습니다. 게으른 이는 이런 때는 이래서 하지 않고 저런 때는 저래서 하지 않기 때문에 아무리 작은 일도 성취하기 어렵습니다.

이상의 사결업과 육손재업을 살펴볼 때 우리가 아무리 기도를 열심히 해도 일상 삶 속에서 성실하지 않으면 기도 영험이 없습니다. 부처님께 무엇을 이루어 달라고 빌기 전에 자신은 어떻게 하고 있는지 되돌아 보아야 합니다. 그것이 바로 기도의 시작입니다.

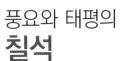

풍요와 태평의
칠석

●
●
●

　하늘의 백성을 다스리는 옥황상제에게 예쁜 딸이 있었으니 그 이름은 베 짜는 아이라는 뜻의 직녀였습니다. 그녀는 이름에 맞게 베를 잘 짰으며 얼굴도 아름다워 상제의 귀여움을 독차지하였습니다.

　궁궐 밖의 소 치는 아이라는 뜻의 이름을 가진 견우라는 청년과 사랑의 마음을 가진 직녀는 아버지 옥황상제에게 허락을 얻어 결혼을 하게 되었습니다.

　너무나 사랑한 나머지 그들이 해야 하는 일을 제대로 하지 못했습니다. 베 짜고 소 치는 일을 해야 다른 이들이 그들로부터 나오는 생산품을 이용해서 편리한 삶을 살아가는데, 매일 사랑만 하고 일을 하지 않음에 따라 하늘 백성들의 생활이 불편해지고 질서가 무너지게 되었습니다. 옥황상제가 하는 수 없이 예쁜 딸과 부마에게 벌을 내리게 되었습니다. 요즘 말로 하면 별거를 명한 것입니다.

　하늘을 위 아래로 가르며 흐르는 큰 강물인 미리내(은하수)의 동쪽에 직녀를 보내어 살게 하였습니다. 견우는 서쪽으로 떨어져 살게 했습니다. 밤낮을 모르고 주변 사람들의 불편함도 모르고 사랑했던 그들이 헤어져 사는 삶이 오죽했을까요? 그야말로 눈물로 지새우는 날이었습니다. 그래서 상제가 은전을 베풀어 일 년에 딱 한 번 그들을 만나게 하였으니 그날이 바로 7월 7일 밤으로 칠월 칠석입니다.

용처럼 생긴 몸집을 하고 도도히 흐르는 강물이 너무 넓어서 견우 직녀가 헤엄치기도 쉽지 않고 배가 있는 것도 아니었습니다. 그들의 안타까운 울음소리를 들은 지상의 까마귀와 까치들이 모두 날아가 머리를 맞대고 다리를 만들어 그들을 만나게 했으니 그것이 오작교라는 것입니다.

한시라도 빨리 만나서 한 시간이라도 더 늦게까지 함께 보내려고 수레를 준비해서 전날부터 잘 씻어서 준비를 하기 때문에 이때부터 지상에는 비가 내리는 것이라고 합니다. 또 칠석 초저녁에는 그들이 만나 반가워서 우는 것이 비가 되어 내린다고 하며, 새벽에 헤어짐이 아쉬워 우는 것이 또한 비가 되어 내린다고 합니다.

우선 칠석은 비와 장수, 재물의 신이 부처님의 모습으로까지 발전하여 신앙되는 날입니다. 인간의 무병장수와 재물을 기원하는 대상이 되고 있습니다. 농사를 지으며 살고 있던 우리 민족에게는 물과 비에 대해 기원하는 신앙이 필연적이었고 그 대상이 바로 칠성이었던 것입니다.

이는 약사여래 신앙과 밀접한 관련이 있습니다. 약사여래는 동쪽에 정토를 건설하여 만월세계(정유리세계)라 하신 분으로 유리의 투명한 성품처럼 온 세상을 비추는 빛으로 중생을 이롭게 하는 부처님입니다. 그 생명이 어둠이 아닌 빛으로 가득하게 하여 무병장수하게 하는 공덕이 있는 것입니다. 약사여래 부처님의 좌우 보처는 일광보살과 월광보살입니다.

치성광여래(칠성님)의 좌우 보처도 놀랍게도 일광보살과 월광보살입니다. 좌우 보처가 같다는 것은 무엇을 의미할까요? 부처님이 같다는 의미입니다. 약사여래와 치성광여래는 하는 일이 중생의 몸과 마음을 건강하게 하는 일, 즉 수명과 장수를 담당하는 공덕을 짓고 있는 것입니다.

칠석날을 즈음하여 우리 불자는 가족들의 무병장수를 그저 빌기만 할 것이 아니라 어리석음인 무명을 없애야만 건강한 몸도 이룰 수 있고 수명도 길게 할 수 있다는 것을 알아야 합니다. 이러한 도리를 알고 수행 정진에 힘쓴다면 먼 길 돌아가지 않고 지름길로 갈 수 있을 것입니다.

불교에서 칠석의 의미는 아마도 진제와 속제의 만남이요, 중생과 부처의 만남이요, 어리석음과 깨달음의 만남이자 무명과 해탈의 만남인 것입니다. 연인이 만나서 인연을 꽃피우는 사랑의 날이 이 날입니다. 비유하면 사랑은 자연과 집이 서로 만나는 것입니다.

그래서 자연이 집을 만나서 자연을 일정 부분 훼손하고 파괴합니다. 나무가 잘리고 석재가 파괴되고 토지가 뒤집혀지고 초목의 뿌리가 뽑히고 그 속에 콘크리트와 석재와 목재와 온갖 인공의 가공물들이 땅을 못질하고 할퀴어서 둥지를 틉니다.

그런 연후에야 비로소 그 아픔과 파괴의 행위가 의도를 드러내고 생명이 숨 쉬고 쉴 수 있는 공간이 마련됩니다. 이 파괴와 침략이 용인된 이후에라야 비로소 자연은 집에게 자식 같은 공간을 탄생시킵니다. 집은 이 자연을 칭송해 줄 수많은 눈들을 불러서 자연의 가치를 드높여 줍니다.

인생은 마라톤입니다. 사랑은 전쟁입니다. 그래서 그 피어난 사랑이 대지를 적시고 천지를 밝혀서 만물을 자라게 하고 생장시켜서 삼천리 방방곡곡이 풍요로운 꽃으로 피어납니다. 칠월 칠석의 궁극적인 의미는 길거리에는 노숙자가 없어지고 감옥에 수인이 없어지고 고통 받는 환자가 없어지고 고단한 통곡소리 멀어지고 사랑에 노랫소리가 메아리치는 그런 날로 승화되어야 함을 뜻합니다.

가난한 여인의
등불

·
·
·

부처님께서 사위국(舍衛國)에 계실 때의 일입니다.

어느 봄날 사위국 임금이 부처님을 초청하여 저녁 공양을 올리며 나라 동산에 등불을 밝히고 밤을 새우기 위하여 문무대신과 비빈, 궁녀와 성안의 백성들까지 각기 많은 기름으로 등불을 밝히며 등공양을 올렸습니다.

그때 성안의 변두리에 '미수타'라는 가난한 여인이 있었습니다. 그녀는 날마다 이 집 저 집으로 돌아다니며 밥을 빌어먹는 처지였습니다.

그녀는 그 날 저녁에도 남의 집에 가서 밥을 빌어가지고 오다가 마침 부처님께 등공양(燈供養)을 올리는 광경을 보고 크게 탄식하면서 속으로 생각했습니다.

'저 사람들은 전생에 무슨 공덕을 지었기에 오복이 구족하여 불전에 등공양을 올리며 내생의 복까지 짓고 있는데 나는 전생에 무슨 죄를 얼마나 지었기에 이렇듯 가난하여 지척의 복밭(福田)을 보면서도

복받을 씨앗을 심지 못 할까?'

이렇게 자탄하면서 눈물을 흘리다가 황급하게 다시 구걸길에 나섰습니다. 여러 집으로 돌아다니다가 마침 어느 집에서 한 푼 돈을 동냥하였습니다. 미수타는 마치 하늘에서 별이라도 딴 것처럼 기뻐하면서 기름집으로 달려가 돈대로 기름을 받아 가지고 작은 종지에 가는 심지로 불을 켠 다음 다른 사람들의 휘황찬란한 등불 밑에다 초라하게 달아놓고 속마음으로 기원하였습니다.

'대자대비하신 석가 세존이시여, 저는 지지리도 못나고 가난하여서 하찮은 등불을 바치오니 기름이 적어서 금방 꺼질 것입니다. 그러하오나 저의 정성만은 어느 부자들의 성의와 다름이 없사오니 저의 마음을 헤아려 주시옵소서. 제가 원하는 것은 금생의 부귀와 영화가 아니라 내생의 밝은 지혜로써 무명고해를 건너 해탈의 저 언덕에 도달하려 하는 도피안(到彼岸), 오직 그것뿐이옵니다.' 가련한 미수타는 이렇게 기원하고 집으로 돌아갔습니다.

이튿날 새벽이 되어 백천 등불이 거의 꺼지려 할 때 부처님의 제자 목련은 이렇게 생각했습니다.

'날이 밝아오는 데 등불을 밝히는 것은 의미가 없다.'

그러면서 목련은 아직도 남아있는 등불을 차례로 끄고 있었습니다. 그런데 기이하게도 가난한 미수타 여인이 켜놓은 작고도 초라한 등잔 불은 하루 밤이 지났지만 아직도 밝은 빛을 토하며 생기있게 타고 있었습니다. 목련은 이상하게 생각하면서 그 불을 끄려 했으나 웬일인지 꺼지지 않고 오히려 더욱 밝은 빛을 뿜고 있었습니다. 그때 부처님께서 나오시어 그 광경을 보시고 목련에게 말씀하셨습니다.

"그 등잔 불은 가난한 여인이 원대한 발원으로 밝힌 불이니 너로서는 끄지 못 할 것이다. 기원(祈願)은 오직 청정한 정신에서 성취되는 것이지 물질의 다과(多寡)에서 좌우되는 것이 아니니라."

그때 마침 미수타 여인이 이미 꺼졌을 초라한 자기의 등잔불이나마 그 잔해라도 보려고 그곳으로 왔습니다. 부처님께서는 그녀더러 불을 끄라고 한 다음 이렇게 말씀하셨습니다.

"너는 내생에 반드시 성불하리라."

그러자 미수타 여인은 부처님께 엎드려 절을 하며 비구니가 되기를 원하였습니다.

부처님께서는 쾌히 허락하셨습니다.

숫타니파아타의
진리

．
．
．

『숫타니파아타』에는 다음과 같은 유형의 사람을 설명한 부분이 있습니다.

첫째, 진리를 싫어하는 사람입니다.

제타숲에서 신이 부처님께 여쭈었습니다.

"농사짓는 이가 농사법을 모르고 멋대로 하면 어떻게 될까요?"

부처님께서 대답하셨습니다.

"굶주림과 가난에서 벗어나지 못한다. 감자를 물기 많은 곳에 심는 것과 같다."

진리도 이와 같은 이치입니다.

둘째, 나쁜 일을 좋아하는 사람입니다.

나쁜 일을 좋아하는 사람, 십악업을 짓는 사람에게는 자기 욕구 충족을 위하여 남을 괴롭히는 몸으로 하는 세 가지 잘못이 있습니다. 살생, 투도, 음행입니다. 또 입으로 상처 주는 험한 네 가지 말을 하게 됩니다. 망어, 기어, 양설, 악구입니다. 생각으로 하는 세 가지 잘못은 바로 탐욕, 진에, 우치입니다.

나쁜 일을 좋아하는 사람은 마음에 드는 것을 자꾸 가지려는 것, 자기 뜻대로 되지 않는다고 짜증이나 화를 내며 싫어하는 것, 바른 판단을 하지 못하고 탐욕과 진에 사이를 왕래하는 것 등 나쁜 행동으로 자신도 괴롭히고 타인에게도 고통을 줍니다.

셋째, 게으르며 화를 잘 내는 사람입니다.

늦잠자는 버릇이 있고, 함부로 사귀는 버릇이 있고, 분발해서 정진하지 않고 게으르며, 걸핏하면 화를 잘 내는 사람은 마음이 무겁습니다. 반대로 할 일을 기꺼이 하는 사람은 보람도 있고 즐겁기에 마음이 가볍습니다. 할 일을 미루다 보면 답답하고 보람도 없습니다. 어떤 일이든 마무리 하지 않으면 일은 쌓이면서 힘들어집니다.

잠을 충분히 자면 몸이 개운하고 편할 것 같지만 오히려 몸은 더 무겁습니다. 잠들기 어려운 것은 걱정이 많아서이고, 잠 깨고 일어나기 싫은 것은 사는 재미가 없기 때문입니다.

넷째, 부모를 외면하는 사람입니다.

자기는 풍족하면서 늙어서 쇠약한 부모는 돌보지 않는 사람, 아이는 풍족하게 하면서 늙어서 쇠약한 부모는 돌보지 않는 사람은 그 과보를 받게 됩니다.

부모의 은혜는 한량 없습니다. 해산에 임하여 고통 받으신 은혜, 자식을 낳고서 근심을 잊으신 은혜, 쓴 것은 삼키고 단 것은 뱉어서 먹이신 은혜, 마른 자리는 아기에게 돌리시고 젖은 자리로 나아가신 은혜, 젖 먹여 기른 은혜, 부정한 것을 깨끗이 씻어주는 은혜, 자식 먼 길 떠나면 염려하고 생각하신 은혜. 자식 위해서는 나쁜 일도 기꺼이 하는 은혜, 끝 없이 자식 사랑하는 은혜 등입니다.

자기가 알아서 다 큰 것 같지만 부모의 지극한 정성 없이는 살 수 없습니다. 자기가 받은 은혜를 소중히 여겨서 갚으려는 마음을 일으켜야 합니다.

다섯째, 혼자 먹는 사람입니다.

가난한 이는 가난으로 괴로움을 겪으면서 부를 동경하고 기회만 있으면 수단 방법을 동원해 물질을 얻으려하다 그렇지 못해 괴롭고, 부자들은 자기 것을 빼앗길까 걱정하며 지키느라 괴롭습니다.

여섯째, 남을 멸시하는 사람입니다.

재산과 가문을 자랑하면서 뽐내는 이는 정말 어리석은 사람입니다. 얼마나 자신이 없으면 가문과 혈통으로 뽐내겠습니까? 중생은 불평이 많은 사람이며, 부처는 모든 사물을 긍정적으로 보는 사고를 가진 사람입니다.

우리는 위의 여섯 가지 범주에서 벗어나는 참된 인간이 되도록 노력해야 합니다.

내안의**불교**찾기

2006년 10월 2일 1판 1쇄 인쇄
2009년 4월 1일 재판 1쇄 발행
2014년 2월 20일 재판 1쇄 발행

지 은 이 | 혜성
펴 낸 이 | 이철순

펴 낸 곳 | 해조음
등   록 | 2003년 5월 20일 제 4-155호
주   소 | 대구광역시 남구 중앙대로51길 11 대구불교회관 2층
전   화 | 053-624-5586
팩   스 | 053-624-5587
e-mail | bubryun@hanmail.net

ISBN 978-89-92745-39-7 03220